Early English Homilies

FROM THE TWELFTH CENTURY MS. VESP. D. XIV

EARLY ENGLISH TEXT SOCIETY

Original Series, No. 152.

1917 (for 1915).

Early English Homilies

FROM

THE TWELFTH CENTURY MS.

VESP. D. XIV

EDITED BY

RUBIE D-N. WARNER

LONDON:
PUBLISHED FOR THE EARLY ENGLISH TEXT SOCIETY
BY KEGAN PAUL, TRENCH, TRÜBNER & CO., Ltd.,
68–74 CARTER LANE, E.C.,
AND BY HUMPHREY MILFORD, OXFORD UNIVERSITY PRESS,
AMEN CORNER, E.C.

OXFORD
UNIVERSITY PRESS

Great Clarendon Street, Oxford OX2 6DP
United Kingdom

Oxford University Press is a department of the University of Oxford.
It furthers the University's objective of excellence in research, scholarship,
and education by publishing worldwide. Oxford is a registered trade mark of
Oxford University Press in the UK and in certain other countries

© The Early English Text Society 1917

The moral rights of the authors have been asserted

Database right Oxford University Press (maker)

First Edition published in 1917

All rights reserved. No part of this publication may be reproduced,
stored in a retrieval system, or transmitted, in any form or by any means,
without the prior permission in writing of Oxford University Press,
or as expressly permitted by law, or under terms agreed with the appropriate
reprographics rights organization. Enquiries concerning reproduction
outside the scope of the above should be sent to the Rights Department,
Oxford University Press, at the address above

You must not circulate this book in any other form
and you must impose this same condition on any acquirer

Published in the United States of America by Oxford University Press
198 Madison Avenue, New York, NY 10016, United States of America

British Library Cataloguing in Publication Data
Data available

Library of Congress Cataloging in Publication Data
Data available

Original Series, 152

ISBN 978-0-85-991893-0

TEMPORARY PREFACE

I HAVE here printed all the *English texts (folios 4 b–169 b) from the early twelfth-century Cotton MS. Vesp. D. XIV. The bulk of the texts are taken from Ælfric's Homilies, some of the others have been printed elsewhere; references will be given in Part 2. A second part containing an Introduction, Notes, and Glossary is in preparation. Except in the case of certain Latin headings and the signs ꝑ and 7 all contractions are expanded and denoted by italics. The punctuation and the use of capitals have been modernized.

The numbers prefixed to the separate pieces are not in the MS.

In preparing the text I have made but few alterations from the MS. reading, but I fear in this respect I have not been entirely consistent.

The following abbreviations and contractions have been used :—

Camb. MS. = *Gg*. 3. 28 and is the one from which Thorpe printed Ælfric's Homilies.

( ) indicates that the words or letters enclosed are written above the line.

[ ] indicates words or letters which have been added by the editor and are not found in the MS.

| has been used in one or two cases in the notes to indicate the end of a line in the MS.

I should like here to acknowledge the great debt I owe to the late Professor A. S. Napier, Merton Professor of

---

* *Folio* 4 *a* corresponding to Wanley's 1 and 2, and *Folios* 170–224 corresponding to Wanley's 53–6, are in Latin.

English Language and Literature in the University of Oxford, under whose guidance I worked for several years and at whose suggestion I undertook this edition. He died before the work was in print, therefore I claim responsibility for all faults; but whatever there be of merit is due to his scholarly help and kindly encouragement, and I dedicate the book in all gratitude to his memory.

R. D-N. W.

CONTENTS

EARLY ENGLISH HOMILIES   PAGE

I.	The Creation	1
II.	Fragment of Ælfric's Letter to Sigefyrð	3
III.	The Old English Cato	3
IV.	The Catholic Faith	8
V.	The Ten Commandments	9
VI.	Concerning Twelve Abuses	11
VII.	Concerning Eight Vices	16
VIII.	Concerning Eight Virtues	17
IX.	Concerning St. John the Baptist	19
X.	The Feast of St. Peter	20
XI.	Concerning James, the Brother of John	21
XII.	Concerning the Seven Holy Sleepers	25
XIII.	Concerning St. Peter the Apostle	26
XIV.	The Eleventh Sunday after Pentecost	28
XV.	The Twelfth Sunday after Pentecost	34
XVI.	The Assumption of St. Mary	41
XVII.	Homily for the Assumption of St. Mary	47
XVIII.	The Assumption of St. Mary	50
XIX.	The Passion of St. John	52
XX.	St. Luke xi. 24-28	58
XXI.	The Festival of St. Matthew	59
XXII.	The Festival of St. Michael	61
XXIII.	Fragment of XLI	65
XXIV.	Fragment from the Homilies of St. Augustine	65
XXV.	Concerning Appearances of the Saviour	65
XXVI.	Prophecies	66
XXVII.	Concerning the Coming of Antichrist	66
XXVIII.	The Second Sunday in Advent	67
XXIX.	The Festival of All Saints	73
XXX.	St. John xiv. 1-13	77

CONTENTS

		PAGE
XXXI.	The Gospel of Nicodemus	77
XXXII.	The Embassy of Nathan	88
XXXIII.	Signs of the Last Judgement	89
XXXIV.	Concerning Thunder	91
XXXV.	The Old English Alcuin	91
XXXVI.	The Festival of St. Clement	106
XXXVII.	The Vision of St. Furseus	109
XXXVIII.	Concerning Drihthelm	116
XXXIX.	Fragment concerning Jonah	120
XL.	The Festival of St. Paul	121
XLI.	The Example of Job	123
XLII.	Concerning St. Neot	129
XLIII.	The Festival of St. Mary	134
XLIV.	Fragment concerning Nebuchadnezzar . .	139
XLV.	The Old English Honorius	140
XLVI.	The Old English Honorius	144
XLVII.	On the Lord's Prayer	145
XLVIII.	The Phoenix Homily	146
XLIX.	The Annunciation of St. Mary . . .	148
L.	Shrove Sunday	149

EARLY ENGLISH HOMILIES

FROM THE TWELFTH-CENTURY MS. VESP. D. XIV.

I

[Fol. 4 b, l. 1]   [THE CREATION.]

AN anginn is ealra þingen, þ is God Ælmihtig. He is ordfruma *God is the beginning* 7 ænde. He is ordfrume for þan þe he wæs æfre. He is ændæ *and end of all things.* a buten ælcere geændunge, for þan þe he byð æfre ungeændod. He
5 is ealra kingene kinge, 7 ealra hlaforde hlaford, he healt mid his mihte heofonas 7 eorðan, 7 ealle gesceafte butan geswynce, 7 he besceawað þa nywelnysse þe under þyssere eorðe synde. He awehð ealla dune mid anre hande, 7 ealla eorðen he belucð on his hande, 7 ne mæig na þing his wille wyðstanden, 7 ne mæg nan gesceafte *No creature can per-*
10 fulfremedlice smegen ne understanden ymbe God. Mare cyððan *fectly understand God.* habbeð engles to Gode þone menn, 7 þeh hweðere heo ne magon fulfremedlice understanden ymbe God. He gescop gesceafte þa þe he wolde. Þurh his wysedom he geworhte ealle þing, 7 þurh his wylle he heo ealle geliffæste. Ðeos þrynnysse is an God; þ is se *The Trinity is one God.*
15 Fæder 7 his wysdom on him sylfum [fol. 5 a] æfre acenned, 7 heora begra wille, þ is se Halga Gast, he nis na acænned, ac he gæð of þan Fæder 7 of þan Sune gelice. Þas þry hades syndon an Ælmihtig God, se geworhte heofones 7 eorðan, 7 ealle gesceafte. He gescop *God created ten orders of* tyn ængle werod, þ synd engles 7 hehængles, *throni, dominationes, angels, and*
20 *principatus, potestates, virtutes, cherubin, seraphin.* Her syndon *gave them free-will.* nygon ængla werod. Heo nabbeð nænne lichame, ac heo syndon ealle gastes swyðe strange 7 mihtige 7 wlitige, on micelre fægernysse gescapene, to lofe 7 to wurðmynte heora Scyppende. Þ teoðe *The tenth order re-* werod abreað 7 awende on yfel. God heo gescop ealle gode, 7 let *belled and became evil.*
25 hi habben agenne cyre, swa heo heora Scyppend lufodon 7 folgodon, swa heo hine forleten. Þa wæs þæs teoðan werodes ealdor swyðe fæger 7 wlitig gescapen, swa þ he wæs gehaten Lucifer, þ is *The ruler of the tenth* Leohtberend. Þa begann he to modigenne for þare fægernysse þe he *order was called* hafde, 7 cwæð on his heorte þ he wolde 7 eaðe [fol. 5 b] mihte *Lucifer.*

B

beon his Scyppende gelic, 7 sitten on norðdæle heofone rices,
7 habben anweald 7 rice ongean God Ælmihtigen. Þa gefestnode
he þysne unræd wyð þan werode þe he bewyste, 7 heo ealle to þam
unræde gebugen. Þa þa heo ealle hæfdon þysne unræd betwox
heom gefæstnod; þa becom Godes grame ofer heo ealle, 7 heo ealle 5
wurden of þan fægren heowe, þe heo on gescapene wæron to
laðlicum deoflum, 7 swyðe rihtlice heom swa getimode, þa þa he
wolde mid modignysse beon betere þone he gescapen wæs, 7 cwæð
þat he mihte beon þan Ælmihtigen Gode gelic. Þa wearð he 7
ealle his geferen forcuðre 7 wirse þonne ænig oðre gescæfte; 7 þa 10
hwyle þa he smeade hu he mihte dælen rice wyð God, þa hwile
gearcode se Ælmihtige God him 7 eallen his geferen helle wyte, 7
heo ealle adræfde of heofenrices mirehðe, 7 let beofeallen on þ ece
fyr, þe heom gegearcod wæs for heora ofermettum. Swa feola heora
wæron þ þry niht 7 þry dagæs heo hruron of heofonum into helle 15
swa swa hregn deð on eorðan. Þa sone þa nigon werod, þe þær to
[fol. 6 a] lafe wæron, bugon to heora Scyppinde mid ealra
eadmodnysse, 7 betæhton heora ræd to his willen. Þa getrymede
se Ælmihtige God þa nigon engle werod, 7 gestaðelfeste swa þ heo
næfre ne mihten ne nolden syððan fram his wylle gebugen; ne heo 20
ne magon nu, ne heo nylleð, nane synne gewirecen, ac heo æfre byð
ymbe þ an, hu heo magon Gode gehyrsumian 7 him gecwemen.
Swa mihton eac þa oðre þe þær feollon adun, gyf heo woldon; for
þy þe God heo geworhte to wlitigum englen gecynde, 7 let hi
habben agenne cyre, 7 heo næfre ne gebigde ne genydde mid 25
nanum þingum to þan yfele ræde; ne næfre se yfele ræd ne com of
Godes geðance, ac com of þas deofles, swa swa we ær cwædon. Nu
þængcð manig mann 7 smeað hwanene deofel come; þonne wyte
he þ God gesceop to mæren engle þone þe nu is deofol. Ac God
hine ne gesceop na to deofle; ac þa þa he wæs mid eallen fordon 7 30
forscyldogod þurh þa mycele uppahafenysse 7 wiðerrædnysse, þa
wearð he to deofle awend, se þe ær wæs mære ængel [fol. 6 b]
geworht. Þa wolde God gefyllen þone lyre þe forlore wæs of þan
heofenlice werode, 7 cwæð þ he wolde wyrecen mann of eorðe, þ se
eorðlice mann sceolde geðeon, 7 geearnian mid eadmodnysse þa 35
wununge on heofone rice, þe se deofol forworhte mid modnysse.
7 God þa geworhte ænne mann of lame, 7 him on able(o)w gast,

25 *MS.* ne ne genydde.
26 *MS.* ne ne com.

7 hine geliffæste, 7 he wearð þa mann gesceapen on sawle 7 on *devil lost* lichame; 7 God him gesette name Adam, 7 he wæs þa sume hwile *through pride. God* anstandende. God þa hine gebrohte on neorxenewange, 7 hine *called the man Adam.* þær gelogode, ac he wearð þurh deofles swicdome ut adræfd.

II

5 EMB CLÆNNYSSE ÞE GEHADEDE MÆN HEALDEN.

ÆLFRIC abbod gret Sigefyrð freondlice. Me is gesæd, þ þu *A fragment of Ælfric's* sædest beo me, þ ic oðer tæhte on Ængliscen gewriten, oðer *letter to* eower ancor æt ham mid eow tæhð, for þan þe he swutelice sægð, *Sigefyrð concerning the* þ hit seo alefd, þ mæssepreostes wel moten wifigen, 7 mine gewriten *marriage of priests.*
10 wiðcweðeð þysen. Nu secge ic þe, leofe man, þ me is lað to tælen ægne Godes freond, gyf he Godes riht drifð.

III

[Fol. 7 a] [THE OLD ENGLISH CATO.]

MANN sceal þurh his modes snoternysse hine sylfne geglengen *Laws for the wise.* to wisre lare. Ne beo þu to slæpel ne to idelgeorne, for þan *Be neither*
15 þe slæp 7 idel fedeð unðeawes 7 unhæle þæs lichamen. We *sleepy nor slothful.* cweðeð þ þ seo betst ætforen Gode, þ man seo gescadwis 7 gemetigen cunne ægðer gea his spæce gea his swige, 7 wyte hwænne he gespecan habbe and hwænne him geandswerod seo. Þonne þu *When thou blamest* oðerne mann tæle, þonne geðænc þu þ nan man nis lehterleas. *another,*
20 Þeh þin wif hwæne to þe gewreige, ne gelef þu hire to raðe, *remember that no man* for þan heo wyrcð hire oft manege to feond, for þan þe heo *is faultless.* byð þan hlaforde holdre þone hire, for þan heo hateð oft þ þ se hlaford lufeð. Ne flit þu wið anwillne man ne wið ofer- *Quarrel not with an* spæcne. Manegan is forgyfen þ he specan mæg 7 swyðe feawen *obstinate man.*
25 þ heo syn gescadwise. Wyte þæs mare þanc þe þu habbe, þone þæs þe þe man behate. Þær lyt gehaten byð, þær byð lyt leane. Ne beo þu to anwille, for þan þe is lihtlicre, þ þu seo mid rihte ofertaled, þone [fol. 7 b] þu ofertalie oðerne mid woge. þ byð se mæste wurðscipe, þ man cunne riht gecnawen, 7 hit þonne wylle
30 geðafigen. Spec ofter emb oðres mannes weldæden, þone emb þine *Speak more often of the* agene 7 cyð þa manega mannen. Ðonne (þu) eald seo 7 manegra *good deeds* ealdre cwides 7 lare geacsod habbe, gedo heo þonne þan gingren to *of others than of thine own.*

If thou art innocent, heed not the evil men speak of thee.	wytene. Ðeh þe man hwylces yfeles belige, 7 þu þe unscyldigne wyte, ne rech þu hwæt heo ræden oððe runigen, heo beteoð þe þæs þe heo sylfe þænceð. Ðonne þu gesæligest beo, geðænc þonne þæt þu muge þa gesælðen eaðe geðoligen, gyf heo þe on becumen, for þan þe se ænde 7 ꝥ anginn ne byð eallne weig gelice. Ne hope þu 5 to oðres mannes deaðe, uncuð hwa lengest libbe. Ðeh þe earm freond lytel sylle, nym hit to mycele þance. Gyf þu earm wurðe, geðænc ꝥ þu hit eaðe geðolige, geðænc ꝥ þin moder þe hnacodne
Have not too much fear of death, but forget it not altogether, lest thou lose eternal life.	gebær. Ne ondræd þu þe deað to swyðe, ne leofeð man naht myriges þa hwyle þe he him ondrætt. Ne forgitt þu hine þeh 10 ealne, þelæste þu þornige þæs ecen lifes. Gyf þe man mid yfelan geleanige ꝥ ꝥ þu to go[fol. 8 a]de do, ne wyt þu hit na Gode, ac warne þe sylfen. Þe fæstere man gehealt ꝥ ꝥ he hæfð, gyf he him ondrætt, ꝥ hit ætsceote. Þeo man dælð sparlice, þe man nele ꝥ hit forberste. Gyf þu bearn habbe, lær heo þa cræftes, ꝥ heo mugen 15 beo þan libben. Uncuð, hwu heom æt æhte getide. Cræft byð betre þone æht. Ne gehat þu nan þing twygge. Hwat sceal hit þe eft gehaten bute hit wære ær alogen? Ne becep þu þin witod
Be more thankful for what thou hast than for what thou expectest.	on wen. Wyte mare þanc þæs þe þu habbe þone þæs þe þu wene. Ne beo þu to weamod. Of eorsunge cumð hatunge, 7 of þære 20 geðwærnysse lufe; 7 þær þær þu nede eorsigen scule, gemetega ꝥ þeh. Forber oð ꝥ þu eaðe wrecan muge. Geðyld byð mihtene mæst. Help ægiðer gea cuðen gea uncuðen, þær þu muge; uncuð hware
Desire not to know too much of heavenly matters.	hwa oðres beðurfe. Ne wilne þu ofer þinne mæðe to wytene emb þa heofonlice þing, for þu eart eorðlic mann, axe þe embe þan. 25 Ne beo þu on þinre eorre to ofermodig, for mod adweleð þone mann, ꝥ he ne mæg riht gecnawen. Beo gehealden on þan þe þu habbe. [fol. 8 b] Unpleolucar man rowð mid lytle bate on lytle watere þone mid mycelan scipe on mycele wætere. Ne wen þu na, ꝥ se yfele aht godes gestreone mid his yfele, for þan þeh hit 30 sume hwile forholen beo, hit wurð eft (a) bemeldod. Þonne þe
Be considerate towards men less fortunate than thyself.	toberð wið unspedigre mænn þone þu sylf beo, forber him 7 geðænc ꝥ wel oft man ofercumð þone þe hine ær ofercom, swa man on ealden bigspellan cwyðð, 'Hwilen byð esnes tid, hwilen oðres.' Ne sech þu na þurh hlotes hwu þe gelimpen scule, ac do swa 35 þu betst muge. Eaðe gerædeð God his wille beo þe 7 þine þearfe, þeh he hit þe ær ne secge.

4 gesælðen] *Cot. MS. Julius A. 2* unsælða.   11 þornige] *Julius A. 2* ðolie.
22 oð] *Julius A. 2* oft.   34 esnes] *So Julius A. 2.*

THE OLD ENGLISH CATO

Forlæt ꝥ þu nabbe to oðres mannes gode ande, for þu swæncst þe sylfen swyðer þone hine. *Desire not another man's possessions.*
Ne beo þu to ormod, þeh þe beo unriht gedemed. Lyt manna byð lange gefagen þæs þe heo oðren ætwrænce. Gyf þu wið hwan
5 saca hæfdest, 7 gyt þonne gesemed wæron, ne ætwit þu eft þa ealde saca, bute he heo eft geneowed habbe.
Ne do þu naðer, ne þe sylfen ne here, ne þe sylfen ne leh; æigðer þære is dysigre manna þeaw, þe swincað æfter idele gelpe. Þæt is þeh wise[fol. 9 a]dom, ꝥ wis mann læte dysig, 7 ꝥ is ꝥ mæste *Praise not thyself, only the foolish strive after vainglory.*
10 dysig, ꝥ dysig man læte wisedom. Swa mann mare specð, swa him læs manna gelefeð. Gyf þu hwæt on þin druncan misdo, ne wit þu hit na þær drince, for þan þu his weolde þe sylf. Nafe þu to yfel ellen, þeh þe hwylc unwille on becume. Oft bryncð seo wyrd þone wille, þe eft byð andergelde.
15 Ne wurðe þe næfre swa wa, ꝥ þu þe ne wene betere, for þan þe se wene þe ne lætt næfre forwurðen. Ne ceos þu nænne mann beo his æhte, ne þin agen ne amerr. Manig man hæfð mycel fex on forheafde 7 gewurð þeh færlice calow. *Choose no man for his possessions and waste not thine own.*
Bisne þe beo sume mæn, for þan þe ælces mannes lif byð sumes
20 lare 7 forbisne. Ne forswige þu na ꝥ untæle gedon beo, þelæste mæn wenen ꝥ hit þe lichige. Gyf þe man for rihtre scylde brochige, geðole hit wel 7 beo his wel geðæfe. Spec þe gemætlice 7 eac swa gebær, þelæst man þe leasunge teo, þær þu wene, ꝥ þu þine cyste habbe, 7 þu þe ænigre wille wene. Ne blyst þu na *Heed not an unreasonable man, nor the weeping of an angry woman.*
25 unscadwises mannes word, for þan þe manig man hæfð þone þeaw, ꝥ he ne cann nytt specan [fol. 9 b] 7 naðelæs ne mæig swigigen. Hit byð dysig ꝥ man speca ær, þone he þænce. Ne rece þu na weamodes wifes wopes, for þan heo þe þæncð oft mid hire woþe beswican. Ne ondræd þu þe deað to swyðe for nanre wite, þeh he
30 þe full god ne þyncce, he byþ ælces yfeles ænde 7 ne cumð he næfre ma. Forsih þysser wurlde wlænce, gyf þu wylle beon welig on þinen mode. For þan þa þe þas welen gitsigeð, byð simle wædle 7 eremingas on heora mode. Ac beo gehealden on þine gecynde, þonne hæfest þu æfre genoh. Gyf þu þin agen amerre, ne wit þu
35 hit na Gode, ac warne þe sylfen. Bruc þinre æhte þahwile *Enjoy thy wealth whilst thou art well.*
þe þu hal seo. Se unhale gitsere ah ꝥ feoh, 7 ne ah hine sylfne. Geðole þines hlafordes 7 þines larðeawes eorre 7 his word, þeh he þe cide. Gyf þe þynce ꝥ þu towræne sy, wit ꝥ þinre ceola, for

4 *MS.* odren.

EARLY ENGLISH HOMILIES

þan seo ceola is þære wambe freond, þanen þe cumeð þa unnytte lustes. Dysig mann him ondrætt nietes 7 ne ondrætt þone mann, *If thou hast strength, use it profitably.* þe him teale lærð. Gyf þu strægncðe habbe, bruc þære to nytte. Gyf þu [fol. 10 a] wylle godne hlyse habben, ne fagene þu nanes yfeles. Leorne æthweige, þeh þe þine welen forlæten, ne forlæte 5 þe na þin cræft. Ne beo þu na oferspæce, ac hlyst ælces mannes wordan swyðe georne, for þan þa word geopenigeð ælces mannes wille 7 his þeawes, þeh he heo hwilen behelige. Gyf þu hwylcne cræft cunne, bega þone georne. Swa swa sorge 7 embhogen *Ever learn from the wise, so that thou mayest teach the foolish.* geeceð mannes mod, swa geecð se cræft his are. Leorne æfre 10 æthweige æt þan wisen, þ þu muge læren þa unwise; æiðer þære is swyðe nytt weorc 7 gerisendlic. Gyf þu wylle hal beon, drinc þe gedæftlice; ælc oferfylle 7 ælc idel fett unhæle. Ne læt þu na unlofed þ þu swutele ongyte þ þ licwurðe seo; þær þe aht twenige, lofe þ gemettlice, þelæste þe man leasunge teo. Ne treowwe þu na 15 smylte wætere, ne bilewitne mann ne forsih. Oft stille wæter staðe brecað. Onginn þ þe to onhagige. Treowlicre hit is beo staðe to rowen, þonne ut on sæ to segeligen. Gyf þe æt hwylcen gesælðen tosæle, acse þe, hweðer ænigen ær swylc gesælde, þonne miht *Quarrel not with the righteous and innocent.* [fol. 10 b] þu hit þe eð geðoligen. Ne flit þu na wið rihtwisen 20 mænn 7 wið unscyldigne, for þan þe God wrecð unrihte domes. Ðeh þe þin eald gefere abelge, ne forgyt þu, gyf he þe æfre ær gecwemde. Ere mid þinen oxen, 7 offre mid þinre recele. Dysige byð þa mæn, þe weneð, þ heo God gecwemen, þonne heo cwelleð heora oxen. Ælce dæige þu byst on (roðe) wene, ælce dæige þu 25 scealt Gode þancigen þines lifes. Þeh þe manig man herige, ne gelef þu heom to wel, ac geðænc þe sylf hwæt hit soðes seo, læt þe sceomigen þæs hlysen. Gyf þe man onlige, fægene þæs, gyf þe man soþ secge, 7 þeh gemetelice. Mæng þa blisse wið þa unrotnysse, for þan gyf heora aðer byð aht lange buten oðre, þonne is 30 hit ungemæte, 7 þu miht þe uneaðe aberen, þæs þe þe on becumð, for þan heora naðer ne mæig beon æltæwe buten oðren, þe ma þe wæt mæig beon buten drygen, oððe wearm buten cealden, oððe *Study many books, but know what to believe.* liht bute þeostren. Leorne manige bech 7 geher manig spell, wyte þeh hwylcen þu gelefen scule. Feale writeð mæn ungeleaflices. 35 Ne merr eall þ þu habbe, þelæste þe beðearfe to oðres mannes. [fol. 11 a] Ne recc þu toswyðe, hwu seo wyrd wandrige. Se þe

25 on (noðe) *Cotton MS. Julius A.* 2. [Æl]ce dæȝe þu byst unnit ȝif nelt Gode þancian ðynes lifes. wene]   27 *MS.* his soðest] *Julius A.* 2 þæs soðes.   læt] *Julius A.* 2 læs.   36 *MS.* beðeurfe.

fullice þas wurld forsicð, ne ondræt he deað swyðe. Ðonne hit *He who despises the world, does not greatly fear death.*
æfre geðwærest seo, ondræd þe þonne ungeðwærnysse, 7 þonne hit
þe frecnest seo, wen þe þonne frofre 7 selre. Beo þe æfre getre-
owre, þone þe man to gelefe, þelæste mæn wenen, þ þu nane
5 [treowðe] nabbe bute wið hlysen. Se þe him eallne weig ondrætt,
se byð swylce he beo ealne weig cwellende. Gyf þu þe wylle don
maniges betere, þonne do þu anes wyrse. Gyf þu wylle, þ þe
manige olæchien, þonne olæce þu anen georne. Gyf þu nelle nanen
olæcen, forlæt þonne eall, þ þu age, bute wiste 7 gewæden 7 tolen
10 to swylce weorca, swylce þu cunne. Olæce þonne Goden ana 7 ne *Please God only and desire no man's flattery.*
wilne þonne nanes mannes olæcunge. Gyf þu wylt æt manega
mannen habben þ þ þe licað, þu scealt eac æt manegan habben þ þe
mislicað. Gyf þu wylt æt anen mæn habben þ þe licað, þu scealt
him oft geðafigen þ þe ne licað. Ne scealt þu æt manega mannen
15 heora god habben, bute þu muge hwilen heora yfel geðafigen, for
þan þe nan þing nis full god bute God ane. Ster þeh ælces yfeles,
swa þu swyðest muge, swa þeh, þ þu hit to wyrrsen ne [fol. 11 b]
gebringe. Ne byð þ yfel to nahten gebett, þe byð to wyrsen
gebroht. Gemetnysse byð ednysse. Gyf ænig man byð a ðe
20 wurðere, þe hine manig wis man forsicð, þonne byð ælc dysig man
þe unwurðre, a ðe he mare rice hæfeð. On ælcere ea swa wyrse
fordes swa betere fisces. Hweðer sceal cepinge þe lofigen, þe se þe
heo syllen sceall, þe se þe heo byggen wyle? Wa þære þeode, þe *Woe to the people who have a strange king.*
hæfð ælðeodigne cyng, ungemetfæstne, feohgeorne 7 unmildheortne,
25 for on þære þeode byð his gitsung 7 his modes gnornung on his
earde. Se þe anwealdes wilneð ofer his hlaford, for twam þingen
he his willneð: oðer for he wyle þone hlaford lecgen anunder hine
7 setligen him mid þan, þ he sylf sitte þe ufer; oððe he wyle þone
hlaford habben up ofer hine sylfne 7 stigen him sylf æfter 7 eac
30 onhangigen, scufen þeh simle þone hlaford beforen. Ne acse þu *Ask no soothsaycr's counsel.*
nanre wicce rædes, ne sech þu riht æt deaden. Soðlice God
ascuneð swylce þing. Ne nym þu medsceattes, for heo ablændeð
wisra manna geðancas 7 wændeð rihtwisra word.

3 selre] *Julius A*. 2 gesælða.
5 treowðe *is from Trinity Coll. Camb. MS. R*. 9. 17.

IV

[Fol. 12 a]   [THE CATHOLIC FAITH.]

There is one Creator of all things, Almighty God.

AN Scyppend is ealra þingen, geseowenlicre 7 ungeseowenlicre; 7 we sculen on hine gelefen, for þan þe he is soð God 7 ane Ælmihtig, se þe næfre ne ongann, ne nan anginn næfde, ac he sylf is angin, 7 he eallen gesceaften anginn 7 ordfrumen forgeaf, þ heo 5 beon mihten, 7 þ heo hæfden agene gecynde, swa swa hit þære godcundlice fadunge gelicode. Engles he worhte, þa synd gastes, 7 nabbeð nænne lichame. Mænn he gescop mid gaste 7 mid lichame. Nytene 7 deor, fisces 7 fugeles he gescop on flæsce buten sawle. Mannen he sealde uprihtne gang, þa nytene he let gan alotene. 10 Mannen he forgeaf hlaf to bigleofe 7 þan nytene gærs. Nu magen ge, gebroðre, understanden, gyf ge wylleð þ twa þing synden, an is

All things in heaven and earth and sea were created out of nothing.

Scyppend, oðer is gesceafte. He is Scyppend, se þe gescop 7 geworhte ealle þing of nahte, þ is gesceafte þ se soðe Scyppend gescop, þ synd ærest heofones, 7 ængles þe on heofone wunigeð, 7 15 syððen þas eorðe mid ealle þan þe hire on eardigeð, 7 sæ mid alle þan þe hire on swimmeð. Nu synden ealle þas þing mid ane name genæmnede, gesceafte. [fol. 12 b] Heo næren æfre wunigende, ac God heo gescop. Þa gesceafte synd feala. An is se Scyppend, þe heo ealle gescop, se ane is Ælmihtig God. He wæs æfre, 7 æfre 20 byð þurhwunigende on him sylfen 7 þurh hine sylfne. Gyf he ongunne 7 angin hæfde, bute tweon ne mihte he beon Ælmihtig God. Soðlice þ gesceaft þe ongann 7 gescapen is, næfð nane

Every being which is not God is Creation, and everything which is not Creation is God.

godcundnysse. Forþy ælc edwiste þ þ God nis, þ is gesceafte; 7 þ þ gesceafte nis, þ is God. Se God wuneð on þrynnysse untodæ- 25 ledlic, 7 on annysse anre godcundnysse. Soðlice oðer is se Fæder, oðer is se Sune, oðer is se Halge Gast; ac þeh hweðere ne synd þry Ælmihtige Godes, ac an Ælmihtig God. Þry heo synd on haden 7 on namen, 7 an on godcundnysse. Þry, for þy þe se Fæder byð æfre Fæder, 7 se Sune byð æfre Sune, 7 se Halge Gast 30 byð æfre Halge Gast; 7 heora nan ne awænt næfre of þan þe he is. Se Fæder is God, 7 se Sune is God, 7 se Halge Gast is God. Na þry Godes ac heo ealle þry an Ælmihtig God untodælendlic. God is swa mihtig þ him nan þing ne wiðstant, ne him nis nan þing digele ne uncuð. We sceawigeð þæs mannes nebb, 7 God 35 sceawigeð his heorte. Godes [fol. 13 a] gast afandeð ealra manne

7 *MS.* fandunge.

heorten, 7 þa þa on hine gelefeð 7 hine lufigeð, þa he clænseð 7 geblisseð on his neosunge, 7 þære ungeleaffulre manne heorte he forbuhð 7 onscuneð. Wyte eac æghwa, þ ælc man hæfð þry þing on him sylfen untodælendlice 7 togædere wyrecende, swa swa God God created
5 cwæð, þa þa he ærest mann gescop. He cwæð, 'Uten wyrecen Adam in His own likeness, not in
mann to uren gelicnysse.' 7 worhte þa Adam to his anlicnysse. the body
On hwylcen dæle hæfð se mann Godes anlicnysse on him? On but in the soul.
þære sawle, na on þan lichame. Þæs mannes sawle hæfð on hire gecynde þære Halgen Þrynnysse anlicnysse; for þan þe heo hæfð on
10 hire þry þing, þ is gemynd, 7 andgit, 7 wille. Þurh þ gemynd se mann geðæncð þa þing þe he gehyrde, oððe geseh, oððe geleornode; þurh þ andgit, he understant ealle þa þing þe he gehyrð oððe gesihð. On þan willen cumeð geðohtes, 7 word, 7 weorc, ægðer gea gode gea yfele. An sawle is, 7 an lif, 7 an edwist, seo þe hæfð þas þry
15 þing on hire togædere wyrecende untodælendlice; for þy þær þ gemynd byð, þær byð þ andgitt 7 se wille, 7 æfre heo byð Memory, understanding, and will
togæ[fol. 13 b]dere. Þehhweðere nis nan þære þryre sawle, ac seo dwell in the
sawle þurh þ gemynd gemynð, þurh þ andgit heo understant, þurh soul.
þan willen heo wyle swa hwæt swa hire licað, 7 heo is þehhweðere
20 an sawle 7 an lif. Nu hæfð heo for þy Godes anlicnysse on hire, for þan þe heo hæfeð þry þing on hire untodælendlice wyrcende.

V

DECALOGUM MOYSI.

WE sculen cunnen gemyndelice 7 mannen eac seggen, þa ten The ten commandments which
ælice word, þe God tæhte Moysen, 7 mid his fingre awrat on God gave
25 twam stænene tablen on þan monte Sinay, eallen mannen to steore, to Moses.
gea þan ealden folcan þa, gea us þe nu synden. Þ synden þa ten beboden, þe eac God sylf geclypode of þan ilcan monte mid mycelre stæmne, to eallen þan mannen þe mid Moyse wæron on þan westene þa. Ic eam þin God. Ic þe alædde of Egyptelande.
30 Nafe þu ælfremode godes ætforen me nateshwan. Þ is þ forme 1. Worship the Al-
bebod, þ we symle wurðigen þone Ælmihtigne God, se þe ane is mighty God
God, seo halige þrynnyse þe ealle þing gescop on anre godcund- and not idols.
nysse, æfre rixigende, [fol. 14 a] 7 we ne sculen na wurðigen þa dwollice godes. Heo ne synden na godes ac gramelice deofle.
35 Þ oðer bebod is þuss, 'Ne underfo þu on idel þines Drihtenes 2. Take not the Lord's
name in
2 manne] *the* e *written over* a. vain.

name.' Se underfohð on idel his Drihtenes name, se þe gelefð
swa on Crist, ꝥ he sy gescapen, 7 nyle gelyfen ꝥ he æfre God
wære mid his Ælmihtigan Fæder on anre godcundnysse, 7 mid
þan Halgen Gaste on anen mægnðrymme. He nis na gesceafte ac
is soð Scyppend 7 ælc gesceaft is soðlice underðeodd nu idelnysse, 5
ꝥ is awændedlicnysse, for þan þe þa gesceaften byð to betere þingan

3. Keep holy the Sabbath day. awænde. ꝥ þridde bebod is, 'Geðænc ꝥ þu gehalgige þone halgen
restendæig.' Under Moyses æ mæn halgoden þone Sæterdæig mid
swyðlice wurðmynte fram þeowtlice weorcan, ꝥ synden synnen
gewiss þe gebringað on þeowte þa þa heo swyðest begað, swa swa 10
se Hælend cwæð on his halgen godspelle, 'Ælc þære þe synnen
gewyrcð is þære synne þeowwe.' We scylen gastlice healden Godes
restendæig, swa ꝥ we sylfe beon fram synnen æmtige, 7 se dæig
beo gehalgod on us sylfen swa. Feale þing getacneð se foresæde
restendæig, ac [fol. 14 b] we healdeð nu æfter þæs Hælendes 15
æriste þone Sunendæig freolsne, for þan þe he of deaðe aras on þan
Easterlice Sunendæige, 7 se Sunendæig is on gescapennysse formest,
7 we sculon eac hine æfre wurðigen Gode to wurðmynte on gast-
lice þeowdome. Þas þreo beboden wæron on anre table awritene,

4. Honour thy father and thy mother. 7 oðre seofone on oðre table. ꝥ feorðe bebod is, 'Arwurðe þinne 20
fæder 7 eac þine moder.' Se þe weregað fæder oððe moder, se is
deaðes scyldig æfter gastlicen andgite. God is ure Fæder, 7 his
halige gelaðung geleafull folc is ure gastlice moder, on þære we
byð acænnode on þan halgen fulhte Gode to bearne, 7 we forþy
sculen God urne Fæder 7 his gastlice bryde þa halge cirice symle 25
wurðigen.

5. Kill not. ꝥ fifte bebod is, 'Ne ofsleh þu mann.' ꝥ is seo mæste synn, ꝥ
man mann ofslea unscyldigne, oððe he his sawle ofslea, gyf he hine
to synne tyht. 7 yfel byð þan mænn, þe mæig helpen þan
wædligen mænn 7 forwernð him his godes, 7 lætt hine forfaren for 30

6. Commit not adultery. his uncyste. ꝥ sixte bebod is, 'Ne unriht hæme þu.' Ælc þære
mannen þe [fol. 15 a] buten rihtre æwe hæmeð, he hæmeð unrihtlice.

7. Steal not. ꝥ seofoðe bebod is, 'Ne stell þu,' for þan þe se þe stellð, he hæfeð
wulfes wiche 7 na wises mannes, 7 se riche þe berepð, 7 mid
reðnysse ofsett þa unscyldige mænn, he is soðlice wurse þone se 35
digele þeof, for þan þe he deð openlice ꝥ ꝥ se oðer deð dearninge

8. Be not faithless. symle. ꝥ ehteðe bebod is, 'Ne beo þu leas.' Hit is soðlice awriten,
ne byð se lease gewite ungewitnod nateshwan, 7 se þe specð leasunge,
he sceal losigen sylf. Wa þan þe for sceatte forsylð hine sylfne,

7 awænt soð to leasen 7 leas to soðen. þ nigoðe bebod is, 'Ne
wilne þu oðres mannes wifes.' þ teoðe bebod is, 'Ne gewilne þu
oðres mannes æhte.' Hit byð riht, þ æghwa þ þ he sylf begytt
habbe, bute he his geunne oðre manne sylfwylles, 7 æghwa ofgange
5 æfter Godes rihte oðres mannes þing, oððe he hit forga. Þas
gesettnysse bebead God þan folca, þe under Moyses æ wæron, 7 us
þe nu synden æfter Cristes acænnednysse.

9. Covet not another man's wife.

10. Covet not another man's goods.

VI

DE XII ABUSIUIS SECUNDUM DISPUTATIONEM SANCTI CIPRIANI MARTYRIS.

10 NU synd twelf abusiua, þ synd twelf unþeawes þe we eow secgeð
on Leden 7 syððen on Ænglisc. [fol. 15 b] *Duodecim abusiua
sunt seculi. Hoc est, Sapiens sine operibus bonis. Senex sine
religione. Adolescens sine obedientia. Diues sine elemosina.
Femina sine pudicitia. Dominus sine uirtute. Christianus con-
15 tentiosus. Pauper superbus. Rex iniquus. Episcopus negligens.
Plebs sine disciplina. Populus sine lege. Et sic suffocatur
iusticia dei.*

There are twelve vices.

Twelf unðeawes synden on þyssen wurlde to hearme eallen
mannen gyf heo moten rixigen, 7 heo alecgeð rihtwisnysse 7 þone
20 geleafe amerreð 7 mancynn gebringeð gyf heo moten to helle. þ is
gyf se wyte beo bute gode weorcan, 7 gyf se ealde beo buten
eawfæstnysse. Se junge buten gehyrsumnysse 7 se welige buten
ælmesdæden, wif buten sydefullnysse, 7 hlaford bute mihte, 7 gyf
se cristene byð sacfull 7 gyf þearfe byð modig. Gyf se cyng byð
25 unrihtwis 7 se biscop gemeleas, þ folc buten steore, oððe folc
buten æ. Nu gyf se wyte byð but[en] gode weorcan se þe oðre
mannen scolde syllen gode bisne, hwu ne byð sone his lare þan
læwede mannen unwurð, gyf he sylf nyle don, swa swa he heom
to done tæhð? Ne byð se lare freomful, gyf se larðeaw mid
30 weorcan towurpð his bodunge. Eft gyf [fol. 16 a] se larðeaw
dweleð, hwa byð his larðeaw syððen? Gyf þ eage ablindeð, ne
byð seo hand lochigende. Se ealde mann þe byð buten æwfæstnysse
byð þan treowwe gelic, þe leaf berð 7 blostmen, 7 nænne wæstme
ne berð, 7 byð unwurð his hlaforde. Hwæt byð æfre swa stuntlic,
35 swa þ se ealde nelle his mod to Gode gewænden mid goden inge-

These vices destroy righteousness and hinder belief.

1. The wise without good works.

2. The old without religion.

hyde, þonne his lymen hym cyðeð þ he ne byð cwica lange ? Junge mannen mæig tweonigen hweðer heo moten libben, 7 se ealde mæig wyten gewiss him þone deað. Þan ealden is to warnigen wið þa yfele geðohtes, for þan þe seo heorte ne ealdeð, ne eac seo tunge, ac þas twegen dæles derigeð of þan ealden. Wyte for þy se ealde 5 hwæt his elde gedafenige, 7 þa þing forseo þe his sawle derigeð.

3. The young without obedience. Se þridde unðeaw is on þyssen wurlde, þ se junge mann beo buten gehersumnysse. Unwurð byð se on elde þ him oðre mænn þenigen, se þe on jugoðe nele his eldren gehersumigen. Ure Hælend on his jugoðe wæs gehyrsum his magen, 7 his Heofonlice Fæder he 10 gehyrsumode oð dead. Swa swa þan ealden gedafonigeð dugende þeawes [fol. 16 b] 7 geripode syfernysse, swa gerist þan jungan þ he habbe gehyrsumnysse 7 underðeodnysse. Godes æ beot eac þ mann arwurðige symle his fæder 7 moder mid mycelre underðeod-

4. The rich without charity. nysse, 7 gyf he heo weregað, he byð wurðe deaðes. Se feorðe 15 unðeaw is, þ se welige mann beo buten ælmesdæden, 7 bedigelige his feoh, 7 geornlice healde him to hellewite. Ungesælig byð se gitsere, þe þurh his gesælðe losað, 7 for þan gewitegendlice þingan forwurð a on ecnysse ; 7 gesælige byð symle þa mildheorte, for þan þe heo gemeteð þa mildheortnysse eft. Se þe dælð ælmesse for his 20 Drihtenes lufen, se behytt his goldhord on heofone rice, þær nan sceaðe ne mæig his madmes forstelen, ac heo byð beo hundfealden ge-

There are many kinds of almsgiving. healden him þær. On manegan þingen man mæig wyrcen ælmessen, on æte 7 on wæte 7 on gewæden eac 7 on cumliðnysse, þ man cumen underfo, 7 gyf man seocne geneoseð, oððe sarigne gefrefroð, 25 oððe blindne lætt, oððe berð wanhale, oððe wanhale gelæcneð, gyf he læcedom cann, oððe ræd tæcheð þan þe rædes behofeð, oððe gyf he miltseð þan mæn þe hine abealh, oððe gyf he geheregodne [fol. 17 a] of hæftnoðe gedeð, oððe gyf he forðfarene fereð to byrigene ; ealle þiss byð ælmesse, 7 eac þ mann beswinge þone 30 stunten for steore, se þe steren sceal, for þan þe he deð mildheortnysse, gyf he þone man gerihtlæceð. Ne licge on þine horde, þ þan hafeleasen mæig freomigen to bigwisten, for þan þe þu ne brucst ane þinre welena þeh þu heo wolice healde. Þu gaderest ma 7 ma 7 mæn cweleð hungre, 7 þine welen forrotigeð ætforen 35 þinen eagen. Doð swa swa Drihten cwæð, 'Dæleð ælmessen

5. Women without chastity. 7 ealle þing eow byð clæne,' þiss he cwæð on his godspelle. Se fifte unðeaw is, þ wif beo unseodefull. Unseodefull byð scame for

24 *MS.* cumen liðnysse.

wurlde, 7 þ unsedefulle wif byð unwurð on life, 7 eft æfter life nan
edlean næfð æt Gode. Wisedom gerist weren 7 wifen sydefullnysse,
for þan seo sydefullnysse gescylt heo wið unðeawes ; þær þær Chastity
seo seodefullnysse byð, þær byð eac clænnysse, 7 þ seodefulle wif vices.
5 onscuneð gittsunge 7 ceaste ne astyreð, ac gestilleð gramen 7
forsihð galnysse 7 grædignysse gemetegað. Heo heo warneð wið
druncannysse 7 wordlunge ne lufeð. [fol. 17 b] Witodlice seo
sydefullnysse gewyllt calle unðeawes, 7 gode þeawes heo healt þe
Gode lichigeð 7 mannen. Se sixte unðeaw is, þ se þe to hlaforde 6. Rulers
10 beo gesett, þ for modeleaste ne muge his mannen don steore, ac courage.
byð he swa mihteleas on his modes strece, þ he his underðeodden
egesigen ne dearr, ne to nane wisedome he gewissigen nele. Sume
hlafordes genealæceð þurh heora hlafordscipe to Gode, swa swa
Moyses se arwurðe, þe to þan Ælmihtigen spæc 7 sume on heora
15 anweald þoue Ælmihtigen græmigeð, swa swa Saul dyde, þe forseh
Godes hæse. Se hlaford sceal beon liðe þan goden 7 egefull þan A good ruler
dysigen, þ he heora dysig alecge, 7 he sceal beon wordfæst, 7 wyten true to his
hwæt he clypige, hine man sceal lufigen for his liðnysse 7 þa dysige word.
scylen ondræden hine symle. Elles ne byð his gefadung ne fæst
20 ne langsum. He sceal beon swa geworht, þ him wið mote specan,
7 swa hwæt swa he wreca, wreca for rihtwisnysse, na for his agene
yrre, ac for Godes ege. Hit is gewriten on bocan, þ se byð eall
swa scyldig, se þe þ yfel geðafoð, swa swa se [fol. 18 a] þe hit deð,
gyf he hit gebeten mæig, 7 emb þa bote ne hogeð. He sceal hine
25 geðeodan mid þeawfæstnysse to Gode, for þan þe he nane mihte
habben, ne mæig to rihte buten Godes fylste, swa swa God sylf
cwæð. Se hlaford sceal hogien þ he habbe Godes fylst, 7 he ortru-
wigen ne sceal ahwar beo Godes fultume. Gyf God byð his
gefylste, ne byð his mihte forseowen, for þan þe nan mihte nis
30 buten of Gode, se þe ahefð of mixe þone mann þe he wyle, þeh
he wædle wære, 7 wyrcð hine to ealdre. He awyrpþ þa modige
of heora mihte-setle, 7 ahefð þa eadmede, þ eall middeneard beo
Gode underðeodd 7 beðurfe his wuldres. Se seofoðe unðeaw is þ 7. Quarrel-
se cristene man beo sacfull. Of Cristes name is christianus Christians.
35 gehaten, þ is se cristene mann, þe on Criste is gefulhtod. Gyf
he þonne byð sacfull, ne byð he soðlice cristene. Nis nan mann
soðlice cristen, bute se þe Criste geefenlæceð. Crist sylf nolde
fliten, swa swa his Fæder cwæð beo him, 'Efne her is min cild

86 MS. sodlice.

þe me is swyðe leof, 7 ic sette minne Gast soðlice ofer hine. Ne flitt he mid ceaste, ne saca ne astyreð, ne on [fol. 18 b] stræte ne gehyrð ænig mann his stæmne.' He cwæð eac on his godspelle, þ þa byð Godes bearn, þa þe gesibsume byð, 7 saca ne astyrigeð. Swa swa þa gesibsume soðlice Godes bearn byð, swa byð eac þa sacfulle 5 soðlice deofles bearn. Ealle we clypigeð to Gode 7 cweðeð, 'Pater noster, þu ure fæder þe eart on heofone.' Ac we ne mugen habben þone heofonlice eðel bute we fram eallen sacan orsorge beon. Se ehteðe unðeaw is, þ se þearefe beo modig. Manig mann næfeð æhte, 7 hafeð modignysse swa þeh, 7 is earm for wurlde 7 ungesælig 10 for Gode, þonne he arærð his mod mid modignysse ongean Gode, 7 nele on his ermðe eadmodnysse healden. Crist cwæð on his godspelle beo þan gastlice þearfen, 'Beati pauperes spiritu quoniam ipsorum est regnum celorum.' 'Eadige synd þa þearfen, þa þa on gaste synd þearfen, for þan þe heom byð forgyfen 15 heofonrices myrhðe.' Þa byð þearfe on gaste, þa þa for Godes lufe byð eadmode, for þan þe þæs modes eadmodnysse mæig begyten Godes rice, raðer þone se hafonleaste þe of henðe becumð. Witodlice þa rice, þe rihtlice libbeð mugen beon getealde betwux Godes [fol. 19 a] þearfen, gyf heo eadmodnysse habbeð 7 oferflowednysse 20 forlæteð, swa swa Dauid cyng cwæð beo him sylfen, 'Ego uero egenus 7 pauper sum, Deus adiuua me.' 'Ic eam wædle 7 þearfe, God fylst þu me.' Se modige þearfe, for his modes upahafennysse, is to ricen geteald rihtlice on bocan, 7 se eadmode rice þeh he habbe æhte, mæig beon Godes þearefe, gyf he Gode gecwemð. Se 25 nigoðe unðeaw is, þ se cyng beo unrihtwis. Se cyng byð gecoren to þan þe him cyðð his name. Rex we cweðeð cyng, þ is gecweðen Wissigend, for þan þe he sceal wissigen mid wisedome his folc, 7 unriht alecgen, 7 þone geleafe aræren, þonne byð hit earmlic gyf he byð unrihtwis, for þan þe he ne rihtlæceð gyf he unrihtwis 30 byð sylf. Þæs cynges rihtwisnysse arærð his cynesetle, 7 þæs folcas steora gestaðeleð his soðfæstnysse ; þ is cynges rihtwisnysse þ he mid riccetre ne ofsitte, ne earmne ne eadigne, ac ælcen deme riht. He sceal beon bewerigend wydewena 7 steopcildena, 7 stale alecgen, 7 forliger gewitnigen, 7 þa arlease adræfen of 35 his earde, mid eallen wiccecræft aleggen, [fol. 19 b] 7 wigelunge ne gemen. Weotan him sculen ræden 7 he ne sceal beon weamod. Godes mynster he sceal myndigen æfre, 7 feden þearfe, 7 fæstlice winnen wið onsigendne here, 7 healden his eðel.

CONCERNING TWELVE ABUSES

He sceal soðfæste mænn setten him to gerefen, 7 for Gode libben his lif rihtlice, 7 beon earfoð on ræde 7 eadmod on stillnysse, 7 his ofsprynge ne geðafige þ heo arlease beon. He sceal hine gebiddan on gesetten timen, 7 ær mæltime metes ne on-
5 byrigen. For þan þe hit is awriten, þ wa þære þeode þær se cyng byð cild, 7 þær þa ealdormænn eteð on ærnemorgen uneawfæstlice. Gyf se cyng wyle mid carfullnysse healden þa foresæde beboden, þonne byð his rice gesundfull on life, 7 æfter life he mot faren to þan ecen for his earfoðnysse. Gyf he þonne forsihð þas gesett-
10 nysse 7 lare, þonne byð his eard gehearemed foroft, æigðer gea on heregunga, gea on hungre, gea on cwealme, gea on wederen, gea on wild deoran. Wyte eac se cyng hwu hit is gecweðen on bocan gyf he rihtwisnysse ne healt, þ swa swa he ahafen is on his cynesetle toforen oðre mannen, swa he byð genyðerod on þan nyðemestan
15 witen [fol. 20 a] under þan unrihtwisen, þe he unrædlice ær geheold. Se teoðe unðeaw is, þ se biscop beo gemeleas. *Episcopus* is Grechiss name, þ is on Leden '*Speculator*', 7 on Ænglisc 'Sceawere,' for þan þe he is gesett to þan þ he ofersceawigen scule mid his gemene þa læwede, swa swa God sylf cwæð to Ezechiele þan
20 witega, '*Speculatorem dedi te domui Israeles*,' þ is, 'Ic þe gesette to sceawere soðlice mine folca Israeles hirde, þ þu gehere min word, 7 of mine muðe mine spæce him cyðe.' Gyf þu þan arleasen nelt his arleasnysse asecgan, þonne swelt se arlease on his arleasnysse, 7 ic ofga æt þe mid gramen his blod. Gyf þu þonne warnest þone
25 arlease were, 7 he nylle gecyrren fram his synnen þurh þe, he swylt on his unrihtwisnysse 7 þin sawle byð alesed. Gyf se biscop beo gemeleas þonne he Godes bydel is, 7 to larðeawe gesett þan læweden folca, þonne losigeð feale sawlen 7 he sylf forðmid, for his gemeleaste, ac þ folc byð gesælig þurh snoterne biscop, þe heom sæið
30 Godes lare, 7 healt heo under Gode swa swa god herde, þ heo beon gehealdene, 7 he habbe þa mede. [fol. 20 b] Se ændlyfte unðeaw is, þ folc beo buten steore. Feale byð stuntnyssen, þær þær nan steo(re) ne byð, 7 þær þ dysig byð orsorh, 7 þ gedwyld rixeð, þær byð yfel to wunigen ænigen wisen mænn. Beo þan cwæð se
35 sealmwyrhte þysen worden clypigende, '*Apprehendite disciplina*m *nequando irascat*ur *dominus* 7 *pereatis de uia iusta*'; þ is, 'Underfoð steore þelæste God yrsige wið eow 7 ge þonne losigen of þan rihten weige.' Eac Paulus se apostol cwæð on his pistole, 'Þurhwunigeð on steora, 7 (ge)witodlice byð swylce forligeres, gyf ge

Woe to the people when the king is a child.

10. Careless bishops.

The people are blessed when the bishop is a good shepherd.

11 People without discipline.

libbeð abuten steore.' Eft se witega Ysaias be þan ilcan cwæð, '*Quiescite agere peruerse, discite bene facere.*' 'Geswicað þwyrlicre dædon, 7 leornigeð god to done.' Dauid cwæð eac, '*Declina a malo 7 fac bonum.*' 'Buh fram yfele 7 do god.' Gyf þu unscæððig seo, gescild þe wið yfel, 7 gyf þu scæððig wære, 5 gewænd þe fram yfele, þelæste þu steoreleas losige on ænde. Se twelfte unðeaw is, þ folc beo buten æ. We ne moten nu healden Moyses æ on þan ealde wisen æfter ures Hælendes tocyme, ac we scylen gefyllen swa swa (we) fyrmest mugen þæs Hælendes beboden, 7 þa byð us for æ, for þan þe we byð buten him, gyf [fol. 21 a] we 10 his beboden ne healdeð. Manege weges synd swa swa se wisedom clypeð; þe mannen þynceð rihte, ac heo swa þeh gelædeð to deaðe on ænde, þa þa him dyselice folgigeð. Se þe Godes æ forlætt, seo þe is ure weig, se sceal mistlice faren on manegan gedwylden. Crist sylf is se weig, swa swa he sæde beo him. '*Ego sum uia 7* 15 *ueritas 7 uita.*' 'Ic sylf eam se weig 7 soðfæstnysse 7 lif. Nan mann ne mæig becumen to minen Heofonlice Fæder bute þurh me.' Ac we byð þurh Crist to heofone gebrohte, gyf we his biggenges healdeð. þa þa buten Godes æ 7 Godes gesetnysse libbeð, þa byð buten Gode æfre wunigende. Drihten sylf behet 20 þiss þan þe healdeð his beboden. '*Ecce ego uobiscum sum omnibus diebus, usque ad consummationem seculi.*' 'Ic sylf beo mid eow soðlice ealle dagen, oððe geændunge þysser wurlde.' Se Hælend us gewissige to his wille symle, þ ure sawlen moten siðigen eft to him æfter ure life, to þan ecen life, þ he ure sawlen underfo, 25 þe he asænde to þan lichamen. Sy him a wuldor 7 wurðmynt. Amen.

VII

DE VIII PRINCIPALIBUS VICIIS.

NU syndon ehte heafod-lehtres þe us onwinneð swyðe. An is gecweðen '*Gula*', þ is 'gifernysse' on [fol. 21 b] Ænglisc. Seo 30 deð þ mann ett ærtime 7 drincð, oððe he eft to mycel nymð on æte oððe on wiste, seo fordeð æigðer gea sawle gea lichame, for þan þe heo macað þan mænn mycele untrumnysse, 7 to deaðe gebrincð mid ormæten dræncen; he fordeð eac þa sawle, for þan þe he sceal synegian oft, þone he sylf nat hwu he færð for his feondlice 35

5 *MS.* scæddig.   32 wiste] *C. C. C. MSS.* 6 wæte.

CONCERNING EIGHT VIRTUES

drænce. Se oðer lehter is forleger, 7 ungemetegod galnysse. Se
is gehaten '*Fornicatio*', 7 he befylð þone mann, 7 macað of Cristes 2. Fornication.
lymen myltestrena lymen, 7 of Godes temple, gramena wununga.
Se þridde is '*Auaritia*', þ is seo yfele gitsung, 7 seo is wyrttrume 3. Avarice.
5 ælcere wohnysse, heo macað reaflac 7 unrihte domes, stale 7 leasunge
7 forsworennysse, heo is helle gelic, for þan þe heo habbeð bute
unafylledlice grædignysse, þ he(o) fulle ne byð næfre. Se feorðe
lehter is '*Ira*', þ is on Ængli[s]c 'weamodnysse', se deð þ se mann 4. Anger.
nah his modes geweald, ac macað manslehtes 7 mycele yfela. Se
10 fifte is '*Tristicia*', þ is þysser wurlde unrotnysse, þone se mann 5. Sorrow.
geunrotsoð ealles to swyðe for his æhte lyre, þe [fol. 22 a] he
lufode to swyðe 7 citt þonne wið God, 7 his synne geecneð. Twa
unrotnysse synd, an is þeos yfele, 7 oðer is halwende, þ man for
his synnen geunrotsige. Se sixte lehter is '*Accidia*' gehaten, þ is 6. Sloth.
15 'asolcannysse' oððe 'slæwðe' on Ænglisc, þonne þan mænn ne
lyst on his life nan god don, 7 byð him þonne mycel yfel þ he
ne mæig nan god don, 7 byð æfre ungeare to ælcere dugeðe. Se
seofoðe lehter is '*Jactantia*', þ is 'idel-gelp' on Engliscre spæce, 7. Boasting.
þonne se mann byð lofgeorn 7 mid liccetunga færð, 7 deð for gelpe
20 gyf he hwæt dælen wyle, 7 byð þonne se hlyse his edlean þære
dæde, 7 his wite his anbideð on þære towearden weordle. Se
ehteðe lehter is '*Superbia*' gehaten, þ is on Engli[s]c 'modignysse' 8. Pride.
gecwedon. Seo is ord 7 ænde ælcere synne, seo geworhte ængles to
atelicen deoflen, 7 þone mann macað eac, gyf he modegað to swyðe
25 þæs deofles gefere, þe feoll ær þurh heo.

VIII

DE VIII VIRTUTIB*US*.

NU synden ehte heafodmægna, þa mugen oferswiðen þa foresæde There are eight cardinal virtues.
deoflen, þurh Drihtenes fylste. An is '*Temperantia*', þ is
'geme[fol. 22 b]tegung' on Ænglisc, þ man beo gemetegod, 7 to 1. Temperance.
30 mycel ne þygge on æte 7 on wæte, ne ær time ne gereordie.
Nytene etað swa ær swa heo hit habbeð, ac se gescadwise mann
sceal chepen his mæles, 7 þonne mid gescade his gesettnysse
healden, þonne mæig heo oferswiðen swa þa gifornysse. Seo oðer
mihte is '*Castitas*', þ is 'clænnysse' on Ænglisc, þ se læwede 2. Chastity.
35 hine healde buten forligere on rihten sinscipe mid gescadwis-

C

nysse, 7 se gehadode Godes þeowe healde his clænnysse, þonne byð oferswiðed swa eac seo galnysse. Seo þridde mihte is

3. Liberality. '*Largitas*', þ is 'cystignysse' on Ænglisc, þ mann wislice aspende, na for wurldgelpe þa þing þe him God lænde, on þyssen life to brucane. God nyle þ we beon grædige gitseres, ne eac for wurld- 5 gelpe forwurpen ure æhte, ac dælen heo mid gescade, swa swa hit Gode lichige, 7 gyf we ælmesse doð, don heo buten gelpe, þonne muge we swa fordon þa deofollice gitsunge. Seo feorðe mihte is

4. Patience. '*Pacientia*', þ is 'geðyld' gecweðen, þ se man beo geðyldig 7 þolemod for Gode, 7 læte æfre his gewitt geweldre þone his eorre, 10 for þan þe se Hælend cwæð¹³ þuss on his godspelle, [fol. 23 a] '*In patientia uestra possidebitis animas uestras*,' þ is on Ængliscre spæce, 'On eowre geðylde ge habbeð eower sawle soðlice gehealden.' Se heofonlice wisedom cwæð, þ yrre hæfð wununge on þæs dysigen bosme, þonne he byð to rædmod, 7 se ealwealdende Deme demð 15 æfre mid smyltnysse, þy we sculen mid geðylde oferswiðen þ yrre.

5. Spiritual Bliss. Seo fifte mihte is '*Spiritalis leticia*', þ is seo 'gastlice blisse', þ man on Gode blissige betwux unrotnysse þysser reðen wurlde, swa þ we on ungelimpen (to) ormode ne beon, ne eft on gesælðen to swyðe ne blissigen, 7 gyf we forleoseð þas hlæne wurd þing, þonne scule we 20 wyten þ ure wunung nis na her, ac is on heofone, gyf we hopegeð to Gode; þider we sculen efstan of þysser earfoðnysse mid gastlicre blisse, þonne byð seo unrotnysse mid eallen oferswiðed mid uren

6. Perseverance in good works. geðylde. Seo sixte mihte is '*Instantia boni operis*', þ is 'anrædnysse godes weorcas'. Gyf we byð anræde on uren gode weorcan, 25 þonne muge we oferswiðen þa asolcannysse, swa for þan þe hit byð langsum bisemær, gyf ure lif byð unnytt here. Seo seofoðe mihte

7. Charity. [fol. 23 b] is seo soðe lufe to Gode, þ we on gode weorcan Godes lufe cepen, na ideles gelpes þe him is andsæte; ac uten don ælmesse swa swa he us tæhte, Gode to lofe, na us to hlysan; þ God 30 sy geherod on uren gode weorcan, 7 se idele gelp us beo æfre

8. Humility. unwurð. Seo ehteðe mihte is seo soðe eadmodnysse, gea to Gode gea to mannen, mid modes hlutternysse, for þan se þe byð wis, ne byð he næfre modig. On hwan mæig se man modegien þeh he wylle, ne mæig he on geðingðen, for þan þe feala synd geðungenre. 35 Ne mæig he on his æhte, for þan þe he his ændedæig nat, ne on nane þingan he ne mæig modegigen gyf he wis byð. Nu ge habbeð geherd hwu þas halge mægn oferswiðeð þa lehtres, þe

13 *MS.* heower.

CONCERNING ST. JOHN THE BAPTIST 19

deofol besawð on us, 7 gyf we nylleð heo oferswiðen, heo besænceð us on helle. We mugen þurh Godes fylst þa feondlice lehtres mid gecampe oferwinnen gyf we chenlice fihteð, 7 habbeð us on ænde þone ece wurðment a mid Gode sylfen gyf we swincað nu her.

IX

OF S. JOHANNE BAPTISTE.

SE godspellere Lucas, awrat on Cristes bech beo acænnednysse [fol. 24 a] Johannes þæs fulhteres, þuss cweðende, 'Sum æwfæst Godes þeign wæs gehaten Zacharias. His gebedde wæs gecegd Elisabeth. Heo bute wæron rihtwise ætforen Gode, on his bebodan 7 rihtwisnysse forðsteppende buten tale. Næs heom cild gemæne, for þan þe Elisabeth wæs untemende 7 heo bute wæron þa forwerode. Hit gelamp æt sumen sæle þ Zacharias eode into Godes temple, þa mid þan þe he on his gebeden stod, him æteowde Godes hehængel Gabriel 7 him to cwæð, "Ne beo þu afyrht Zacharia, se Ælmihtige Wealdend þe het cyðen, þ he geherde þine bene, 7 þin wif sceal acænnen sune, 7 þu gecegst his name Johannes, hit þe byð mycel blisse 7 manega on his acænnednysse fageniгеð. He byð mære ætforen Gode, ne æbyrigeð he wines drænc, ne nan þære wæten þe mæn of druncnigeð. He byð afylled mid þan Halgen Gaste on his moder innoðe. He gebegð feole þæs folcas Israeles to Gode, 7 he forstepð his Drihtene on gaste 7 mihte þæs witegan Helian, þ he geðwærlæce fædera heortan to heora bearnen, 7 þ he gebege þa ungeleaffulle to rihtwi[fol. 24 b]sen snoternyssen 7 fulfremod folc Gode gearchigen." Zacharias him andwyrde, "Hwu mæig ic þine worden gelefen, for þan þe wyt synden forwerode to bearnes gestreone?" Se ængel cwæð, "Ic eam Godes hehængel, 7 dæighwamlice ic stande ætforen his gesihðe 7 he me sænde to þe þiss to cyðene. Nu for þinre ungeleaffullnysse beo þu dumb oððet min bodung gefyllod sy." He þa adumbode 7 swa unspechinde ham gewende. Þa æfter feawe dagen geecnode his wif Elisabeth 7 on gefylledre time sune acænnde. Hire gesibblinges 7 nehgebures þæs fægenoden, 7 wolden þan cilde name gescyppen Zacharias, ac seo ealde cænnestre Elisabeth wiðcwæð þan magen, "Ac beo he gecegd Johannes." Heo andwyrden,

The words of St. Luke concerning St. John the Baptist.

Gabriel told Zacharias God would grant him a son, who should be called John.

Zacharias made dumb because of his unbelief.

4 *MS.* wurðmment.

c 2

"Hwy wiðcwedst þu uren geðeahten? Nis nan mann on þinre mæiðe Johannes gehaten." Heo þa becnedan þan dumben fæder hwæt him beo þan geðuhte. Se fæder þa awrat, His name is Johannes. Þa mid þan gewrite wearð his muð geopenod 7 his tunge unbunden to rihtre spæce. Hwæt þa asprang mycel (h)oge ofer heora nehgebures 7 ꝥ wunder wearð swyðe gewidmærsod 7 cwæð æighwa [fol. 25 a] on his geðanca, "Hwæt wenst þu ꝥ þiss cild beon wylle?" Godes mihte soðlice wæs mid þan cilde 7 se fæder wearð mid þan Hælgen Gaste afyllod 7 witegende herede God, "Seo gebletsod Drihten Israele God, for þan þe he geneosode his folc 7 alesde." Þæt cild þeah, 7 wæs gestrangod mid Godes gaste. Þa þa he gewittig wæs, he forbeah þæs folcas neawesta 7 werldlice unðeawes 7 wunede on westene oð fullen wæstme. Eall his reaf wæs gewefen of olfendes hæren, his bigleofe wæs stiðlic; ne dranc he wines drænc ne nanes gemængedes wæten, ne gebrowenes. Ofet hine fedde, 7 wude hunig, 7 oðre waclice þing.'

The father wrote, 'His name is John', and his tongue was loosed.

X

IN FESTO SANCTI PETRI APOSTOLI.

Venit Jesus in partes Cesaree Philippi. 7 reliqua.

MATHEUS se godspellere awrat on þære godspellice gesettnysse, þuss cweðende, 'Drihten com to anre burhscire, þe is gehaten Cesarea Philippi, 7 befran his gingre hwu mæn beo him cwiddedan. Heo andsweredan, "Sume mæn cweðeð ꝥ þu seo Johannes se fulhtere, sume secgeð ꝥ þu seo Helias, sume Jeremias, oððe sum oðer witega." Se Hælend þa cwæð, "Hwæt secge ge ꝥ ic seo?" Petrus him andswerode, "Þu eart [fol. 25 b] Crist, þæs lyfigenden Godes Sune." Drihten him cwæð to andswere, "Eadig eart þu Simon, culfre bearn, for þan þe flæsc ne blod þe ne onwreah þas geleafe, ac min Fæder se þe on heofone is. Ic þe secge, ꝥ þu eart stænen, 7 ofer þysne stan [ic tymbri]ge mine cirice, 7 helle gaten naht ne mugen ongean heo. Ic betæce þe heofonrices cægen; 7 swa hwæt swa þu bintst on eorðen, ꝥ byð gebunden on heofone, 7 swa hwæt swa þu unbin[t]st on eorðen, ꝥ byð unbunden on heofonen."'

The words of St. Matthew concerning Christ.

'Thou art the Christ, the Son of the living God.'

29 ic tymbrige *is from Camb. MS., Camb. Univ. Lib. In MS. Vesp. there is an erasure, but* ge *is visible.*

XI

OF JACOBE, JOHANNES BROÐER.

ÐÆT Judeissce folc brohte þan hundredes ealdren feo, for þy þ̵ heo mosten Jacoben swa ateon swa heo wolden, 7 he heom þæs leafe sealden. Heo genamen hine þa 7 hine gehæften. Þa wearð
5 mycel geflit betwux þan cristenan 7 þan hæðenan. Þa cwæð sum þ̵ hit riht wære þ̵ man lædde Jacoben forð to heora gesamnunge, 7 geherdan his word æfter heora æ, 7 man dyde þa swa. Þa cwædon þa sunderhalgen to Jacobe, 'Hwy bodest þu þone Hælend, þe wæs ahangen, swa swa we ealle wyten, betwux þan sceððen?'
10 Jacobus [fol. 26 a] soðlice wæs afylled mid þan Halgen Gaste, 7 heom to cwæð, 'Gehyreð nu broðre þa leofeste, ge þe telleð eow beon Abrahames bearn. Ure Drihten behet Abrahame ure fæder þ̵ on his sæde byð yrfeweardod ealle þeoden. Soðlice his sæd næs na ofer Ismaele, ac ofer Isaac, swa swa God sylf cwæð to
15 Abrahame, "On Isaac byð þin sæd geceged," 7 soðlice ure fæder Abraham wæs geteald to Godes freond ær þan þe he embsnyðen wære, 7 ær þan þe he freolsdæig wurðode, 7 ær þan þe he ænige godcunde æ cuðe oððe wyste. Gyf þonne Abraham is geworden Godes freond gelyfende, hwy mycele swyðere byð se Godes feond
20 þe ne gelyfð on hine?' Þa Judees cwædon, 'Hwæt is se þe ne gelefð on God?' Jacob*us* andswerode, 'Se þe ne gelefð þ̵ on Abrahames cynne byð geerfeweard ealle þeode, 7 se þe ne gelyfð þ̵ Moyses cwæðe to his folca, "God awecð eow mycelne wytega 7 mærne of eower gebroðren, (7) þone ge scylan geheren on eallen þingan
25 swa swa me on þan þe he eow bebeott." Þiss he forewitegode þurh God sylfne 7 þurh his wissunge. [fol. 26 b] Eft Isaias forewytegode beo ures Drihtenes tocyme 7 cwæð, "Efne mæden byð geeacnod on innoðe, 7 cænð cild, 7 his name byð Emmanuel, þ̵ is on smeagunga, God sy mid us." Eft Jeremias cwæð, "Eala þu
30 Jer*us*alem, efne þin alesend cumð 7 þiss byð his tacne. Blinde eagen he onlihteð, 7 deafen he forgyfð gehyrnysse, 7 mid his stefne he awecð deade to life." Eft Ezechiel se wytega cwyðð, "Eala þu Syon, þin king cumð 7 þe gestaðeleð." Daniel soðlice cwæð, "Swa swa mannes bearn God cumð to mannen, 7 he geahneð him ealdor-

The Jews took James and imprisoned him.

James was filled with the Holy Ghost, and said, 'Listen now, ye who reckon yourselves to be the children of Abraham.'

Isaias prophesied the coming of Our Lord.

9 *MS.* sceððen.   15 *MS.* sodlice.

domes 7 ealle mihten," 7 soðlice se Halga Gast clypode þurh Dauid
7 þuss cwæð, "Min Drihten cwæð to mine Drihtene, þu eart min
bearn for þan ic þe todæig asænde to mannen." Eft fæder stæfne
wæs gehyrd of heofone þuss cweðende, "He gecegð me his fæder
7 ic hine asette ofer eallen eorðlice kingen." To Dauiden sylfen 5
God cwæð, "Of wæstme þines innoðes ic sette ofer þinne hehsetle."
Beo his þrowunge soðlice Isaias se witega cwæð, "Swa swa
unscaðig lamb God wæs gelædd to slege." Eft Dauid cwæð þurh
þone Halgen Gast, "Heo adrifen mine handen 7 mine [fol. 27 a] fet
7 gerimdan ealle mine ban. Heo soðlice me ymbsceawodan 7 me 10
beheoldan 7 todældan min reaf 7 hluten heom betwynen." Eft on
oðre stowe se witega cwæð beo ures Drihtenes þrowunge, "Heo
sænden on minne mete gealle 7 on minne drænc eced." Beo his
deaðe soðlice is gecweðen, "Min flæsc resteð on hyhte, for þan þe
þu ne forlætest mine sawle on helle, ne þu ne lætest þine halgen 15
geseon nane brosnunge." Eft beo his æriste he sylf cwæð to his
Fæder, "Ic arise of deaðe 7 ic cume to þe 7 mid þe wunige, 7 for
wædlena ermðen 7 for heofunga þearefena ic arise of deaðe" cwæð
Drihten. Beo his upastigennysse is awriten soðlice þ, "He asteah
on hehnysse 7 þa gehæfte he gelædde of hæftnysse" 7 eft, "He 20
asteah ofer cherubin þan ængle werode 7 swa fleah on heofones."
Eft Anna, Samueles moder, cwæð, "Drihten asteah geond heofones
7 his mihte ateowde," 7 manege oðre gecyðnysse synd gewritene on
þære æ beo ures Drihtenes upstige to heofone, 7 he nu sitt æt his
Fæder swyðre, 7 cumð to demen cwican 7 deaden swa swa se 25
wi[fol. 27 b]tega cwæð, "Ure Drihten Crist witodlice cumð, 7 he
nane swigeð, 7 fyr on his ansyne beornð, 7 on his embhwyrfte byð
swyðlic hreohnysse". Þas þing synden sume gefyllode eornestlice
on uren Drihtene Hælende Criste 7 forðgewitene, 7 þa þa gyt
gewitene ne synd, sculen beon ealle gefyllde, swa swa hit forewite- 30
god is. Soðlice Isaias cwæð beo þan mycelen dome þe toweard is,
þ deade ariseð of heora byrigene, 7 byð geedcwicode ealle þa þa nu
on byrigene resteð. Eac Dauid se salmscop cwæð, þ God hæfð
þone mihte þ he æighwylcen mænn forgelt beo his gewyrhten.'
'Nu bidde ic leofa gebroðre,' cwæð Sanctus Jacobus, 'þ æighwylc 35
eower dædbote do his synnen, þ he þonne ne þurfe yfel onfon æfter
his geearnunge. Se þe hine sylfne wat beo ænige dæle scyldigne,

36 *MS.* don] *The long stroke of* h *in* his *coincides with the second limb of* n *in* don.

CONCERNING JAMES, THE BROTHER OF JOHN

þ he þæs þrowunge geyfelode þe ealne middeneard mid his rode alesde, he þæs dædbote do, þa hwile þa he on þyssen life seo, for þan witodlice ne byð nane mænn dædbote alefd æfter þyssen life, ac hæfð æighwylc an swa swa he her geearneð swa god swa yfel. Eornest-
5 lice [fol. 28 a] Dauid cwæð þurh þone Halgen Gast beo Drihtene, þ þa Judees agulden him yfel for gode, 7 hatunge for his lufe þe he heom gecydde. Witodlice he arærde creoperes of heora cynne, þe alefede wæron, 7 hreoflen he geclænsode, blinde he onlihte, 7 deoflen he aflegde of wodsican mannen, 7 deade he awehte, 7 swa þeh ealle
10 þa Judees cwædan anre stefne þ he wære deaðes scyldig. 7 eac þ wæs forewitegod þurh Dauid hwu his agen discipul hine belæwde 7 to deaðe gesealde, þa he cwæð, " *Qui edebat panem meum ampliauit aduersum me supplantationem*," þ is, " Se þe ett minne hlaf mid me, þæncð me to beswican." Ealle þas þing, leofe gebroðre,
15 Abrahames bearn foresædan þurh þone Halgen Gast. Hwæt wene þe nu gyf ge gelyfen nylleð on God, þ ge mugen ætwinden þan ecen wite þonne oðre þeode gelyfeð þære witegane stefne 7 þæra hehfædera? Ic cweðe, þ ge wel wurðe syn þ ge gewitnode beon, ac ge ageð mycele þearfe, þ ge dædbote don eower synnen mid
20 teare gyten, 7 mid heofunge, þelæste us belimpe þ ilca þe belamp þan wiðerræ[fol. 28 b]dan, þe Dauid embe singð on his salmsange, "*Aperta est terra 7 deglutiuit Dathan 7 operuit super congregationem Abyron.* Seo eorðe wearð geopened 7 forswealh Dathan, 7 oferwreah heora gesamnunge, þe nolde dædbote don heora synnen, 7 heo
25 mid lege forbærnde wurdon."' Þas þing 7 oðre gelice, Jacobus bodede þan folca swa lange, þ God Ælmihtig him getyðede swa mycelne gefean, þ eall þ folc þe þær gegaderod wæs, anre stefne clypode, 'Eala þu h(a)lge Jacobus, mycel habbe we gesynegod 7 mycel habbe we to yfele gedon. We biddeð eadmodlice nu, þ þu tæce us dædbote to
30 done.' Sanctus Jacobus heom andswerede, ' Eale ge leofe gebroðre, ne scule ge nateshwan eow forðæncen. Gelyfeð on God 7 byð gefulhtnede, þonne byð ealle eower synnen adilogode.' Æfter feawe dagen soðlice Abiathar se hæðene biscop geseh þ swa mycel menige þæs folcas on Drihten gelefde. Þa astyrede he mycele saca
35 on þan folca, 7 swyðlice ceaste þurh his feoh gestreon, swa þ an of þan (sunderhalgen) of ða writeren befeng þæs halgen sweore mid anen rape, 7 swa hine gelædde to Herodes cafertone þæs [fol. 29 a]

12 *MS.* gesealde(n).
36 sunderhalgen *is written by the same hand above an erasure.*

kinges. Se wæs Archelaus sune. He het þa þ me hine beheaf-
digen scolde, 7 þa þa me hine to beheafdunge lædde. Þa geseh
he sumne creopere licgende on his weige 7 þuss him to clypigende
wæs, 'Sæinte Jacob Hælendes Cristes ærendrace, ales me fram
þyssen sare, for þan þe ealle mine leomen synd gecwylmode.' Se 5
halge Jacobus him andswerode, 'On mines Drihtenes name
Hælendes Cristes, þe onhangen wæs on rode galgan, for þæs lufe
me me læt nu to beheafdunge, aris nu upp ansund and bletse þinne
Scyppend middeneardes Hælend.' He þærrihte aras, 7 ongann
blissigende eornen, 7 bletsigen Drihtenes name Hælendes Cristes. 10
Þa se sunderhalge Josias þ geseh, þe hine ær to beheafdunge
gelædde, ongann feallen to Jacobes foten þuss cweðende, 'Ic bidde
þe for þines Drihtenes name, þ þu me forgeofenysse sylle þæs þe ic
wið þe agylt habbe, 7 do me dælnymende beon þære ecen myrhðe.'
Þa undergeat se halge Jacobus þæt his heorte wæs geneosod fram 15
þan Ælmihtigen Gode, 7 cwæð to him, 'Gelyfst þu þ se sy soð God,
þe þa Judees on rode hengan?' Josias andswerode, 'Ic gele-
[fol. 29 b]fe, 7 þ is min geleafe nu oðð þysne time þ he is þæs
lyfigendan Godes Sune.' Þa wæs eall þiss gecyðd þan ealdorbiscope,
þe Abiathar hatte, 7 he let þa gehæften Josiam 7 him to cwæð, 20
'Gewisslice gyf þu ne gecerst fram Jacobe, 7 weregest þæs Hælendes
name þe he bodeð, mid him þu scealt beon beheafdod.' Josias
andswerode, 'Aweregod beo þu 7 ealle þine lease godes, for þan þe
þu awendest þe fram þæs soðen Godes beboden. Mines Drihtenes
name, soðlice Hælendes Cristes þe Jacobus bodeð, is gebletsod on 25
ecnysse.' Þa het Abiathar beaten his muð þearle swyðe, 7 hine
syððen sænde to Heroden, 7 gewrit mid him þ me hine samod
beheafdigen scolde mid Jacobe. Þa heo becomen soðlice to þære
stowe þær me hine beheafdigen scolde, þa cwæð Sanctus Jacobus to
þan cwylleren, 'Ic bidde eow eadmoddre bene þ ær þan þe ge us 30
beheafdigen, doð us hider bringan wæter to,' 7 me brohte heom þa
to sesterfulne wæteres. Se halge Jacobus cwæð to Josiam, 'Gelyfst
þu on ures Drihtenes namen Hælendes Cristes þæs lyfigenden
Godes Bearn?' He andswerode, 'Ic gelefe.' [fol. 30 a] Se halge
Jacobus hine begeat þa mid þan wætere 7 him to cwæð, 'Forgyf 35
me sibbne coss.' Mid þan þe Josias hine cyssinde wæs, þa asænde
he his hand ofer his heafod 7 worhte Cristes rodetacn ofer his
forheafde, 7 hine swa gebletsode. Josias wearð þa fullfremod on

18 oðð þysne] *Read* fram þyssen?

geleafen ures Drihtenes Hælendes Cristes 7 on ænne time samod *Josias was baptised,and* mid þan apostole gemartyrod wearð 7 ferden swa to Drihtene to *martyred* heofone rice. Þan sy wuldor 7 wurðmynt a on ealra wurlde wurld. *with the Apostle.* Amen.

XII

5 **VI KL. AUG. SANCTORUM SEPTEM DORMIENTIUM.**

WE wylleð eow eac gereccen scortlice, þ nu æfter twam dagen *The seven* is þære seofan slæperan gemynd, þære naman synd þus gecwe- *faithful warriors* dene, Maximianus, Malchus, Martinianus, Dionisius, Johannes, *dwelt in Ephesus in* Seraphion, Constantinus. Þa seofen geleaffulle Godes cæmpen *the days of Decius, who* 10 wæron, on Decies dagen þæs caseres, wunigende on þære byrig *wished to kill them* Ephesum. Heo wæron æðelborene for wurlde, and wurden to þan *because of their belief* hæðene cwelmere gewreigde for heora cristendome. Þa nolde he *in God.* heo swa higendlice acwellan, ac let heom fyrst, for heora [fol. 30 b] æðelborennysse, þ heo heo beðæncen scolden, 7 bugen to his 15 hæðengylde, þonne he eft come ; oððe heora lichamen scolden beon mid mistlicen tyntregan gecwylmede. Decius þa gewende to oðren burgen, to tyntregian þa cristene, 7 þa seofen Godes þeignes beceapodan heora æhte wið feo, 7 þ þearfen digellice dælden, 7 eodan of þære byrig into ane myclen scræfe under anre dune, *They de-* 20 7 þære on gebedan þurhwuneden dæiges 7 nihtes. Eft þa þa *parted from the city to* Decius com, þa het he heo gelangian. Þa wearð him gesæd þ heo *a cave, where they prayed* on þan scræfe behydde wæron, 7 he þa gehathyrt het fordytten *continuous-ly, and God* þæs scræfes muð mid ormætan weorcstanen. Ac se mildheorte God *sent them a long sleep.* hæfde lytle ær heo ealle geswefede binnen þan scræfe, 7 heo swa 25 slæpende lægen þreo hund gearen 7 twa 7 hundseofentig gearen, oððet cristendom becom ofer eallne middeneard. Eft þa æfter þyssen fyrste, on þæs caseres dagen Theodosius, se þe mycel on Criste belefde, getimede þ sume wyrhten afunden þone stan æt þæs scræfes muðe, 7 hine aweig awyligdan. Hwæt þa se Ælmihtige *In the days* 30 Scyppend forgeaf þan seofen [fol. 31 a] halgen þe on þan scræfe *of Theo-dosius Christ* lægen lif 7 ærist, æfter swa lange slæpe; 7 h(i)e gewurden þa *gave them life again.* ameldode þan burhwaren. Þiss wunder wearð þa þan cristene casere Theodosie gecydd, 7 he mid bliðe mode þider siðode mid eallre þære burhware, 7 biscopen, 7 heafodmannen. Þa halga 35 martyres þa ut eodan of þan scræfe togeanes þan casere, 7 heore

nebwlite scean swa swa sunne. Se casere þa Theodosius feoll
ætforen heom, 7 heora ælcne sunderlice cyste, mycle blissigende, 7
cwæð, 'Me is nu swylce ic gesege Hælend Crist, þa þa he Lazarum
of his byrigene arærde.' Þa cwæð se eldeste, Maximianus, to þan
casere, 'Gelef us, for þe arærde se Ælmihtige God us of eorðen ær 5
þan mycela dæge, þ þu buten twyn gelefe þ deaddra manna ærist
byð, nu we arisen of deaðe 7 libbeð. Stande nu þin cynedom on
sibbe 7 on soðen geleafe, 7 Crist hine gescilde wið deofles
costnunge.' Æfter þyssen feollen heo eft ealle ætforen þan casere,
swa swa God bebead, 7 heora gast ageafen. Þa wolde se casere 10
wyrecen heom eallen gyldene scrine, ac heo æteowdan heom on
þære ilcan nihte, and [fol. 31 b] sædon, 'Of eorðan we arisen, læt
us on eorða geresten, oððet God us eft arære.' Se casere þa 7 his
biscopes arærdan mære cirice ofer heora byrigena, to lofe þan
Ælmihtigan Gode, se þe leofað 7 rixeð a on ecnysse. Amen. 15

Maximianus said to Theodosius, 'God raised us before the great day, that thou mightest believe in the resurrection of dead men.'

XIII

KL. AUGUSTI AD VINCULA SANCTI PETRI APOSTOLI.

St. Luke said that Herod would persecute some of the Church after Christ's ascension.

LUCAS se godspellere us sæde on þysse(n) pistolrædinge, þ
Herodes king wolde, æfter Cristes upstige to heofone, geswæncen
sume of þære gelaðunge, 7 sænde werod embe þ. Þa ofsloh he 20
Jacoben, Johannes broðer, þæs godspelleres, and geseh þ hit gelicode þan Judeiscen; 7 wolde gelæccen Petrum. He þa hine
gefeng, 7 on cwarterne gebrohte, 7 betæhte hine on þan hæfte
sixtene cæmpen to healdene. Hit wæs þa Eastertid, 7 for þy he
elcode his sleges. Petrus wæs þa gehæft on þan cwarterne, 7 25
eall seo geleaffulle gelaðung abuten forlætenysse him fore bædon.
Þa læig Petrus, on þære nihte þe Herodes wolde hine on moregen
forðlæden, betwux þan cæmpen slæpende, mid twam racategen
getegd; 7 þa weardes heol[fol. 32 a]dan þæs cwarternes dure,
swa swa heom beboden wæs. Efne þa com Godes ængel scinende, 30
7 þ þeostre cwartern eall mid leome afylde. He cnyste þa Petrus
siden, 7 cwæð, 'Aris raðe'; 7 þa racetegen feollen þærrihte of
Petres handen. Se ængel cwæð, 'Begyrd þe, 7 scoig þe, 7 folge

Peter was imprisoned, bound with fetters and placed between two soldiers.

3 MS. þa þa] *the second a corrected from* e.
8 MS. Criste.

CONCERNING ST. PETER THE APOSTLE

me.' Petrus þa him folgede, 7 þuhte him swylce hit swefen wære. *St. Peter was released by an angel.*
Heo þa ofereodan þa twa weardsetlen, oððe heo becomen to þan
irene geate, 7 þ(a) tosprang heo þærrihte heom togeanes. Heo
eodan forð, oð þ heo becomen to anre wic, 7 se ængel him gewat
5 fram. Petrus þa beðohte hine sylfne, 7 cwæð, 'Nu ic wat to soðen
þ Drihten asænde his ængel, 7 me aredde fram Herodes handen,
7 fram ælcere anbidunge Judeisces folces.' He becom þa to his
geferen, 7 cnucode æt þære dure. Him arn to sum mæden þæs
geleaffullen werodes, hire name wæs gecegd Rode; 7 þa þa heo
10 oncneow Petrus stemne, ne mihte heo for þære blisse þa dure
geopenigen, ac gecerde ongean, 7 sæde þ Petrus þær stode. Þa
geleaffulle cwædan þ hit nære Petrus, ac wære his ængel. [fol. 32 b]
Petrus cnucode forð, oððet heo hine in leten, and mycele his
wundredan. He rehte heom þa, hwu God hine aredde, þurh his
15 ængel, of þan cwarterne, 7 cwæð, 'Cyðeð þiss Jacobe 7 uren
gebroðren,' 7 eode þa to sumere oðre stowe. Hwæt þa, on
moregan wearð mycel styrung betwux þan cæmpen þe hine healden
scoldan, 7 Herodes gewende to Cesariam, 7 þær he hæfde gemot
wið Tyrum 7 Sidoniscen. Þa mid þan þe he swyðest motode, on
20 his domsetle sittende, mid cynelicen reafe gescrydd, þa stop him to
Godes ængel, 7 hine ofsloh, for þan þe he ne sealde Gode nænne *An angel slew Herod, because he gave no honour to God.*
wurðment; 7 he þærrihte mid wyrmen fornumen, gewat of life.
Þreo Herodes we rædeð on bocan. An wæs se þe þa cild acwellan
het on Cristes acænnednysse ; oðer wæs his sune, se þe Johannem
25 þone Fulhtere beheafdien het, 7 geðwærlæhte wið Pilate, æt ures
Drihtenes þrowunge ; þridde is þes Herodes, þe we nu embe
recceð. Heo ealle þry forferdan, 7 eac Pilatus wearð swa mycel
geangsumed þ he hine sylfne acwealde, swa swa seo boc '*Ecclesiastica Historia*' sæigð. Eow læwedan mannen mæig þeos an-
30 [fol. 33 a]fealde raca to trymminga, þeh ge þa digolnysse þæron
ne cunnen. Þiss wæs gedon on þysser nihte 7 on þan andweardan
dæige, þe we hateð Hlafmæsse.

3 þ(a)] *the* a *written on an erasure.*
17 healden] *the* a *altered from* o.

XIV

DOMINICA XI POST PENTECOSTEN.

Cum appropinquaret Jesus Jerusalem. Et reliqua.

The Saviour wept over Jerusalem.

ON su*m*mere tide wæs se Hælend farende to Jerusalem, þa þa he genelæhte þære ceastre 7 he heo geseh, þa weop he ofer heo þuss cweðende, ' Gyf þu wystest hwæt þe toweard is, þu weope mid me. 5 Witodlice on þyssen dæige þu wunest on sibbe, ac seo towearde wraca is nu bedigled fram þinen eagen. Se time cumð þ þine feond þe embsitteð mid embtrymminge, 7 þe on ælce healfe generewieð, 7 to eorðen þe astrecceð, 7 þine bearn samod þe on þe synd. Ne forlæteð heo on þe stan ofer stane, for þan þe þu ne oncneowe 10 þone time þinre geneosunge.' Se Hælend þa eode into þan temple, 7 adræfde ut þa cæapmen þe þær binnen syllende 7 byggende wæron, cweðende to heom, 'Hit is awriten þ min hus is gebedhus, ac ge hit habbeð gedon sceaðen to scræfe.' Þa genealæhten him

He healed the blind and halt and taught daily in the temple.

to blinde 7 healte, 7 he heo gehælde, 7 wæs tæcende dæighwamlice 15 bin[fol. 33 b]nen þan temple. Gregorius se tractnere cwæð þ se Hælend beweope þære ceastre toworpenysse, þa gelamp æfter his þrowunge, for þære wraca heora mandæde, þ heo þone Heofonlice Æðeling manfullice acwellen woldan. He spæc mid woplicre stæmne, na to þan weorcstanen, oððe to þære getimbrunge, ac 20 spæc to þære ceastreware, þa he mid fæderlicre lufe besaregode, for þan þe he wyste heora forwyrd rædlice toweard. Feowertig geara fyrst Godes mildheortnysse forlet þan wælreowen ceasterwaren to bereowsunge heora mandæden, ac heo ne gemden nanre dædbote, ac mare mandæde gefremedan, swa þ heo oftorfedan mid stanen 25

Stephen, the first martyr, was stoned to death.

þone forme Godes cyðere Stephanu*m*, 7 Jacobum Johannes broðer beheafdoden. Eac þone rihtwise Jacobu*m* heo ascufen of þan temple, 7 acwealden, 7 ehtnysse on þan oðren apostlen setten. Seo Godes gelaðung, þe on Jerusalem þære byrig, æfter Cri*s*tes þrowung, under þan rihtwisen Jacobe drohtnigende wæs, ferde eall 30 samod of þære byrig to anre wic wið þære ea Jordanem, for þan þe him com [fol. 34 a] to Godes hæs, þ heo scoldan fram þære manfulle stowe faren, ær þan þe seo wraca come. God þa oncneow þ þa Judeisce nanre dædbote ne gemdon, ac mare 7 mare heora mandæden geehten, sænde heom þa to Romanisc folc 7 heo ealle for- 35 dyde. Vaspasianus hatte se casere, þe on þan dagen geweold ealles middeneardes cynedome. Se asænde his sune Titu*m* to oferwinnen

THE ELEVENTH SUNDAY AFTER PENTECOST

þa earme Judeisce. Þa gelamp hit swa þ heo wæron gesamnode *Vespasian sent his son Titus to conquer the Jews.*
binnen þære byrig Jerusalem, six hund þusend mannen, swylce on
ane cwarterne beclysod, 7 heo wurden þa utene ymbsette mid
Romanisscen here, swa lange þ þære feala þusenda mid hungre
5 wurden acwealde; 7 for þære menige mann ne mihte heo bebyrien,
ac wurpen þa lic ofer þone weall. Sume þeh for mæiglicre sibbe
heo bebyrigan woldan, ac heo rædlice for mægleaste swulten. Gyf
hwa hwæt lytles æniges bigwistes him sylfen gearcodan, him
scuten sone to reaferes, 7 þone mete him of þan muðe abruden.
10 Sume heo cuwen heora scos, sume heora hæteran, sume (fol. 34 b)
streaw, for þære mycelan angsumnysse þæs haten hungres. Hit
nis na gedafenlic, þ we on þyssen halgen godspelle ealle þa scame-
lice ermðen gereccen, þe gelumpen þan ymbsetena Judeiscen æfter
Cristes þrowunge, ær þone heo on hand gan wolden. Wearð þa
15 se mæste dæl þære arleasre mid þan bisemærlicen hungre adedd, 7 *Jerusalem was destroyed.*
þa lafe þæs hungres ofsloh se Romanisce here, 7 þa burh grundlinge
towurpen, swa þ þær ne belaf stan ofer stane, swa swa se Hælend
ær mid wope gewitegode. Þære cnapena þe binnen sixtene geare
elde wæren, hundnigentig þusende heo tosændan to æghwylcen
20 leodscipen to þeowte, 7 on þan earde ne belaf nan þing þæs awyre-
gedan cynnes. Seo burh wearð syððen on oðre stowe getimbrod 7
mid þan Sarrazenisscen gesett. Se Hælend geswutelode for
hwylcen intingan þeos tostæncednysse þære byrig belumpe þa þa
he cwæð, 'For þan þe þu ne oncneowe þone time þinre geneo-
25 sunge.' He geneosode þa burhware þurh his mænniscnysse, ac heo
næron his gemyndige naðer ne þurh lufe ne þurh ege. Beo þære
gemeleaste spæc [fol. 35 a] se witega mid cearigendre stæmne, þuss
cweðende, 'Storc 7 swealewe heolden þone time heores tocymes, 7
þis folc ne oncneow Godes dom.' Drihten cwæð to þære byrig
30 Jerusalem, 'Gyf þu wystest hwæt þe toweard is, þonne weope þu *'If thou knewest thy future, then wouldst thou weep with Me.'*
mid me. Witodlice on þyssen dæige þu wunest on sibbe, ac þa
towearden wracen synd bedigelode fram þinen eagen.' Seo burh-
ware wæs wunigende on wurldlicre sibbe, þa þa heo orsorhlice wæs
underðeodd flæsclicen lusten, 7 hwonlice hogode embe þa towearden
35 ermðe, þe hire þa gyt bedigelode wæron. Gyf heo þære ermðe
forewittig wære, ne mihte heo mid orsorgen mode þære gesund- *'My house is a house of prayer, but ye have made it a den of thieves.'*
fullnysse andweardes lifes brucan. Drihten adræfde of þan temple
þa ceapmæn, þuss cweðende, 'Hit is awriten þ min hus is gebedhus
7 ge hit habbeð gedon scæðen to scræfe.' Þ tempel wæs Gode

31 *MS.* med.

gehalgod to his þenungen, 7 lofsangen, 7 to gebedan þan geleaffullen,
ac þa gitsigende ealdorbiscopes geðafoden þ þær ceping binnen
gehæfd wære. Drihten, þa þa he þ unriht [fol. 35 b] geseh, he
worhte ane swype of rapen, 7 heo ealle mid gebeate ut ascynde.
Þeos todræfednysse getacnode þa towearden toworpennysse þurh 5
Romanisscen here, 7 se hryre gelamp swyðest þurh gyltes þære
ealdorbiscopen, þe binnen þan temple wunigende mid gehywedre
halignysse þæs folcas lac underfengan, 7 þære manna æhten þe
buten laca þ tempel gesohten. Hwæt wæs þ tempel bute swylce

The high priests allowed buying and selling in the temple.

sceaðene scræf, þa þa ealdorbiscopes mid swylcere gitsunge ge- 10
fyllede wæren, 7 þa leaslice ceapes binnen þan Godes huse geðafe-
don? Hit is on oðren godspellen gewriten, þ þær sæten myne-
teres, 7 þær wæron gecep(t)e hryðere 7 scep 7 culfren. On þan dagen
æfter gesetnysse þære ealden æ, man ofrode Gode hryðere 7 scep 7
culfren, 7 for getacnunge Cristes þruwunge, þa tyhte seo gitsung 15
þan sacerdan þ man þyllic oref þær to ceape hæfde, gyf hwa
feorran come 7 wolde his lac Gode geofrien, þ he on gehændnysse
to bycgene geare hæfde. Drihten þa adræfde þyllice cypen of þan
halgen temple, for þan þe hit næs [fol. 36 a] to nan cype geræd,
ac to gebedan. Him þa genealæhten blinde 7 healte, 7 he heo 20
gehælde, 7 wæs lærende þ folc dæighwamlice binnen þan temple.
Se mildheorte Drihten, þe læt scinen his sunne ofer þa rihtwisen 7
unrihtwisen gelice, 7 sænt renes 7 eorðlice wæstmes goden 7 yfelan,
nolde ofteon his lare þan þwyren Judeisscen, for þan þe manega
wæron gode betwux þan yfelan, þe mid þære lare gebeterode 25

The Lord worked miracles that the chosen might be more faithful.

wæron, þeh þa þwyre hire wiðcwædon. He eac mid wundren þa
lare getrymde, þ þa gecorene þe geleaffulre wæron, 7 þa wiðercorene
nane beladung nab[b]eð, for þan þe heo ne þurh godcunde tacnen, ne
þurh liflice lare þan soðfæsten Hælende gelyfen nolden. Nu cwyðð
se eadige Gregorius þ heora toworpenysse hæfð sume gelicnysse to 30
æighwylcen þwyrlicen mannen, þe blissigeð on yfel dæden, 7 on þan
wyrestan þingen fægenigeð. Swylcere manna besaregeð se mild-
heorte Drihten dæighwamlice, se þe þa losigendlice burehware
[fol. 36 b] mid tearen bemænde. Ac gyf heo oncneowan þa geni-
ðerunge þe heom onseah, heo mihten heo sylfe mid rarigendre 35
stæmne heofegin. Soðlice þære losigendlicen sawle belimpð þes
æfterfyligende cwide, 'On þyssen dæige þu wunest on sibbe, eac
seo towearde wrace is nu bedigelod fram þinen eagen.' Witodlice

8 æhten] the n added by a later hand?
28 MS. nab|eð] Before eð parts of a letter visible on each side of a hole.

seo þwyre sawle is on sibbe wunigende on hire dæige, þonne heo on gewitendlicre tide blissigeð, 7 mid wurðmynte byð up ahafen, 7 on hwilwendlicen brycen, (7) byð ungefoh, 7 on flæsclicen lusten byð tolysed, 7 mid nanre fyrhte þæs towearden wites ne byð geegesod, *The perverse soul rejoices in the present evils and ignores the future punishment.*

5 ac bedigelað hire sylfen þa æfterfyligenda yrmðen, for þan gyf heo embe þa smeað, þonne byð sie wurldlice blisse mid þære smeagunge gedrefd. Heo hæfð þonne sibbe on hire dæige, þone heo nele þa andwearde myrhðe gewæcen mid nanre care þære towearden ungesælðen, ac gæð mid beclysedan eagen to þan witnigendlicen
10 fyre. Seo sawle þe on þas wisen nu drohtneð, heo is to geswencenne þonne þa rihtwise blissigeð, 7 ealle þa ateorigendlice þing, þe heo nu to sibbe and [fol. 37 a] blisse taleð, byð hire þonne to biternysse 7 to ceaste awænde, for þan þe heo mycele saca wið heo sylfe hæfð. Swylce byð þa genyðerunge þe heo þonne þoleð, for
15 þy þe heo nolde ær on life heo mid ænigre carfulnysse foresceawigen. Beo þan is awriten, ' Eadig byð se mann þe simle byð forhtigende, 7 soðlice se heardmode befeolð on yfele.' Eft on oðre stowe mynegað þ halige gewrit, ' On eallen þinen weorcan beo þu gemyndig þines endenextan dæiges, 7 on ecnysse þu ne synegast
20 (na).' Seo halig ræding cwyðð, 'Se time cumð þ þine feond þe embsitteð mid emtrymminge, 7 þe on ælce healfe genearewigeð, 7 to eorðen þe astrecceð, 7 þine bearn samod þe on þe synd.' Þære sawle feond synd þa hellice gastes þe besitteð þæs mannes forðsið,
7 his sawle, gyf heo fyrenfull byð, to þære (ge)ferrædden heora
25 agenre genyðerunge mid mycelre angsumnysse læden wylleð. Þa deofle ateowigeð þære synfulle sawle æigðer gea hire yfele þohtes, 7 þa derigendlice spæce, 7 þa manfulle dæden, 7 heo mid manigfealden þreatungen geangsumigeð, þ heo [fol. 37 b] on þan forðsiðe gecnawe mid hwylce feondan heo embsett byð, 7 þeh nan utfær ne
30 gemett, hwu heo þan feondlicen gasten ætfleon mage. To eorðen heo byð astrect þurh hire scylda oncnawennysse, þone se lichame þe heo onleofode to duste byð formolsned. Hire bearn on deaðe hreoseð, þonne þa unalefedlice þohtes, þe heo nu acænð, byð on þære ændenextan wrace eallunge toworpene, swa swa se salmscop beo þan
35 geddigende sang, ' Nelle ge treowigen on ealdormannen, ne on manna bearnen, on þan nis nan hæle. Heora gast gewit 7 heo to *The enemies of the soul are the spirits of hell.*

'Put not your trust in princes.'

6 *Between* byð *and* sie *parts of letters* seo (?) *visible on each side of a hole.*
16 awriten] *the a* inked *over by a later hand.*
20 na *inked over by a later hand.*
31 MS. astre(h)ct] *the h is partly erased.*

eorðan gehwyrfeð 7 on þan dæige losieð ealle heora geðohtes.'
Soðlice on þan godspelle fyligð, '7 heo ne forlæteð, on þe stan ofer
stan.' Þ þwyre mod, þone hit geheapð yfel ofer yfele, 7 þwyrnysse
ofer þwyrnysse, hwæt deð hit bute swylce hit lecge stan ofer
stane? Ac þone seo sawle byð to hire witnunge gelædd, þonne byð 5
eall seo timbrung (7) hire smeagunge toworepan, for þan þe heo
ne oncneowen þa tid hire geneosunge. On manegan gemeten
God visits the souls of men in divers ways. geneosað se Ælmihtiga God manna sawlen, hwil[fol. 38 a]tiden
mid lare, hwilen mid wundren, hwilon mid untrumnysse, ac gyf
heo þas neosunge forgemeleasigeð, þan feondan heo byð betæht on 10
hire geændunge to ecere witnunge, þan þe heo ær on life mid
healicen lehtren gehyrsumede. Þonne byð þa hire witneres on þan
hellicen susle, þa þe ær mid mistlicen lusten heo to þan lehtren
forspeonnan. Drihten eoda into þan temple, 7 mid swypen þa
The merchants are the unrighteous teachers in God's church. cypen ut adræfde. Þa ceapmæn binnen þan temple getacnodan 15
unrihtwise larðeawes on Godes gelaðunge. Þær wæron eall swa
we ær cwædon, gecep(t)a oxen 7 scep 7 culfren 7 þær sæten myne-
teres. Oxe tyleð his hlaforde, 7 se larðeaw sylð oxen on Godes
ciricen, gyf he begæð his laferdes teolunga, Þ is gyf he bodeð
godspell his underðeoddan for eorðlicen gestreone, 7 na for god- 20
cundre lufe. Mid scepen he mangeð, gyf he dysigre manna herunge
cepð on arfæste weorcan. Beo swylcen cwæð se Hælend, 'Heo
underfengan edlean heora weorcan,' Þ is se hlysa idelre herunge,
þe heom gecweme wæs. Se larðeaw byð culfre[fol. 38 b]cepe, þe
nele þa gyfe, þe him God forgeaf buten his gearnungen, oðre 25
'Without price ye received the gift, give it to others without price.' mannen bute sceatte nytte don, swa swa Crist sylf tæhte, 'Bute
ceape ge underfengan þa gyfe, sylleð heo oðren bute ceape.' Se þe
mid geheowedre halignysse him sylfen teolað on Godes gelaðunge,
7 nateshwan ne careð embe Cristes teolunga, se byð untwylice
mynetcepe getalod, ac se Hælend todræfð swylce cepen of his huse, 30
þonne he mid geniðerunge fram geferrædden his gecorenra heo
totwæmð. 'Min hus is gebedhus, 7 ge hit habbeð gedon sceaðen
to scræfe.' Hit getimeð for wel oft Þ þa þwyre becumeð to mycelen
hade on Godes gelaðunge, 7 heo þonne gastlice ofsleað mid heora
yfelnysse heora underðeodde, þa þa heo scolden mid heora bene 35
geliffæsten. Hwæt synd þyllice bute sceaðen gelice? Æighwylces
The temple of God is holy. mannes mod is Godes hus, swa swa se apostel cwæð, 'Godes
tempel is halig, Þ ge synd.' Ac Þ mod ne byð na gebedhus, ac

13 þe] the e corrected from a and partly erased.
17 MS. gecepaᵗ.

THE ELEVENTH SUNDAY AFTER PENTECOST 33

sceaðene scræf, gyf hit forleost unscæðignysse 7 mid þwyrlicen
geðohten hogeð oðren dare. '7 he wæs tæcende dæighwamlice
binnen þan temple.' Crist lærde þa þ folc on his and[fol. 39 a]- *Christ*
weardnysse 7 he lærð nu dæighwamlice geleaffulre mauna mod *taught the people to*
5 mid godcundre lare smeaðanclice, þ heo yfel forbugen 7 god *eschew evil and to do*
gefremmen. Ne byð na fullfremedlic þan gelefedan þ he yfeles *good.*
geswica, bute he god gefremme. Se eadige Gregorius cwæð,
'Mine gebroðre, ic wolde eow ane lytle raca gereccen, seo mæig *The story of Gregory*
þearle eower mod getimbrigen, gyf ge mid gemene heo geheren *concerning*
10 wylleð. Sum æðelboren man wæs on þære scire Valeria, se wæs *the death of Chrysaurius*
gehaten Crisaurius, se wæs swa mycel mid lehtren afyllod, swa *of Valeria.*
mycelen swa he wæs mid eorðlicen welen gewelegod. He wæs
toðunden on modignysse, 7 his flæsclice lusten underðeod, 7 mid
ungefogre gitsunge ontend, ac þa þa God gemynte his yfelnysse to
15 geændigen, þa gewearð he geuntrumod 7 to forðsiðe gebroht. þa
on þære ilcan tide þe he geændigen scolde, þa beseh he up, 7 him
stoden abuten swearte gastes, 7 mid mycelen þreate him onsigen þ *Evil spirits waited for*
heo his sawle on þan forðsiðe mid heom to hellicen clysunge ge- *his soul.*
gripen. He ongan þa befigen 7 blachigen 7 ungefohlice swæten 7
20 mid mycelen [fol. 39 b] reame fyrstes bidden. 7 his sune Maximun,
þone he geseh munuc syððen, mid gedrefedre stæmne clypode 7
cwæð, 'Min cild Maxime gehelp min, onfoh me on þinen geleafen,
næs ic þe derigende on ænige þingan.' Se sune þa Maximus mid
mycelan heofe gedrefed him to com. He wand þa swa swa weorm,
25 ne mihte geðoligen þa egeslice gesicðe þære aweregodra gasta.
He wænde hine to wage, þære heo him ætwæron, he wænde eft
ongean, þære he heo funde. Þa þa he swa swyðe geangsumed his
sylfes orwene wæs, þa remde he mid mycelre stæmne 7 þuss cwæð,
'Læteð me fyrst oððet tomoregan hure þingen,' ac mid þyssen reme
30 þa blaca feond tugen þa sawle of þan lichame 7 aweig gelædden. *Black fiends*
Be þan is swutel þ seo gesihðe him wearð æteowed for oðre manna *drew his soul from*
beterunge, na for his agenre. La hwæt fremode him, þeh he on *his body and*
forðsiðe þa swearte gastes gesæge, þonne he ne moste þæs fyrstes *led it away.*
habben þe he gewilnode? Ac uten we beon carfulle þ ure time mid
35 idelnysse us ne losige, 7 we þone mid weldæden gecerran wyllen,
þonne us se deað to forð[fol. 40 a]siðe geðreateð. Þu Ælmihtige
Drihten gemiltse us synfullen 7 urne forðsið swa gefade þ we mid

20 *MS.* su ne] *Between the* u *and the* n *there is an erasure.*
21 he] *Camb. MS.* le.
35 *Between* mid *and* weldæden *there is an erasure.*

D

gebette synne æfter þyssen fracenfulle life þinen halgen geferlæhte beon moten. Seo þe lof 7 wuldor on ealra wurlda wurld. Amen.

XV
DOMINICA XII POST PENTECOSTEN.

The parable of the Pharisee and the sinner.

D*IXIT* J*e*sus *ad quosdam qui in se confidebant tanquam iusti, et aspernabantur ceteros, parabolam istam* : 7 *reliq*ua. Drihten 5 sæde þiss bigspell beo sumen mannen þe on heom sylfen trywwedan þ heo rihtwise wæron, (7) oðre forsegan, þus cweðende, 'Twege mæn eoden into Godes temple heo to gebiddene. An wæs sunderhalge, oðer wæs openlice synfull. Þa stod se sunderhalge 7 hine þuss gebæd, "God, ic þanchige þe þ ic ne eam na swylce oðra mæn, reafere, 7 10 unrihtwis, forligeres, oððe swylce þes manfulle þe her stant. Ic fæste twegen dages on þære wuca, 7 ic teoðegie ealle mine æhte." Þa stod se synfulle feorran, ne dorste his egen up ahebben, ac beot his breost þuss cweðende, "God Ælmihtig, miltse me synfullen.'" Nu cwæð se Hæ[fol. 40 b]lend beo þyssen, 'Soð ic eow secge, þes 15 eode ham gerihtwisod swyðer þone se sunderhalge. For þan þe ælc þæɪe þe hine ahefð byð geeadmet, 7 se þe hine sylfne geeadmet byð ahafen.' Þiss godspell mæig beon twifealdlice getractnod ; ærest beo Judeisscen folca, 7 beo hæðene þeodan þe to cristendome gebugan; 7 eft syððen be ælcen þe hine sylfne godne taleð, 7 oðre 20 forsicð. Þ Judeisce folc wæs up ahafen swylce þurh rihtwisnysse þære ealden æ, 7 on þære heo sylfe heredon ; 7 þ hæðene folc, feorrene fram Gode, andette mid eadmodnysse his synnen, 7 wearð [Gode] genealæht 7 ahafon, 7 þ Judeissce folc gewat fra*m* Gode forseowen, þurh heora upahafennysse on agenre bodunge. Ælc 25 man, þe hine godne taleð 7 oðre forsihð, byð fram Gode gesewen swa swa se sunderhalge wæs, þe hine sylfne þurh agene geearnunge godne tealde, 7 þone oðerne hyrwde. He eode into Godes temple hine to gebiddene; þa nolde he hine gebidden, ac herigen ; tealde his gode dæden, swylce God heo nyste. He cwæð, 'God, ic þe 30 þancige þ ic ne eam na swylce oðre [fol. 41 a] mæn'; ealles to mycel clypunge, þ he nære oðre mannen gelic. Hure gyf he cwæde þ he nære sumen oðre mænn gelic, ac he cwæð, 'Ic ne eam na swylc swa oðre mæn' ; swylce he cwæðe, 'Ic ane eam rihtwis, 7 þa oðre synd synfulle.' 'Ic fæste twegen dages on þære wuca, 35 7 ic teoðegie ealle mine æhte.' Nis her nan gebed on þyssen

The Jews exalted themselves because of the old law, but the heathen confessed their sins with humility.

The Pharisee praised himself on account of his good deeds.

13 *Between* egen *and* up *there is an erasure.*
24 Gode *supplied from Camb. MS.*
25 on a. b.] *Camb. MS.* 7 agenre bogunge.

THE TWELFTH SUNDAY AFTER PENTECOST 35

worden, ac is gelp. Se synfulle stod feorren, gecnæwe his mis- *The sinner*
dæden, 7 ne dorste his egen up ahebben, ac sloh his breost, þuss *stood afar off and con-*
cweðende, '*Deus, propitius esto mihi peccatori*,' ꝥ is, 'God Ælmihtig, *fessed his sins.*
gemiltse me synfullen.' Her is gebed on þyssen worden, 7 her is
5 synnen andettnysse. Betere byð ꝥ se mann mid feawe worden, 7
mid onbryrden mode to þan Ælmihtigen Gode clypige, þone he
manigfealdlice spece, 7 his worden ne geme. Mid anre clypunge
wearð þes synfulle gerihtwisod, swa swa Drihten beo him cwæð,
'Soð ic eow secge, he eode ham gerihtwisod fram þan oðren.' Is
10 swa þeh swyðe freomfullic, ꝥ æighwa hine gelomen and geornlice
to Gode gebidde, gyf his mod byð [fol. 41 b] to þan swyðe onbryrd.
Eall man sceal scortlice, mid onbryrdnysse 7 bereowsunge hine
gebidden. Ne scule we tellen, gyf we hwæt lytles to gode doð, ac
we sculen gerimen ure misdæden mid wope 7 geomerunge, 7 þære
15 miltsunge gebiddan. Þeh hwa mycel to gode do, 7 syððen mid
gelpe ætforen Gode his weldæden gerime, þonne byð *heo Gode
swa gecweme swa him wæron þæs gel*pinden sunderhalgen. Nis
Gode nan neod * ure gode dæden, ac heo fremigeð us * sylfen to þan *Our good deeds will*
ecen life, gyf heo buten * idele gelpe for his lufe byð gefre*mede. *bring us to eternal life,*
20 He secð godne wille on ure dædan, na his neode. Þeh hwa fede *if they are done with-*
ænne þearfe oððe ma, for Godes nama, hwu mæig he ꝥ to mycelan *out boasting and for the*
tellen, þone God fett hine 7 eallne middeneard? Gyf he sum hus *love of God.*
Gode arærð, hwæt mæig ꝥ to wiðmetenysse þære healicen heofone,
7 þære ecan wununge þe God him gearcað to his rice, to edleane
25 þæs lytlen huses? Se wytega Ezechiel awrat beo þan feower
nytenan þe him æteowde wæron, [fol. 42 a] ꝥ heo hæfdon egen
heom on ælce healfe. An þære nytena wæs on mænnisscre ansyne
him ateowd, oðer on leon ansene, þridde on cealfes, feorðe on
earnes. Þas feower nytene getacnodan þa feower godspelleres, *The four*
30 Matheus, Marcus, Lucas, Johannes, 7 eac ealle Godes bydeles, þe *beasts shown to Ezekiel*
þa godspellice lare bodedan. Þa feower nytena hæfdon eagan on *betokened the four*
ælce healfe heora lichamen, for þan þe Godes gecorena sceolen *evangelists.*
foresceawigen heora dæden on ælcere healfe, swa ꝥ heo symle god
gewilnodan, 7 wið yfel heo gewarnien. Ac hit getimeð oft, for ure
35 tyddernysse, ꝥ we sume þing forgemeleasigeð þahwile þe we embe
sume hogigeð, 7 bute twyn nabbe we nan eage þære seo gemeleaste
byð. Efne þes sunderhalge, þe we ær ymbe spæcan, hæfde opene

7 *MS*. spûce. 16-19 * *denotes erasures.*
22 fett] *A letter has been erased before the* f.

D 2

eagen to forhæfdnysse, 7 to ælmesdædon, 7 to þancigene Gode, ac he næfde nænne wærscipe þ he þa soðe eadmodnysse on his weldædan geheolde. La hwæt fremeð þære burhware þeh þ port beo trumlic on ælce healfe getimbrod, gyf þær byð an hwæm open forlæten, þ se winnende [fol. 42 b] here þurh þan infare habbe? 5 We sculen on uren weldæden blissigen mid soðre eadmodnysse, 7 uren Drihtene geornlice þancigen his gyfe, swa he us geuðe þ we *No man can do good except by the grace of God.* mosten his wille gewyrecen þurh sume weldæde. Ne mæig nan mann naht to gode don buten Godes gyfe, swa swa se apostel Paulus cwæð, 'Þu mann, hwæt hæfest þu þæs þe þu fram Gode ne 10 underfenge? Hwy wuldrest þu swylce þu nan þing ne underfenge?' Beo þan ilcan cwæð eac ure Drihten, 'Ne muge ge nan þing to gode don buten me.' Þeh ure dæden beon gode geðuhte, to hwan mugen heo, gyf heo Gode ne geliciged? 'Ælc þære þe hine ahefð byð geeadmet, 7 se þe hine sylfne geeadmet, byð ahafen.' 15 Ne byð þes cwide na simle sone gefyllod on manne gesicðen, byð swa þeh wel oft, swa swa we on bocan æghware rædeð, þ se *The Almighty often humbles the proud as he did Nebuchadnezzar.* Ælmihtige Scyppend foroft þa ofermodige unðances geeadmette. An þære wæs Nabucodonosor, oðer wæs his sune Balthasar, 7 manege oðre heom toecan, þeh we þas sunderlice næmmen. Nabu- 20 chodonosor, se hæðene cyng, geheregode on Godes folca, on Judea lande, 7 for heora [fol. 43 a] mandæden God þ geðafode. Þa genam he þa madmfaten, gyldene 7 sylfrene, binnen Godes temple, 7 to his lande mid him gelædde. Hit gelamp eft syððen þ he on swefne ane gesihðe beo him sylfen geseh, swa swa him syððen 25 aneode. Æfter þyssen emb twelf monðen, eode se cyng binnen his healle mid ormætre upahefennysse, herigende his weorc 7 his mihte, 7 cwæð, 'Hwu ne is þiss seo mycele Babilonia þe ic sylf getimbrode to cynestole 7 to þrymme me sylfen, to wlite 7 to wuldre, mid minen agene mæigne 7 strængðe?' Ac him clypode þærrihte to 30 *Nebuchadnezzar was cast out of his kingdom for seven years.* swyðe egeslic stæmne of heofone, þuss cweðende, 'Þu Nabucodonosor, þin rice gewit fram þe, 7 þu byst fram mannen aworpen, 7 þin wunung byð mid wildeoran, 7 þu etst gærs, swa swa oxa, seofon gear, oððet þu wyte þ se hehlice God gewelt manna rice, 7 þ he forgyfð rice þan þe he wyle.' Witodlice on þære ilcan tide 85 wæs þeos ilca spæce gefyllod ofer Nabucodonosor, 7 he arn to wude, 7 wunede mid wilddeoran, (7) leofode beo gærse, swa swa nyten, oððet his fex weox swa swa wifmanna, 7 his nægles [fol. 43 b] swa

5 *An erasure between* se *and* winnende, *and the* de *is written on an erasure in different ink. Camb. MS.* on winnende.

swa earnes clawen. Eft syððen him forgeaf se Ælmihtige Wealdend
his gewitt, 7 he cwæð, 'Ic Nabugodonosor ahof mine eagen up to *Nebu-*
heofone, 7 min andgit me wearð forgyfen, 7 ic þa gebletsode þone *chadnezzar confesses*
hecstan God, 7 ic herede 7 wuldrode þone þe leofeð on ecnysse, for *the power of God.*
5 þan þe his mihte is ece, 7 his rice stant on mærðe 7 on mægðe
Eall eorð-bug(i)nde synd to nahte getealde on his wiðmetennysse.
Æfter his wille he deð æigðer gea on heofone gea on eorðen, 7 nis
nan þing þe his mihte wiðstande, oððe him to cweðe, "Hwi dest
þu swa?" On þære tide min andgit gewende to me, 7 ic becom to
10 wurðmynte mines cynerices, 7 min mænnischeow me becom.
Mine wyten me sohten, 7 min mærðe wæs geeacnod. Nu eornostlice
ic mærsige 7 wuldrige þone Heofonlice Cyng, for þan þe ealle his
weorc synd soðe, 7 his weges rihtwise, 7 he mæig geeadmeten þa þe
on modignysse fareð.' Þus geeadmette se Ælmihtige God þone
15 modige cyng Nabucodonosor. Balthasar his sune feng to rice *Balshazzar*
æfter his fæder geendunge, [fol. 44 a] 7 næs gemyndig his fæder *succeeded his father.*
swingle, ac wearð ahafen on modignysse ongean þone Ælmihtigen.
On sumre tide he feormede ealle his wyten, 7 het beren forð þa
gyldene 7 þa sylfrene madmfaten, þe his fæder on Godes temple
20 binnen Jerusalem genam. Heo druncan þa of þan halgen faten, 7
heredon heora hæðene godes; ac þærrihte wearð geseowen swylce
anes mannes hand writende on þære healle wage, ætforen þan
cynge, þas word, Mane, Thechel, Phares. Þa wearð se cyng to þan
swyðe afyrht, þ he eall ascranc, 7 man him lædde to þone wytege
25 Daniel. He cwæð to þan witega, 'Ræd me þiss gewrit, 7 ic þe
forgyfe eall purprene reaf 7 gyldene sweorbeh, 7 þu byst se þridde
mann on mine rice.' Daniel him andswarede, 'Gyf þan þe þu *The writing on the wall*
wille þine welen, þiss gewritt ic þe gerecce. Þu noldest þe *is interpreted by*
warnigen þurh þines fæder þreale, ac drunce of Godes madmfaten, *Daniel.*
30 7 heredest þine hæðene godes, dumbe 7 deafe. Nu asænde se
Ælmihtige God þe þiss gewrit þe on þinre healle wage stant,
Mane, Thechel, Phares. [fol. 44 b] Mane, þ is, God hæfð geteald þin
rice, 7 geændod; Techel, þ is, he awæh þin rice on wæge, 7 he hit
fand awaned; Phares, þ is, þin rice is todæled 7 forgeofen Meden
35 7 Persan.' Þa het se cyng syllen þan wytegan Daniele purprene
reaf 7 gyldene swurbeh, 7 het cyðen geond eall, þ he wære se
þridde mann to him. On þære ilcan nihte comen Medes,⁷ ofslogen *The Medes slew Bal-*
þone Balthasar, 7 Daria Mede feng to his rice. Feola bisne we *shazzar and Darius suc-*
mihten eow gereccen beo þysen andgite, hwu se Ælmihtige foroft *ceeded him.*

⁷ MS. Medes.

þa modige geeadmette, 7 þa eadmode geuferode 7 ahof. Eac ge
magon beo þysen, gyf ge wylleð, mycel understanden, 7 þurh þa
race ge mugen eow sylfe gerihtlæcen to soðre eadmodnysse, gyf ge
gesælige byð. On þære ilcan burh Babilonie þe we embe specað,
wæs on Daries dagen se wytege Daniel Godes hehðeign haliges 5
lifes mann. Þa gedemden þa wyten þ binnen þrittig dagen
ne bæde nan mann nane bene æt Gode buten æt þan cynge 7 wolden
swa besyrwen þone unscyldigen Daniel, for þan þe he wæs swyðe
dere Darie þan cynge. Þa dyde se wytega swa swa his gewune wæs,
eode into his upflore 7 feoll þære (fol. 45 a) on cneowen 7 gebæd 10
hine to Gode (on) gebegden lymen oððet þa hæðene comen, þe
hiscewton georne. Heo wreigdon þa Daniel to Darie þan cynge,
sæden þ he forsege heora eallre gesetnysse 7 wolden hine bescufen
into þære leone seaðe. Þa swanc se cyng swyðe oð æfen, wolde
þone wytega bewerigen wið heom. Ac þa þa he ne mihte na læng, 15
þa let he hine nymen 7 wurpen þan leonen, þe lægen inne þan
seaðe. Þa cwæð Darius se cyng to Daniele þan wytega, 'Þin God
þe þu wurðest wyle þe aredden.' 7 he þa geinsegelode wiðuten
þone seað 7 wearð swa sarig þ he slæpen ne mihte on ealre þære
nihte, ne he ætes ne gemde. Darius þa se cyng on dægred aras 7 20
eode to þan seaðe 7 sarlice clypode, 'Daniel þu Godes man, mihte
la þin God wið þa leon þe gehealden?' 7 he andswarede þa sone
'Þu leofe cyng leofe þu on ecnysse. Min God me sænde to sone
his ængel 7 he þære leone muð beleac mid his bænden, þæt heora
nan ne mihte mine leome derigen. For þan þe on me is afunden 25
ætforen Gode rihtwisnysse, 7 ic wið þe cyng ne worhte nænne
gylt.' Se cyng þa sone swyðe þæs fægenode 7 he(t) up ateon
[fol. 45 b] ardlice Daniel 7 þa inn awurpen þe hine wreigdon ær.
Heo wurden þa gebrohte mid bearnen 7 wifen 7 inn to þan seaðe
sone aworpene, 7 þa leon heo gelæhten 7 heora lymen totæren mid 30
grimme toðen ær heo on grund feollan. Þa sænde se cyng sone
ænne pistol geond ealle his leode, 7 heo lufelice grette þysse worden
awritene. Ic wylle þ min folc on ealle minre rice anmodlice
buge to Danieles Gode 7 hine ondrædon. He is se lyfigende
God 7 ece on wurlde 7 his rice ne byð toworpen næfre. He is 35
soð alesend 7 tacne wyrecende on heofone 7 on eorðe, se þe
geheold Daniel wið þa reðe deor, þ heo him derigen ne mihten.

11 on] *In different ink.*
13 forsege] *The first* e *has been altered from* æ, *and the* (i) *before the* g *has been erased.*

Daniel leofede þa swyðe leof þan cynge oððet Cyrus cyng to Cyrus suc-
þan cynedome feng, 7 Daniel weard þa þæs cynges gedrinca 7 he ceeded Darius.
hine arwurðede ofer ealle his þegnes. Þa wæs on Babilone þære
mycele byrig þære hæðenre god, se wæs gehaten Bel, 7 hine man
5 dæihwamlice fedde mid feowertig scepen, 7 him man win sealde six
sestres to þan dæige 7 twelf sestres melewes to his metsunge. Se
cyng hine wurðode 7 com ælce dæige hine to, to gebiddene to' Bele Daniel re-
þan gode, 7 Daniel se snotere [fol. 46 a] forseh þone Bel 7 gebæd fused to pray to the
hine æfre to þan Ælmihtigen Gode. Þa axode se cyng on anen idol Bel.
10 dæige, 'Daniel hwy nelt þu þe gebiddan to Bele þan gode?' Þa
andswarode Daniel anrædlice þan cynge, 'Ic nylle wurðigen þa
geworhte godes, ac ic gelefe on þone lyfigende God se þe heofone 7
eorðe 7 ealle gesceaften gescop, 7 hæfð þone anweald ealles flæsces.'
Þa andswerede se cyng eft þan wytegan, 'Hwu þincð þe la Daniel
15 þ þes derewurðe Bel ne sy leofigende god? Ne lyfeð he beo mete,
7 dæighwamlice drincð þ we him doð to laca?' Þa cwæð Daniel,
'Ne dwele þu la cyng. Þes god is æren wiðuten agoten 7 læmen Daniel told
wiðinnen 7 ne lyfeð beo mete, ne he næfre ne æt oð þysne an- Cyrus that Bel had
wearden dæig.' Þa geswearc se cyng sone on mode 7 het þa biggengas never eaten the food
20 þe Bele þeowwedon cumen to his spæce 7 cwæð heom þus to, given to him.
'Bute ge me secgen þ soð is beo þyssen, hwa þas metes þycge þe
we machigeð Bele, ealle ge sculen swelten gyf ic gesund beo. Gyf
ge þonne æteowigeð þ he ett þas metes, þonne sceal Daniel swelten
deaðe se þe tælde Bel 7 to bisemære hæfde.' Þa cwæð Daniel to
25 þan cynge þuss, 'Stande þin [fol. 46 b] word cyng.' 7 heo stopen
to þan temple, þær wæron hundseofentig þære sacerdan ealra, þe
þeoweden Bele on his bigengen symle. Þa cwædon heo ealle
anmodlice to þan cynge, 'We gað nu ealle ut ætforen þe cyng,
7 sete þe sylf þa sande him beforen, 7 beluc þa dure gyf þu us ne
30 gelefst, 7 geinsegele þa dure mid þine ringe, 7 þonne þu on ærne-
morgan ingæst 7 sceawest gyf þa lac ne byð gebrucene þurh Bel,
beo hit ure lifleaste, 7 gyf Bel heo geet, swelte þonne Daniel, þe swa
hine hyrewede.' Heo eodan þa ealle ut ætforen þan cynge, 7 he sylf
gelogede þa lac ætforen Bel, 7 Daniel het siften on þæs cynges
35 gesihðe axen geond þone flor, þ he eft mihte tocnawen hwa on þone
flor stope, þe onfenge þæs metes, 7 se cyng þa geinsegelode The priests with their
ardlice þa dure. Hwæt þa sacerdes þa mid wifen 7 cilden eodan wives and children
into þan temple under þære eorðe ealle on þære nihte, 7 æten þone eat the food
mete swa swa heora gewune wæs, 7 þ win eall druncan, / Bel heora in Bel's temple.

god ne abat þære lacan. Eft on ærnemoregan eode se cyng mid
Daniele to þan temple 7 þa dure sceawode. Þa stod heo swa
geinsegelod swa swa [fol. 47 a] heo heo on æfen forleten. Heo
geopenodan þa dure 7 inn besegan. Þa clypode se cyng 7 cwæð
to þære anlicnysse, 'Mære eart þu la Bel 7 mid þe nis nan facne.' 5
Þa hloh Daniel 7 gelette þone cyng þ he inn ne eode 7 axode hine
þuss, 'Hwæt þincð þe la cyng hweðer þu muge gecnawen hwæ(t)
Cyrus discovered the deceit of the priests. fotlæsten þu geseo on þyssen flore gestapone?' Þa beheold se cyng
7 cwæð to Daniele, 'Ic geseo on þyssen axen ealdre manna stapes,
wifen 7 cildre,' 7 he gewearð þa eorre. He het þa gelæccen þa 10
lease sacerdes, 7 heo þa unðancas ætywden him þa dure under þan
flore, þære heo inn eodan 7 þone mete þycgden þe wæs gemynt þan
goden. Þa het se cyng sone ofslean heo ealle, 7 betæhte þone god
to Danieles dome. Þa tobræc Daniel Bel þone god, 7 towearp his
The Babylonians worshipped a dragon. tempel unwurðlice eall. Þa wæs on þære byrig gewuned an draca 7 15
þa Babilonissce him mete bæron 7 hine for god wurðedan, þeh he
wyrem wære. Þa cwæð se cyng sume dæige to Daniele þuss, 'Ne
miht þu nu cweðen þ þes ne sy cwice god, gebide þe to him, þeh
þu to Bele noldest.' Þa andswarode Daniel þuss eðelice þan cynge,
[fol. 47 b] 'Ic gebidde me æfre to þan Ælmihtigen Gode se þe is 20
lyfigende God, 7 gyf þu me geleafe sylst, ic ofslea þysne draca bute
swurde 7 stafe.' Þa cwæð Cirus se cyng þ he cunnigen moste gyf
Daniel killed the dragon without weapons. he buten wæpnen mihte þone wyrm acwellen. Daniel þa worhte
þan drace þas lac. He nam pich 7 hrysel 7 punede togædere, 7 mid
byrsten gemængde, 7 berede to weleren, 7 seað heo swyðe 7 sealde 25
þan drace. Þa tobærst he sone swa he abat þæs metes 7 Daniel
cwæð þa to þæs dracon biggengan, 'Nu ge mugen geseon hwan ge
swa wurðedon.' Þa wurðen gebolgene þa Babilonissce þearle, 7
comen to þan cynge 7 cwæðen mid grame, 'Þes ælðeodige Daniel
hæfð þinne anweald genumen. He is cyng geworden. He 30
acwealde þone draca 7 urne Bel he towearp 7 his biggenges he
ofsloh. Betæh hine nu us, elles we þe ofsleað.' Þa ne mihte se
cyng wiðcweðen heom eallen, ac betæhte þone wytega þan witlease
Daniel dwelt six days with seven lions. folca 7 heo hine wurepan into þan wildeoran. Þær wæron seofon
leon 7 he þær wunede six dages. Ælce dæig man sealde ær þan 35
þan leonen twa scep to bigleofe 7 twegen [fol. 48 a] leapes oððet,
ac heom næs þa geseald, þ heo toslitten Daniel. Þa wæs on Judea-
lande an geleaffull wytega Abachuc gehaten, se hæfde riperes

24 MS. þu nede.

abedene to his corne 7 bær heom heora mete. Him com þa fligende *The angel of God commanded Habakkuk to take food to Daniel.*
to færlice Godes ængel 7 het beren þone mete to Babiloniam raðe
7 syllen Daniele, þe sæt on þan pytte. Þa cwæð se Abachuc to
þan ængle þuss, ' La leof ic ne geseh þa burh þe þu (emb) sæigst, ne
5 ic nat þone seað, ne embe secgen ne gehyrde.' Þa gelæhte se ængel
Abacuc beo þan fexe 7 bær hine swiftlice to þære foresæde burh 7
to þære leone seaðe swyðe swifte flihte. Þa clypede Abacuc to þan
oðren witega, ' Þu Godes man Daniel nym þysne mete þe to þe þe
God sænde.' 7 he sone andswarode, ' Eala þu min God þu wære
10 min gemyndig 7 þu ne forlætst þa þe lufigeð þe.' 7 he æt þa sone
of þære Godes sande, 7 se ængel ardlice eft Abacuc ferede to his
lande ongean ofer swyðe langne weig. Eft þa on þone seofoðen dæig
eode se cyng sarig to þan seaðe 7 beseh into. Þa efne sæt Daniel
ansund betwux þan deoran. Þa clypode se cyng 7 cwæð to Gode
15 þuss, (fol. 48 b) ' Eala þu Drihten God þe Daniel on belefð, mycel
eart þu 7 mihtig,' 7 he het his mæn sone up ateon Daniel of þære
deora seaðe. He het þa inn awurepen þa þe hine ær forwreigdon, 7
heo wurden abitene on anre beorhthwile ætforen þan cynge fram
þan frecan deoran. Feale we mihten secgen beo swylcen lease
20 goden, 7 hwu bisemærfulle heo wæron, 7 heora biggengas tyhten to
eallen fracodnyssen 7 to endeleasen morðdæden, mancyn dwylden,
oððæt se Hælend Crist to þyssen life becom.

XVI
IN ASSUMPTIONE SANCTE MARIE.

JERONIMUS se halge sacerd awrat ænne pistol beo forðsiðe *Jerome, the holy priest, wrote an epistle concerning the death of the Blessed Mary.*
25 þære eadigen Marien, Godes cænnestre, to sumen halgen
mædene, hire name wæs Eustochium, 7 to hire moder Paulam, seo
wæs gehalgod wudewe. To þysen twam wifmannen awrat se ilca
Jeronimus, manigfealde tractbec, for þan þe heo wæron haliges
lifes mænn, 7 swyðe gecneordlæcende on boclicen smeagungan.
30 Þes Jeronimus wæs halig sacerd, 7 getogen on Ebreisscen gereorda,
7 on Grecisscen, 7 on Leden fulfremedlice ; 7 he awænde ure
biblio[t]ec of Ebreiscen bocan ,to Ledene spæce. He is se fyre-
[fol. 49 a]meste weallstaðel betwux Ebreiscen, 7 Grecan, 7 Leden-

---
4 (emb)] *In different ink.*
30 *An erasure between* Ebreisscen *and* gereorda.
32 *MS.* biblio ec] ec *is written on an erasure.*
33 weallstaðel] *Camb. MS.* wealh-stod.

waren. Twa 7 hundseofentig bocan þære ealden æ 7 þære nywen he awænde on Leden to anre bibliotecan, buten oðren manigfealden trahtbocan þe he mid gecneordan andgite deopðancenlice asmeade.

He composed this epistle for the holy widow Paula and her daughter.

Þa æt nexten he dyhte þysne pistol to þære halgen wudewan Paula*m*, 7 to þan Godes mædene Eustochiu*m*, hire dohter, 7 to 5 eallen þan mædenlicen werode, þe heom mid drohtnigende wæron, þuss cweðende, 'Witodlice ge nedeð me ꝥ ic eo[w] recce hwu seo eadige Maria, on þyssen dægðerlice dæige to heofonlicre wununge genumen wæs, ꝥ eower mædenlice heap habbe þas lac Ledenre spæce, hwu þes mære freolsdæig geond æghwylces geares embryne 10 beo aspænd mid heofonlicen lofe, 7 mid gastlicre blisse gemærsod sy, þe læste eow on hand become seo lease gesetnysse þe þurh gedwolmannen wide gesawen is, 7 ge þonne þa geheowode leasunge for soðre race underfon. Soðlice fram anginne þæs halgen god-spelles ge leornodan hwu se hehængel Gabriel þan eadige mædene 15 Marian þæs heofonlicen Æðelinges [fol. 49 b] acænnednysse gecydde,

The deeds of the Blessed Mary are clearly set forth in the four gospels.

7 þæs Hælendes wundre, 7 þære gesæligen cænnestre þenunge, 7 hire lifes dæden on þan feower godspellicen bocan geswutellice oncneowen.' Joha*nn*es se godspellere awrat on Cri*s*tes þrowunge, ꝥ he sylf 7 Maria stodan mid dreorigen mode wið þære halgan rode, 20 þe se Hælend on gefæstnod wæs. Þa cwæð he to his agenre moder, 'Þu fæmne, efne her is þin sune.' Eft he cwæð to Johanne, 'Loca nu, her stant þin moder.' Syððen of þan dæige, hæfde se god-spellere Joha*nn*es gemene þære halgan Marian, 7 mid carfulre

The Lord commended His Mother to John.

þenunge, swa swa his agenre moder gehyrsumede. Drihten, þurh 25 his arfæstnysse, betæhte ꝥ eadige mæden his cænnestran þan clæne mæn Joha*nn*e, se þe on clænen mægðhade symle wunode, 7 he for þy sunderlice þan Drihtene leof wæs, to þan swyðe, ꝥ he him þone deorewurðen madm, ealles middeneardes cwene, betæcen wolde. Get wislice ꝥ hire clænesta mægeðhad þan clænen mænn 30 geðeodd wære mid gecwemre geferræddene on wynsumre droht-nunge. On heom bam wæs an mihte (7 an) gesundes mægðhades, ac oðer intingan on Marian; on [fol. 50 a] hire is wæstmbære mægðhad. Nu is forþy gehalgod ægðer gea Marian mægðhad, gea hire wæstmbærnysse þurh þa godcundlicen acænnednysse; 7 heo 35 ealle oðre oferstihð on mægðhade 7 on wæstmbærnysse. Þehhwe-ðere, þeh heo sunderlice Joha*nn*es gemene betæht wære, þehhwe-ðere heo drohtnode gemænelice, æfter Cri*s*tes upstige, mid þan

32 7 an] *inked over later.*

THE ASSUMPTION OF ST. MARY 43

apostelicen werode, infarende 7 utfarende betwux [heom], 7 heo
ealle mid mycelre arwurðnysse 7 lufe hire þenedan, 7 heo heom
cuðlice ealle þing emb Cristes mænniscnysse gewissode; for þan
þe heo fram frymðe gewisslice þurh þone Halgen Gast heo ealle
5 geleornode, 7 mid agenre gesihðe geseh; þeh þa apostles þurh þone
ilcan Gast ealle þing undergeaten, 7 [on] eallre soðfæstnysse
gelærede wurden. Se hehængel Gabriel heo ungewæmmede ge-
heold, 7 heo wunede on Johannes 7 on eallra þære apostle gemene,
on þære heofonlicen scole, embe Godes æ smeagende, oððet God on
10 þyssen dæige heo genam to þan heofonlice þrymsetle, 7 heo ofer
ængla werodan geuferede. Nis gerædd on nanre bech nan swutelre
gewissung beo hire geændun[fol. 50 b]ge, bute þ heo nu todæig
wulderfullice of þan lichame gewat. Hire byrigen is sutel eallen
onlochinden oð þysne andweardan dæig, on midden þære dene
15 Josaphat. Seo dene is betwux þære dune Syon 7 þan monte
Oliueti, 7 seo byrigen is æteowwed open 7 æmtig, 7 þær on uppen
on hire wurðmentes is aræred mære cirice mid wunderlicen stan-
weorca. Nis nanen deadlicen mæn cuð hwu, oððe on hwylcere
tide hire halge lichame þanen ætbroden wære, oððe hwyder heo
20 ahafen seo, oððe hweðer heo of deaðe arise. Cwæðen þeh æghwylce
larðeawes, þ hire Sune, se þe on þan þridden dæige mihtlice of
deaðe aras, þ he eac his moder lichame of deaðe aræðrde, 7 mid
undeadlicen wuldre on heofone rice gelogode. Eac swa gelice forwel
manega larðeawes on heora bocan setten, beo þan geedcucodan man-
25 nen þe mid Criste of deaðe arison, þ heo ecelice aræðrde synd.
Witodlice heo andettan þ þa aræðrde mænn næron soðfæste (ge)wyten
Cristes æristes, bute heo wæron ecelice aræðrde. Nu wiðcweðe we
beo þære eadigen Marien þa ece æriste, þeh, for wærscipe ge-
healdenan geleafen, us gedafeneð [fol. 51 a] þ we hit wenen swyðer
30 þone we hit unrædlice gereccen þ þe is uncuð buten ælcere fraced-
nysse. We rædeð æghware on bocan, þ forwel oft ængles comen to
godra manna forðsiðe, 7 mid gastlicen lofsange heora sawlen to heo-
fone gelæddan, 7 þ gyt swutellucor is, mæn gehyrden on þan forð-
siðe wæpmanna sang 7 wifmanna sang, mid mycelan lihte 7 sweten
35 bræðe; on þan is cuð þ þa halge mæn þe to Godes rice þurh goden
geearnungan becomen, þ heo on oðre manna forðsiðe heora sawlen
underfoð, 7 mid swylcere blisse to reste gelædden. Nu gyf se

After Christ's Ascension, St. Mary dwelt with the Apostles.

The sepulchre of St. Mary is in the valley of Jehosaphat.

We deny the resurrection of the Blessed Mary, but we often read that angels led souls to Heaven.

---

1 heom *from Camb. MS.* 6 on *from Camb. MS.*
12 *MS.* geændun|dunge.

44 EARLY ENGLISH HOMILIES

If the Saviour had the souls of his holy ones brought to Heaven, how much more would He send the heavenly host for His own Mother.

Hælend swylcne wurðmynt on his halgene forðsiðe oft geswutelode, 7 heora gastes mid heofonlicen lofsange to him gefeccen het, hwu mycele swyðer wenst þu þ he nu todæig þ heofonlice werod togeanes his agenre moder sænden wolde, þ he mid ormæten lihte 7 unasecgendlicen lofsangan heo to þan þrymsettle gelæddan, þe hire gegearcod 5 wæs fram frymðe middeneardes? Nis nan twynung þ eall heofonlic þrym þa mid unasecgendlicre blisse hire tocymes fægenigen [fol. 51 b] woldan. Soðlice eac we gelefeð þ Drihten sylf hire togeanes come, 7 wynsumlice mid gefean to him on his þrymsetle heo gesette. Witodlice he wolde gefyllen þurh hine sylfne þ he on 10 his æ bebead, þuss cweðende, 'Arwurðe þinne fæder 7 þine moder.' He is his agen gewite þ he his Fæder gearwurðode, swa swa he cwæð to þan Judeisscen, 'Ic arwurðige minne Fæder 7 ge unwurðigeð me.' On his mænniscnysse he arwurðe his moder, þa þa he wæs, swa þ halig godspell sægð, hire underðeodd on his iugeð- 15 hade. Mycele swyðer is to gelefene þ he his moder mid unasecgendlicre arwurðnysse on his rice gewurðede, þa þa he wolde æfter

This festival excels all others, even as the Mother of God is incomparable to all other women.

þære mænniscnysse on þyssen life hire geearnigen. Þes symbeldæig oferstihð unwiðmetenlice eallra oðra halgena mæssedages, swa mycele swa þiss halige mæden, Godes moder, is unwiðmetenlic 20 eallen oðren mædenan. Þes freolsdæig is us gearlic, ac he is heofenwaren singallic. Beo þyssere heofonlice cwene upstige wundrede se Halge Gast on lofsangan þuss befrinende, 'Hwæt [fol. 52 a] is þeos þe her astihð swylce arisende dægreome, swa wlitig swa mone, swa gecoren swa sunne, 7 swa egeslic swa ferdtrume?' Se Halge 25 Gast wundrode, for þan þe he dyde þ eall heofonware wundrede þyssere fæmne upfæreldes. Maria is wlitigre þone se mone, for þan þe heo scinð buten ateorunge hire brihtnysse. He(o) is gecoren swa swa sunne mid leomen healicre mihte, for þan þe Drihten, se þe is rihtwisnysse sunne, heo geceas him to cænnestren. 30 Hire fær is wiðmeten ferdlicen trumen, for þan þe heo wæs mid halgen mægnen embtrymed, 7 mid ængla þreaten. Beo þysser heofonlicre cwene is gecweðen get þurh þan ilcan Godes Gast. He cwæð, 'Ic geseh þa wlitige swylce culfre astigende ofer streamlicen riðen, 7 unasecgendlic bræð stemde of hire gyrlen, 7 swa swa 35

'She was surrounded

on lenctenlicre tide, heo wæs embtrymed mid rosene blostmen 7

---

14 moder] *MS. Vesp.* fæder, *Camb. MS.* moder.

19 oferstihð] *The scribe omitted* r, *then altered it from* s *before writing the following* s.

THE ASSUMPTION OF ST. MARY

mid hwite lilian.' Þa rosene blostmen getacnigeð mid heora *with roses and lilies.'*
readnysse martyrdom, 7 þa lilian mid heora hwitnysse getacnigeð *Roses betoken*
þa scinende clænnysse ansundes [fol. 52 b] mægeðhades. Ealle *martyrdom,*
þa gecorene þe Gode geðugen þurh martyrdom oððe þurh *and lilies with their*
5 clænnysse, ealle heo gesiðedan mid þære eadigen cwene; for þan þe *whiteness pure virginity.*
heo sylf is æigðer gea martyr gea mæden. Heo is swa wlitig swa
culfre, for þan þe heo lufede þa bilewitnysse, þe se Halge Gast
getacnode, þa þa he wæs gesegen on culfren gelicnysse ofer Criste
on his fulluhte. Oðre martyres on heora lichamen þrowedan
10 martyrdom for Cristes geleafan, ac seo eadige Maria næs na lichamlice gemartyrod, ac seo eadige wæs swyðe geangsumed mid mycelre
þrowunge, þa þa heo stod dreorig anforngean Cristes rode, 7 hire
leofe cild geseh mid irene næglen on hearde treowe gefæstnod.
Nu is heo mare þone martyr, for þan þe heo þrowede þone
15 martyrdom on hire sawle, þe oðre martyres þrowedan on heora
lichamen. Heo lufede Crist ofer ealle oðre mæn, 7 for þy wæs *She loved Christ above*
eac hire sarnysse beo him teforen oðren mannen, 7 heo dyde his *all others, and His*
deað hire agene deað, for þan þe his þrowung wæs swa swa swurd *suffering pierced her*
þurhferde hire sawle. Nis heo nanes haliges mægnes bedæled, ne *soul like a sword.*
20 nanes wlites, ne nanre brihtnysse; 7 for þy heo [fol. 53 a] wæs
embtrymed mid rosen 7 lilian, þ hire mihten wæron mid mihten
underwreðeda, 7 hire fægernysse mid clænnysse wlite wære geeht.
Godes gecorene scineð on heofonlicen wuldre, ælc beo his geðingðen.
Nu is geleaflic þ seo eadige cwen swa mycele mid wuldre 7 briht-
25 nysse oðre oferstige, swa hire geðingðen oðre halgena unwiðmetenlice synd. Drihten cwæð ær his upstige, þ on his Fæder huse
synden feala wununge. Soðlice we gelefeð þ he nu todæig þa
wynsumeste wununge his leofe moder forgeafe. Godes gecorenra
wulder is gemetegod beo heora geearnungan, 7 nis þehhweðere
30 nan cearung ne ande on heora ænigen, ac heo ealle wunigeð on
soðre lufe 7 heahlicre sibbe, 7 ælc blisseð on oðres geðincðen swa
swa on his agenen. Ic bidde eow blissigen on þyssere freolstide. *I pray you rejoice in*
Witodlice nu todæig þ wulderfulle mæden heofones asteah, þ heo *this festival.*
unasecgen[d]lice mid Criste ahafen on ecnysse rixige. Seo heofon-
35 lice cwen wearð todæg generod fram þyssere manfullen wurlde.
Eft ic cweðe, fagenigeð for þan þe heo becom orsorhlice to þan
heofonlice botle, blissige eall mid[fol. 53 b]deneard, for þan þe nu
todæig us eallen is þurh hire earnungen hæle geeht. Þurh ure *Through*
ealdemoder Euan us wearð heofone gaten belocan, 7 eft þurh *Eve the gate of Heaven*

<small>was closed, but through Mary it is opened to us.</small> Marian us is geopenod, þurh ꝥ heo sylf nu todæig wulderfullice inferde. God þurh his witegan us bebead ꝥ we sculen hine herigen 7 mærsigen on his halgen, on þan he is wunderlic; mycele swyðer gedafeneð (us) ꝥ we hine on þyssere mære freolstide his eadige moder mid lofsangan 7 wurðfulle herunge wurðigen sculen; 5 for þan þe untwilice eall hire wurðmynt is Godes herung. Uten nu for þy mid eallre estfullnesse ures modes þæs mæren freolstide wurðigen, for þan þe ꝥ siðfæt ure hæle is on lofsangan ures Drihtenes. Þa þa on mægðhade wunigeð blissigen heo, for þan þe heo geearnodan þæt beon ꝥ heo herieð. Habben heo hoge ꝥ heo 10 beon swylce ꝥ heo wurðfullice herigen magen. Þa þa on clænen wudewenhade synd, herigen heo 7 arwurðigen, for þan þe swutel is ꝥ heo ne mugen beon clæne buten þurh Cristes gyfe, seo þe wæs fullfremedlice on Marian þe heo herigeð. [fol. 54 a] Herigen eac 7 wurðigen þa þa on synscipe wunieð, for þan þe þanen flowð 15 eallen mildheortnysse 7 gyfe þe heo herigen magen. Gyf hwa synfull beo, he andette, 7 naðelæs herige, þeh ne beo wlitig lof on þæs synfullen muðe; þehhweðere ne geswica he þære herunge, for þan þe þanen heom is behaten forgyfenysse. Þes pistol is swyðe manigfeald us to gereccene, 7 eow swyðe deop to geherene. Nu 20 ne onhageð us na swyðer beo þan to specane, ac we wylleð sume oðre trymminge beo þære mæren Godes moder gereccen, to eowwer
<small>Mary is the greatest comfort and help of Christians.</small> beterunge. Soðlice Maria is seo mæste frofer 7 fultum cristene mannen, ꝥ is foroft wel geswutelod, swa swa we on bocan rædeð. Sum man wæs mid drycræfte bepæht, swa ꝥ he Criste wiðsoc, 7 25 awrat his handgewrit þan aweregodan deofle, 7 him manrædden befæste. His name wæs Theophilus. He þa eft syððen hine beðohte, 7 þa healice pinunge on his mode weolc; 7 ferde þa to sumre cirice þe wæs to lofe þære eadigen Marien gehalgod, 7 þær binnen swa lange mid wope 7 fæstenen hire fultumes 7 þingunge 30 bæd, oððet [fol. 54 b] heo sylf mid mycelan wuldre him to com, 7 cwæð, ꝥ heo him geðingod hæfde wið þone Heofonlice Deme hire agene Sune.

<small>33 agene Sune *is written in different ink on an erasure. After* Sune *an erasure.*</small>

XVII
OMELIA.

MÆNN þa leofeste, hwilon ær we gerehten eow þone pistol þe se halge Jeronimus sette beo forðsiðe þære eadigen Marien, Cristes moder, þurh þone he adwæscte þa dwollice gesettnysse þe
5 samlærede mæn sæden beo hire forðsiðe. Nu wylle we eow gereccen beo þan halgen godspelle þe man æt þyssere mæsse eow ætforen rædde. '*Intrauit Jesus in quoddam castellum*'; *et reliqua.* Se Hælend becom into summere eaðelicen byrig, 7 an wif, Martha gehaten, gelogode hine to hire gereorde. Heo hæfde ane suster Maria
10 gehaten, seo sæt æt Drihtenes foten 7 georne his lare hlyste. Martha soðlice hire suster eode carfull emb Drihtenes þenunge. Heo stod þa 7 cwæð to þan Hælende, 'Drihten, hwy nelt þu hogigan þ min swuster me læt ane þenigen? Sæge hire þ heo me fylste.' Hire andswerede se Hælend 7 cwæð, 'Martha, Martha, þu eart carfull 7 bisig
15 emb fela þing. Witodlice an þing is neodbehefe. Maria geceas þone seleste dæl, se þe ne byð hire næfre ætbroden.' Ne specð þiss godspell nan þing [fol. 55 a] synderlice beo Cristes moder, ac man hit ræt swa þeh gewunelice æt hire mæsse, for þære ciriclice gesetnysse. Augustinus trahtnunge we folgieð on þyssen god-
20 spelle. Þas twa wif, Martha 7 Maria, wæren Lazarus geswustre, þe se Hælend arærde of deaðe. Heo wæren bute Cristes leorningmæn, 7 he gelomen æt hire hine gereordode mid his leorningcnihten. Heo wæron gecerde to mycelre eawfæstnysse þurh Cristes lare 7 wundren, 7 he heo lufede for þy. He underfeng
25 þære wifmanna þenunge, for þan þe he hæfde soðne lichame, þurh þone þe him hingrode 7 þyrste. Se underfeng þære wifmanna þenunge on þan huse se þe wæs on westene fram ænglen gereorded. Nu þenceð sume mænn þ þa wif wæron gesælige þ heo swylce cumen underfengan. Soð þ is, gesælige heo wæron, ac swa þeh
30 ne þurfe we ceorigen þ Drihten seo lichamlice on þyssere wurelde wunigende nu, swa swa he þa wæs, þ we hine mihten eac to us gelaðigen, for þan þe he cwæð, 'Swa hwæt swa ge doð on minen nama anen þan læsten, þ ge doð me sylfen.' Martha wæs swyðe bisig embe Drih[fol. 55 b]tenes þenunge, 7 hire suster Maria sæt
35 stille æt Drihtenes foten, herecnigende his lare. Martha swanc, 7 Maria sæt æmtig. On þyssen twam gesustren wæron getacnode

Beloved, we have related to you the Epistle of St. Jerome, now we will tell you concerning the holy gospel which is read at this festival.

Martha and Mary were sisters of Lazarus whom Christ raised from death.

Martha was busy, but Mary sat at the Lord's feet listening to His teaching.

---

4 gesettnysse] *the* n *corrected from* e.
7 *After* reliqua *is written* Omelia.

These two sisters betoken two lives, one transitory, the other eternal.

twa lif, þiss geswyncfulle þe we onwunigeð, 7 ꝧ ece þe we gewillnigeð; ꝧ an lif is wracfull, ꝧ oðer is eadig, an hwilwendlic, oðer ece. Martha spæc cuðlice to þan Hælende, (7) wolde ꝧ he hete hire suster hire fylsten æt þære þenunge, þe heo mycel embe hogode. Þa beladode Drihten Marian, 7 cwæð, 'Martha, Martha, þu eart 5 carfull 7 bisig embe fela þing. Witodlice an þing is nedbehefe. An þing byð gesett beforan eallen oðren. Nis ꝧ an þing fram manegan, ac manega þing synd fram þan anen. Feale þing synd geworhte, ac an is se þe geworhte heofones 7 eorðe, 7 sæ 7 ealla gesceafte; þe ealle gescop 7 geworhte an God, se þe ane is soð God on þrym 10 haden wunigende. Efne þa gesceafta synden swyðe gode, ac ana is betere þe heo ealle gescop; þyses anes gewilnode Maria, þa þa heo sæt æt Godes foten, his word herecninde. Martha was geornfull hwu heo mihte God feden; Marie hogode [fol. 56 a] swyðer hwu heo mihte, þurh Godes lare, hire sawle gereordigen, for þan þe 15 þæs modes gereordung is betere þonne þære wambe. Seo suster heo wolde habben to hire bisigan, ac Drihten wæs hire forspeca, 7 heo sæt þa orsorgre. Drihten cwæð, 'Maria geceas þone selestan

'Mary has chosen the better part, which shall never be taken from her.'

dæl, se þe ne byð hire næfre ætbroden.' God wæs Marthen þenunge, þa heo þan Ælmihtigen þenode, ac swa þeh Maria geceas 20 þone selre dæl. Hwy selra? For þan þe hit ne byð hire næfre ætbrodan. Heo geceas geswync, ac hire is ꝧ ætbroden, for þan þe Crist heo gebrohte to ecere reste on his rice, swa swa he bebet eallen (þe) him þenigendan, þuss cweðende, 'þær þær ic sylf beo, þære byð min þeign.' Martha swanc þa swylce on rewette, 7 Maria 25 sæt stille æt þære hyðe. Heo wæs bisig emben ane þinge, 7 heold þæs witegan cwide, þe cwæð '*Michi autem adherere deo bonum est, ponere in domino deo spem meam.*' 'Me is god ꝧ ic me to Gode geðeode, 7 sette minne hyht on Drihtne.' Swyðe god þenung is 7 herigendlic, ꝧ æghwa Godes þearfen þenige, 7 swyðer þan 30 æwfæstan Godes [fol. 56 b] þeowen; ac swa þeh mare is ꝧ man þa heofonlice lare sæcge þan ungelæredan, 7 heora sawle gereordige, þe næfre ne ateorigeð, þone man þone deadlice lichame mid brosnigendlicen mete afylle. Ægðres mæn behofigeð, gea bigleofen gea lare; ac swa þeh hwonlice fremeð þæs mannes lif þe byð 35 nytene gelic, þe hawweð symle to þære eorðe, ꝧ is, to eorðlice þingan, 7 for andgittleaste ne cann his mod awændan to þan

24 þe] *In different ink.*
25 on rewette] *MS. Vesp.* orewitte, *Camb. MS.* on rewette.

THE ASSUMPTION OF ST. MARY

uplicen þingan, ne to þan ecen life. Paulus cwæð, 'Se þe ne cann, hine man eac ne cann.' Eft he cwæð, 'þa þa buten Godes æ syngieð, þa losigeð eac buten Godes æ.' On þysen wræcfulle life we sculen earmra manna helpen. We sculen þa hungrie fedan, hnacoda 5 scryden, cumen underfon, hæftlinges ut alesen, þa ungeðwære gesibbigen, untrume geneosigen, deade bebyrigen. Þas þenungen synden on þyssen life, þe Martha getacnode. Witodlice on þan towearden life, þe Maria getacnode, ne byð þas neoden, ne þas þenunge; þær we byð gefedde, 7 we þær nænne ne fedeð; þær 10 byð fullfremed þ Maria her ceas. Beo þan [fol. 57 a] life cwæð se Hælend, þ he deð his halgen sitten, 7 he sylf farende heom þeneð. Þan he þeneð þonne, þe him nu þenigeð þurh þearfena þenunge; for þy is Marthan þenung swyðe herigendlic, þurh heo wæs Maria geherod. Þeh se lareaw halig beo, hraðe aslacað his tunge to þære 15 godcundan bodunge, gyf he næfð þæs lichames foda; is swa þeh selre þ þ ece is. We sædan eow 7 gyt secgeð, þ þa twa gesustra hæfden getacnunge þyses andweardan lifes 7 þæs ecan. On þan ane huse wæron twa lif [7] þ soðe lif Crist. On Marthan wæs getacnung þysses andsweardes lifes, on Marian wæs þ towearde. 20 þ þ Martha dyde, þær we syndan; þ þ Maria dyde, to þan we hopieð. Ægðer is herigendlic lif, ac þ an is swa þeh geswyncfull. Ne beo se carfulle lehterfull, ne [se] ne lufige idelnysse se þe on stillnysse is; þa þa emben oðre manna bigleofe 7 scrude hogigeð, þa geefenlæceð Marthan; þa þa gemeð þære heofonlicen lare, þa 25 geefenlæceð Marian, þe Drihten swyðer herode. Witodlice swa oft swa we emb oðre manna neode hogieð, we geefenlæceð Marthan, 7 swa oft swa [fol. 57 b] we to Godes huse gað, his lof to geherene 7 us to gebiddene, we geefenlæceð Marian. Þiss godspell is nu scortlice getrahtnod, 7 we secgeð eow þ nan mann 30 hine ne sceal beladigen þ he Godes cirice ne gesece, þeh heo him feorr beo. Swa he feorren Godes hus geseheð, swa his mede mare byð. Nis nan twyn þ eow ne beo forgolden ælc þære stæpe þe ge to Godes huse steppeð, emben eower sawle þearfe. Hwæt wylle we swyðer secgen beo þyssen simbeldæge, bute þ Maria, Cristes moder, 35 wearð on þysse dæge, of þyssen geswyncfulle life genumen up to heofone rice, to hire leofan Sune, þe heo on life gebær, mid þan heo blisseð on ecere myrhðe a to wurlde. Gyf we mare secgeð beo

In this miserable life we ought to help the poor. Truly in the future life there will be no necessities.

When we consider other men's needs, we imitate Martha; when we go to God's House, we imitate Mary.

18 *Before* þ 7 *erased.*   22 *Between the* ne's *an erasure.*
33 *MS.* ebnben] *The loop of* b *forms the first two limbs of* m.

þyssen symbeldæge þone we on halgen bocan rædeð, þe þurh
Godes dyhte gesette wæron, þonne beo we þan dwolmannen gelice,
þe beo heora agenen dyhte, oððe swefne, feale lease gesettnysse
awriten; ac þa geleaffulle larðeawes, Augustin*us*, Jeronim*us*, Gre-
gori*us*, 7 æighwylce oðre, þurh heora wisedom, heo towurpen. Synd 5
swa þeh get þa dwollice bec, æigðer gea on Leden gea on Ænglisc,
7 heo rædeð ungeræde mæn.

XVIII

[Fol. 58 a] [**THE ASSUMPTION OF ST. MARY.**]

Basilius was made Bishop of Cappadocia, and Julian was chosen as Emperor.

WE wylleð eow gereccen beo geændunge þæs arleasen Godes
wiðersacan Julianes. Sum halig biscop wæs Basilius gehaten, 10
se leornode on anre scole, 7 se ilca Julian*us* samod. Þa gelamp hit
swa þ Basili*us* wearð to biscope gecoren to anre byrig þe is gehaten
Capadocia, 7 Julian*us* to casere, þeh he ærre to preoste bescoren
wære. Julian*us* þa ongan to lufigene hæðengeld, 7 his cristendome
wiðsoc, 7 mid eallen mode hæðenscipe beeode, 7 his leode to þan 15
ilcan genedde. Þa æt sumen cere gewænde he to ferde ongean
Perscisce leodscipe, 7 gemette þone biscop, 7 cwæð him to, 'Eala
þu Basili*us*, nu ic habbe þe oferðogen on uðwitegunge.' Se biscop

Basilius offered Julian three barley loaves as a blessing, but Julian offered grass in return and threatened to destroy the city.

him andswerede, 'God forgeafe þ þu uðwitegunge beeodest.'
7 he þa mid þan worde him bead swylce lac swylce he sylf breac, 20
þ wæren þreo berene hlafes, for bletsunge. Þa het se wiðersaca
onfon þære hlafen, 7 ageofen þa*n* biscope togeanes gærs, 7 cwæð,
'He bead us nytene fode, underfo he gærs to leane.' Basili*us*
underfeng þ gærs, þus cweðende, 'Eale þu casere, soðlice we uðen
þe þæs þe we sylfe bru[fol. 58 b]caŏ, 7 þu us sealdest to edleane 25
ungescadwisre nytena bilyfene, na us to fode ac to hospe.' Se
Godes wiðersaca hine þa gehathyrte, 7 cwæð, 'Þone ic fram ferde
gecerre, ic towurpe þas burh, 7 heo gesmeðige, 7 to earðlande
awænde, swa þæt heo byð cornbære swyðer þone mannbære. Nis
me uncuð þin dyrstignysse, 7 þyssere burhware, þe þurh þine 30
tyhtunge þa anlicnysse, þe ic arærde 7 me to gebæd, tohræcon 7
towurpon,' 7 he mid þysen worden ferde to Persiscen earde.
Hwæt þa Basili*us* cydde his ceasterwaren þæs reðen caseres
þeowrace, 7 heom selest rædbore wearð, þuss cwceðende, 'Mine
gebroðre, bringeð eowre sceattes, 7 uten cunnigen, gyf we mugen, 35
þone reðen wiðersaca on his geancerre gegladigen,' Heo þa mid

THE ASSUMPTION OF ST. MARY

glæden mode him to gebrohten goldes, 7 seolfres, 7 deorewurðra gimmen ungerime heapes. Se biscop þa underfeng þa madmes, 7 bebead his preostan 7 eallen þan folce, þ heo heora lac offroden binnen þan temple, þe wæs to wurðmynte þære eadigen Marian
5 gehalgod, 7 het heo þærbinnen anbidigen [fol. 59 a] mid preora dagane fæstene, þ se Ælmihtige Wealdend, þurh his moder þingræddene towurpe þæs unrihtwisen caseres andgit. Þa on þære þridden nihte þæs fæstenes, geseh se biscop mycel heofonlic werod on ælcere healfe þæs templen, 7 on midden þan werode sæt seo
10 heofonlice cwen Maria, 7 cwæð to þan þe hire neh stoden, 'Gelangieð me þone martyr Mercurium, þ he gewende wið þæs arleasen wiðersacan Julianum, 7 hine acwelle, se þe mid toðundene mode God minne Sune forsihð.' Se halge cyðere Mercurius gewæpnod rædlice com, 7 beo hire hæse ferde. Þa eode se biscop into þære
15 oðre cirice, þær se martyr inne læig, 7 befran þone ciricweard hwar þæs halgen wæpnen wæren. He swor þ he on æfnunge æt his heafde witodlice heo geseage, 7 he þærrihte wende to Sancta Marien temple, 7 þan folce gecydde his gesihðe, 7 þæs wælreowan forwyrd. Þa eode he eft ongean to þæs halgen martyres byrigene,
20 7 fand his spere standen mid blode gegledded. Þa æfter þrym dagen com an [fol. 59 b] þæs caseres þeignen, Libanus gehaten, 7 gesohte þæs biscopes fet, fulhtes biddende, 7 cydde him 7 ealre þære burhware þæs arleasen Julianes deað, cwæð þ seo ferd wicode wið þære ea Eufraten, 7 seofen weardsetlen wacoden ofer þone
25 casere. Þa com þære steppende sum uncuð cæmpe, 7 hine hetelice þurhþydde, 7 þærrihte of heora gesihðe ætdwan; 7 Julianus þa mid anðræcen reame forswealt. Swa wearð seo burhware aredd þurh Sanctam Marien wið þone Godes wiðersaca. Þa bead se biscop þan ceasterwaren heora sceattes. Heo cwædon þ heo
30 uðen þære laca þan undeadlicen Cynge, þe heo swa mihtiglice genere(de), mycele bet þone þan (deadlicen) arleasen cwellere. Se biscop þeh nedde þ folc þ heo þone þridden dæl þæs feos underfengen, 7 he mid þan twam dælen þ mynster gegodede. Gyf hwa smeage hwu þiss gewurðe, þonne secge we, þ þes martyr his lif
35 adreah on lædwen hade; þa wearð he þurh hæðenra manna ehtnysse for Cristes geleafe gemartyrod, 7 cristene mænn syððen

The Bishop and all the people offered gifts to the Blessed Mary that she might intercede for them.

Mary sent the holy martyr Mercurius to slay Julian.

After three days Libanus told the Bishop that the Emperor had been slain by an unknown warrior.

11 MS. martyr.
26 ætdwan] *The* æt *is written in different ink on an erasure and is scarcely legible, but the* dwan *is clear*.
36 MS. ꝯ 7.

his halgen lichame binnen þan temple wurðfullice gelogoden,
7 his wæpnen [fol. 60 a] samod. Eft, þa þa seo halige cwen hine
asænde, swa swa we nu hwon ær sædon, þa ferde his gast swiftlice,
7 mid lichamlicen wæpnen þone Godes feond ofstang, his weard-
setlen onlokinden. Mine gebroðren þa leofeste, ute clypigen mid
singalen gebeden to þære halgen Godes moder, þ heo us on uren
nedðearfnyssen to hire bearne geðingige. Hit is swyðe geleaflic
þ he hire myceles þinges tyðigen wylle, se þe hine sylfne gemede-
mode, þ he þurh heo, for middeneardes alesednysse, to mænniscen
mæn acænned wurde, se þe æfre is God buton anginne, 7 nu þurh-
wuneð, on anen hade, soð mann 7 soð God, a on ecnysse. Swa
swa æghwylc mann wuneð on sawle 7 on lichame an mann, swa is
Crist, God 7 mann, an Hælend, se þe leofeð 7 rixeð mid Fæder
7 Halgen Gaste on eallre wurlde wurld. Amen.

Let us pray continuously to the Holy Mother of God that she may intercede for us.

XIX

IIII KL̄. SEPTEMBR̄. PASSIO SANCTI JOHANNIS BAPTISTE.

*Misit Herodes 7 tenuit Joh*annem. *Et reli*qua.

MARCUS se godspellere awrat on Cristes bec beo þan mæren
fulhtere Joha*nn*e, þ se wælreowe king Herodes hine gehæfte,
[fol. 60 b] 7 on cwarterne sette, for his broðer wife, seo wæs haten
Herodias, þa he gena*m* of his broðre Philippen. Johannes hine
þreatode 7 cwæð þ hit manfullic wære þ he his broðer wif hæfde,
7 þ wif Herodias syrewde ymbe Johanne, 7 wolde hine to deaðe gedon
gyf heo mihte. Herodes soðlice hæfde mycelne ege to þan fultere,
he wiste þ he wæs rihtwis 7 halig, 7 hine geheold, 7 beo his lare
feale þinga dyde, 7 to langere hwile hine gehyrde. Þa becom se
dæig his acænnednysse, 7 he gelaðede his ealdormæn 7 his weotan
to his feorme. Þa eode his dohter inn mid hire mædene, 7 plegede
ætforen þan fæder, 7 him þearle gelicode hire plega, 7 eallen þan
gebeorscipe. Þa cwæð se king to his dohter, 'Bide me hwæt swa
þu wylle 7 þe byð getyðed.' He swor þa mid mycelen aðe, þ he
hire forgyfan wolde, þeh heo healfne dæl his rices bæde. Heo þa
befran þa moder, hwæt heo bidden scolde. Heo cwæð, 'Bide þ he

St. Mark wrote that Herod imprisoned the great Baptist John on account of Herodias.

26 *MS.* hiñe.

THE PASSION OF ST. JOHN

þe forgyfe Johannes heafod þæs fulhteres.' Þa cwæð seo dohter to þan kinge, 'Ic bidde þ þu hate nu rihte beren to me Johannes [fol. 61 a] heafod on ane disce.' Þa wearð se king [gedre]fed for þære bene, 7 nolde þeh for his aðe ne for þan gebeoran his word. *Herod's daughter asked for the head of John the Baptist.*
5 awægen, ne þa dohter ahwænen, ac sænde þærrihte ænne cwellere, 7 het his heafod bringen on anen disce. Se cwellere þa bebeafdode þone mære wytega binnen þan cwarterne, 7 þ heafod þan kinge brohte, 7 he hit ræhte his dohter, 7 seo dohter þære moder. Comen þa syððen his frynd, 7 his lic bebyredon. Þes Johannes wæs se
10 mæreste mann, swa swa Crist beo him cyðnysse þuss gecydde. He cwæð, 'Betwux wifa bearnen ne aras nan mærra bearn þone Johannes se fulhtere.' Nu habbe ge oft geherd beo his mære drohtnunge, 7 beo his þenunge, nu wylle we ymb þysses godspelles trahtnunge sume swutelunge eow gereccen. Þes Herodes þe *This Herod who commanded*
15 Johannen beheafdigen het, 7 on þæs Hælendes þrowunge Pilate *John to be beheaded* þan ealdormæn geðafode, þ man hine to his dome betæhte, wæs þæs *was the son* oðres Herodes sune, þe on þan time rixode, þa Crist wæs geboren; *of the other* ac hit wæs swa gewunelic on þan time, þ rice [fol. 61 b] [mænn] *Herod who ruled at the* scopen heora bearnen namen æfter heom sylfen, þ hit wære geðuht *time when Christ was*
20 þæs þe mare gemynd þæs fæder, þa þa se sune wæs his yrfename, *born.* 7 wæs for þy gecegd his fæder name. Se wælreowa fæder hæfde fif sunen, þreo he het acwellen on his feorhadle, ær þan þe he gewite him sylf. Þa gewearð he reowlice, 7 rædlice dead æfter þan þe he þa cild acwealde for Cristes acænnednysse. Þa feng
25 Archelaus his sune to rice. Þa embe ten geara fyrst wearð he ascofen of his cynesetle, for þan þe þ Judeisce folc wreiden his modignysse to þan casere, 7 he þa hine on wracsið asænde. Þa dælde se casere þ Judeisce rice on feower, 7 sette þærto feower gebroðre, þa synd gecweðene æfter Grecissen gereorde, *Tetrarche*, þ
30 synd fiðerrice. Fiðerrice byð se þe hæfð feorðe dæl rices. Þa wæs an þyssere gebroðre Philippus gehaten, se gewifode on þæs kinges *Philip married* dohter Arete, Arabiscre þeode, seo hatte Herodias. Þa æfter *Herodias,* sumen fyrste wurden heo ungesome, Philippus 7 Areth, 7 he genam *the daughter* þa dohter of his aðume, 7 forgeaf heo his broðer [fol. 62 a] Herode, *Arethe.*
35 for þan þe he wæs furðere on wurðscipe 7 on mihte. Herodes þa awearp his riht æwe, 7 forligerlice manfulles sinscipes breac his

---

3 gedre|fed] *Only the last three letters are clearly visible, the first part is almost erased.*
18 mænn *can only be inferred, as the word has been almost entirely erased.*

broðer lafe. Þa on þan time bodede Johannes se fulhtere Godes rihtwisnysse eallen Judeisscen folce, 7 þreatode þone Heroden, for þan fulen sinscipe. Þa geseah Herodes þ eall seo Judeisce mænige arn to Johannes lare, 7 his mynegunge geornlice gehersumeden.

Herod imprisoned John in Machaeruntia. Þa wearð he afyrht, 7 wende þ heo wolden for Johannes lare his cynedom forseon, 7 wolde þa forradian, 7 gebrohte hine þa on cwarterne, on anre byrig þe is gecweðen Macherunta. Hwæt þa Johannes asænde of þan cwarterne tweigen leorningcnihtes to Criste, 7 hine befrann, þus cweðende, 'Eart þu se þe toweard is, oððe we oðren anbidien sceolen?' Swylce he cwæde, 'Geswutele me, gyf þu sylf wylle nyðer astigen to helwaren for manna alesednysse, oððe gyf ic scule cyðen þinne tocyme helwaren, swa swa ic middenearde þe toweardne bodede 7 geswutelode.' Hwæt þa se Hælend on þære ilcan tide, swa swa Lucas se [fol. 62 b] godspellere awrat, gehælde manega untrume fram mistlicen coðen, 7 woden

The Saviour said to John's disciples, 'Go now to John and make known to him the things which ye have seen and heard.' mannen gewit forgeaf, 7 blinden gesihðe, 7 cwæð syððen to Johannes arendracan, 'Fareð nu to Johanne, 7 cyðeð him þa þing þe ge gesegan 7 geherden. Efne nu blinde geseoð, 7 þa healte gað, 7 reoflige mæn byð geclænsode, deafe ghereð, 7 þa deade ariseð, 7 þearfe bodieð godspell; 7 se byð eadig þe on me ne byð geæswicod.' Swylce he cwæde to Johanne, 'Þyllice wundre ic wyrce ac swa þeah ic wylle deaðe swelten for mancynnes alesednysse, 7 þe sweltende æfterfyligen, 7 se byð gesælig þe mine wundre nu gehyreð, gyf he minne deað ne forsihð, 7 for þan deaðe ne geortreoweð þ ic God eam.' Þuss onwreah se Hælend Johanne, þ he wolde hine sylfne gemedemigen to deaðe, 7 syððen hellware geneosigen. Þa betwux þysen, gelamp þ Herodes, swa we ær cwæden, his wyten gefeormode on þan dæige þe he geboren wæs; for þan þe heo hæfden on þan time mycele blisse on heora gebyrdtiden. Seo dohter þa, swa swa we ær cwæden, plegede mid hire

On Herod's birthday his daughter played at the feast. mæde[fol. 63 a]nen on þan gebeorscipe, heom eallen to gecwemednyssen, 7 se fæder þa mid aða behet, þ he wolde hire forgyfen swa hwæt swa heo gewilnode. Þreo arlease scylden we gehyrden, ungesælige mærsunge his gebyrdtide, 7 þa unstæððige hleapunge þæs mædenes, 7 þæs fæder dyrstigen aðsware. Þan þrym þingan us gedafoneð þ we wiðcweðen on uren þeawen. We ne moten ure gebyrdtide to nanen freolsdæige mid idele mærsungan awænden, ne ure acænnedrysse on swylcen gemynde habben, ac we sculen urne ændenexten dæig mid bereowsunge 7 dædbote forsceawigen, swa

THE PASSION OF ST. JOHN

swa hit awriten is, 'On eallen þine þingum beo þu gemyndig þines It is written,
endenextes dæiges, 7 þu ne syngest on ecnysse.' Ne us ne things be
gedafeneð þ we urne lichame, þe Gode is gehalgod on þan halewende of thy last
fulhte, mid unwislice plegen 7 hygeleaste gescænden, for þan þe day.
5 ure lichamen synd Godes lymen, swa swa Paulus cwæð, 7 bebead
þ we sceolen gearcigen urne lichame liflice ofrunga þe wið heafod-
lehtres byð gescyld, 7 þurh halge mæignum Gode anfenge 7 halig.
God sylf forbeot [fol. 63 b] ælcne að cristene mannen þuss
cweðende, 'Ne swere þu þurh heofone, for þan þe heo is Godes
10 þrymsetle. Ne swera þu þurh eorðe, for þan þe heo is Godes
fotscamel. Ne swera þu þurh þin agen heafod, for þan þe þu þe
ne miht wyrecen an hær þines fexes, hwit oððe blac. Ic eow
secge, Ne swerige ge þurh nan þing, ac beo eower spæce þuss 'Swear not
geændod, Hit is swa ic secge, oððe hit nis swa. Swa hwæt swa thing.'
15 þær mare byð þurh að, þ byð of þan yfelen.' Crist sylf gefæst-
node his spæce, þa þa he spæc to anen Samaritaniscen wife mid
þysen worde, ' Crede michi,' þ is, 'Gelyf me.' Þehhweðere gyf
we hwar unwærlice swerigeð, 7 se að us genede to wyrsen dæde,
þonne byð us rædlicor, þ we þone mare gylt forbugen, 7 þone
20 að wið God gebeten. Witodlice Dauid swor þurh God þ he wolde
þone stunte were Nabal ofslean, 7 ealle his þing adilgien; ac æt
þære forme þingunge þæs snoteran wifes Abigal, he awænde his
swurd in þære scæðe, 7 herede þæs wifes snoternysse, þe him
forwernde þone [fol. 64 a] pleolice mansliht. Herodes swor þurh Herod
25 stuntnysse, þ he wolde þære hleapende dohter forgeofen swa hwæt foolishness
swa heo bæde; þa for þan þe he nolde fram his gebeoran beon he would
gecweden manswara, þone beorscipe he mid blode gemængde, daughter
7 þæs mære witegan deað þære lyðre hoppestren hire glywes to she asked.
mede forgeaf. Mycele selre him wære, þ he þone að tobræce, þone
30 he swylcne wytega acwellen hete. On eallen þingan we sculen
carfullice hogien, gyf we ahware, þurh deofles syrewungen, on þan
fracodnysse samod befealleð, þ we simle þone maren gylt forfleon
þurh utfære þæs læssen, swa swa deð se þe his feonden ofer sumne
weall ætfleon wyle, þonne cepð he hwar se weall unhehst sy, 7 þær
35 ofersceott. Witodlice Herodes, þa þa he nolde, þurh Johannes
munegunge, þone unclæne sinscipe awænden, þa wearð he to
manslihte befeallen; 7 wæs seo læsse synne intinga þære maren,
þ he for his fulen forligere, þe he georne wyste þ Gode andsæte
wæs, þæs wytegan blod ageat, þe he [fol. 64 b] wyste þ Gode

18 MS. genede by.

gecweme wæs. Þiss is se cwide þæs godcundlicen domes, be þan
þe is gecweðen, 'Se þe halig is, beo he gyt swyðer gehalged.'
Þis gelamp þan fulhtere Johanne, se þe wæs halig þurh manigfealden

John was still more hallowed when he through the preaching of truth came to victorious martyrdom.

geearnungen; 7 he wæs gyt swyðer gehalgod, þa þa he þurh
soðfæstnysse bodunge becom to sigefæste martyrdome. Herodes 5
heowede hine sylfne unrotne, þa seo dohter hine þæs heafdes bæd,
ac he blissode on his digolnysse, for þan þe heo þæs mannes deað
bæd, þe he ær acwellen wolde, gyf he æmtan hæfde. Witodlice gyf
þ cild bæde þæs wifes heofod, mid mycele gramen he hit wolde hire
wiðcweðen. Næs Johannes mid ehtnysse geneded þ he Criste 10
wiðsoca, ac þeh he sealde his lif for Criste, þa þa he wæs for
soðfæstnysse gemartyrod. Crist sylf cwæð, 'Ic eam soðfæstnysse.'

John was the forerunner of Christ.

Johannes wæs Cristes forrynnel on his acænnednysse, 7 on his
bodunga, on fulhte, 7 on þrowunge, 7 hine to hellwaren mid
deorewurðen deaðe forestop. Þa þa he beheafdod wæs, þa comen 15
his leorningcnihtes, 7 his halige lic feredon [fol. 65 a] to anre
byrig seo is gehaten Sebaste, 7 heo þær hine geleigdon. Þ halige
heafod wearð on Jerusalem bebyriged. Sume gedwole mæn
cwædon, þ þ heafod scolde ablawen þæs kinges wif Herodiaden, þe
he fore acweald wæs, swa þ heo ferde mid winde geond eall wurld; 20
ac heo dweleden mid þære sage, for þan þe heo leofode hire lif oð
ænde æfter Johannes slege. Soðlice Johannes heafod wearð

The head of John was shown to two monks, who brought it to the city called Edessa.

syððen geswutelod twam easterne munecan, þe mid gebeden þa
burh geneosodan, 7 heo þanen þone deorewurðen madm fereden to
sumre byrig þe is Edissa gehaten; 7 se Ælmihtige God þurh 25
þ heafod ungerime wundre geswutelode. His ban, æfter langen
fyrste, wurðen gebrohte to þære mære byrig Alexandria, 7 þære
mid mycele wurðmynte gelogode. Nu is to besceawigene hwu se
Ælmihtige God, beo his gecorenan 7 þa gelufede þeignes, þa þa he
to þan ecen life forestihte, geðafeð þ heo mid swa mycelen [witen] 30
beon fornumene 7 tobrytte on þysen andwearden life. Ac se
apostol Paulus andswerede beo þysen, [fol. 65 b] 7 cwæð, þ 'God
preað 7 beswingð ælcne þe (he) underfohð to his rice, 7 swa he
forseowenlicor byð gewitnod for Godes namen, swa his wuldor byð
mare for Gode.' Eft cwæð se ilca apostol on oðre stowe, 'Ne synd 35
na to wiðmetene þa þrowunga þyssere tide þan toweardan wuldre
þe byð on us geswutelod.' Nu cweðð se trahtnere, þ nan wildeor,
ne on fiðerfoten ne on creopenden, nis to wiðmetene yfele wife.

30 witen *is from Camb. MS.*   36 *MS.* wurlde.

THE PASSION OF ST. JOHN 57

Hwæt is betwux fiðerfoten reõre þone leo ? Oððe hwæt is
wælreowre betwux næddre cynne þone draca? Ac Salomon cwæð, *Solomon said, 'that it*
þ selre wære to wunigenne mid leon 7 mid dracan þone mid yfele *were better*
wife 7 oferspæcen. Witodlice Johannes on westene wunede betwux *to dwell with lions*
5 eallen deorcynne ungederod, 7 betwux dracan, 7 aspiden, 7 ealle *and dragons than with*
wyrmcynne, 7 he heo ne ondred. Soðlice seo aweregode Herodias *an evil and talkative*
mid beheafdunge hine acwealde, 7 swa mæres mannes deað to gyfe *woman.'*
hire dohter hleapunge underfeng. Daniel se witega læig seofon *Herodias slew John.*
niht betwux seofen leonen on anen seaðe ungewæmmod, 7 þ
10 aweregode wif Gezabel beswac þone rihtwisen Naboth to his feore, *Jezebel*
þurh lease gewittnysse. Se witege Jonas wæs [fol. 66 a] gehealden *betrayed*
unformolten on þæs hwæles innoðe þreo niht, 7 seo swicola Dalila *Naboth. Dalila*
þone strange Sanson, hire agene were, mid olæcunge bepæhte, *deceived*
7 bescorene fexe his feonden belæwde. Eornostlice nis nan *Samson.*
15 wyrmcynn ne wilddeorcynn on yfelnysse gelic yfelen wife. Se
wyrdwritere Josephus awrat, on þære ciriclice gereccednysse, þ se *Josephus wrote that*
wælreowa Herodes lytle hwile æfter Johannes deaðe rices geweolde, *after the death of*
ac wearð for his mandæden ærest his here on gefihte ofslagen, *John, Herod was sent*
7 he sylf syððen of his cynerice ascofen, 7 on wracsið asend, swyðe *into exile.*
20 rihtwisen dome, þa þa he nolde hlysten Johannes lare to þan ecen
life, þ he eac rædlice his hwilwenden cynedom mid hospe forlure.
Augustinus se wise us maneð, to ure sawle þearfe, mid þysen
worden, 7 cwæð, 'Besceawið, eow ic bidde, mine gebroðre, mid
gleawnysse, hwu wræcfull þiss andwearde lif is, 7 þeah ge
25 ondrædeð eow þ ge hit to rædlice forlæten. Ge lufigeð þiss lif, on
þan þe ge mid geswynce wuniged; þu hogest ymbe þinre neode;
þu eornst, and [fol. 66 b] byst geangsumed; þu erest, 7 sawst,
7 eft gaderest; þu grintst, 7 bacst, þu wefst, 7 wæden teolost,
7 earfoðlice wast ealre þinre neoda getæl, ægðer gea on sæ gea
30 on lande, 7 scealt ealle þas foresæde þing, 7 eac þin agen lif mid
earfoðnysse geændigen. Leornigeð nu for þy, þ ge cunnen þ ece *'Learn now, that ye may*
lif geearnigen, on þan þe ge nan þyssere geswynce ne þrowigeð, *be able to gain eternal*
ac on ecnysse mid Gode rixigeð.' On þyssen life we ateorieð, gyf *life.'*
we us mid bigleofen ne ferecigeð. Gyf we ne drincað, we byð
35 mid þurste awæhte. Gyf we to lange wacigeð, we ateorieð. Gyf
we lange standeð, we byð gewæhte, 7 þonne sitteð. Eft gyf we
to lange sitteð, us slæpeð þa leomen. Sceawigeð eac æfter þysen,
þ nan styde nis ure lichamen. Cildhad gewitt to cnihthade,

16 *MS.* wyrðwritere. 34 *MS.* drincað.

7 cnihthad to geðungenum, wæstme, 7 se fullfremede wæstme gebehð to ylde, 7 seo ylde byð mid deaðe geændod. Witodlice ne stant ure elde on nanre staðelfæstnysse, ac swa mycele swa se lichame wext, swa mycele byð his dages gewanode. Æighware is on uren [fol. 67 a] life ateorung, 7 werignysse, 7 brosnung þæs lichamen, 7 þehhweðere wilneð æighwa þ he lange libbe. Hwæt is lange libben bute lange swincan? Feawe mannen gelimpð on þyssen dagen, þ heo gesundfull libben ymb hundehtentig gearen, 7 swa hwæt swa he ofer þan leofeð, hit byð him geswinc 7 sarnysse, swa swa se witega cwæð, 'Yfele synd ure dages,' 7 þæs þe wyrse þe we heo lufigeð. Swa olæcð þes middeneard wel manega, þ heo nylleð heora wræcfulle lif geændigen. Soð lif 7 gesælig þ is, þonne we ariseð of deaðe, 7 mid Criste rixigeð. On þan life byð gode dages, na swa þeh manege dagas, ac an; se nat nænne upspring ne nane geændunge, þan ne folgeð morgenlic dæig, for þan þe him ne forestop se georstenlice, ac se an dæig byð ece, æfre ungeændod buten ælcre nihte, buten gedreccednysse, buten eallen þan geswyncen, þe we hwen ær on þyssere rædinge tealdon. Þes dæig 7 þiss lif is behaten rihtwisen cristenen, to þan life us gelæde se mildheorte Drihten, se leofeð 7 rixeð mid Fæder 7 mid Halge Gaste a buten ænde. Amen.

'What is to live long but to toil long?'

'A true and blessed life that will be when we rise from death and reign with Christ.'

XX

[Fol. 67 b] [ST. LUKE XI. 24–28.]

'When the unclean spirit goes out of a man, then he wanders about seeking rest, but truly he finds none.'

SE Helend cwæð on his godspelle, þonne se unclæne gast gæð ut of þan mænn, þænne færð he worigende on unwæterigen stowen, secende him reste, ac he soðlice ne fintt. Þonne cweðð se fule gast þ he faren wyle into his huse, of þan þe he ut ferde, 7 cumð þonne to 7 afint hit gedæft. He genymð him þonne to seofen oðre gastes wyrse þone he silf seo, 7 heo wuniað mid þan mænn, 7 byð þæs mannes wyse wyrse þonæ heo ær wæron. Mid þan þe he þuss clypode, þa cwæð him sum wyf to of þare menige mid mycelre stæmne, 'Eadig is se innoð þe þe to manne gebær, 7 gesælige sinden þa breosta þe þu suca.' Hire andswarede se Hælend, 'Eadige synden þa þe Godes word gehyreð 7 hit gehealdeð.' Se þe gelefð on God 7 hafð ege, 7 nele þehhweðere

god wyrcen, se byð þan deofle gelic, 7 se mann þe nele geleuen on
God, ne nænne Godes ege næfð, se byð wyrse þone se deofel.

XXI

[Fol. 68 a] **IN XI KL. OCTOBR. DE SANCTO MATHEO
APOSTOLO.**

SE godspellere Matheus, þe we todæig wurðigeð, awrat beo him sylfen hwu se Hælend hine geceas to his geferrædden, þuss cweðende, *Cum transiret Jesus, uidit hominem in theloneo sedentem*, Matheum *nomine. Et reliqua.* Ða þa se Hælend ferde on summere byrig, þa geseh he sitten ænne mann æt tollsetle, Matheus gehaten, 7 he cwæð to him, 'Folge me.' Matheus aras þærrihte fram his tolle, 7 follgode þan Hælende, 7 gelaðede hine þæs dæiges to his huse. Efne þa comen feola geferen 7 synfulle mænn, 7 sæten æt þære þenunge mid þan Hælende 7 his leorningcnihten. Hwæt þa þa Judeisce ealdres 7 bocheres þ gesegen, heo þa acsoden 7 cwædon to Cristes leorningcnihten, 'Hwæt la! hwy ett eower Larðeaw mid þyssen manfullen mannen 7 synfullen?' Ða ofherde þ se Hælend 7 cwæð, 'Nis nan neod þan strangen nanes læcen, ac þan þe yfel þoligeð is mycel neod. Fareð nu, 7 leornigeð hwæt þiss mæne. Ic wille mildheortnysse 7 na offrunge. Ne com [fol. 68 b] ic na to clypigene þa rihtwise, ac þa synfulle to dædbote.' We nymeð þ andgit þyses godspelles æigðer gea of Matheus gesettnysse, gea of Lucas. Matheus is Ebreisc name, þ is on Leden 'Donatus', 7 on Ænglisc 'Forgyfen' oððe 'Gegoded.' God hine gegodede swa þ he hine awænde of tollere to apostle, 7 him forgeaf þa gyfe, þ he awrat þa forme Cristes boc, 7 is godspellere þurh Godes mycele mihte. He hine geseh sitten æt tolle. He hine ne geseh na þ an mid lichamlicre gesihðe, ac eac swylce mid incundre mildsunge, swa þ he hine geceas to heofonlicre geðingðe, 7 cwæð, 'Folge me, folge me na þ an on fotlicen gange, ac eac swylce on goddre þeawen geefenlæcunge,' swa swa se apostel cwæð, 'Se þe cweðð þ he on Criste wunie, he sceal faren swa swa Crist ferde.' Matheus aras, 7 forlet his tollscire, 7 folgede Criste, for þan þe he mid ungeseowenlicre onbrerdnysse his mod lærde, swa swa he hine

2 MS. þe byð.

Matthew prepared a great feast for the Saviour.

mid his worde wiðuten clypode. Matheus þa gearcode mycele feorme þan Hælende, 7 hine to his huse ge[fol. 69 a]laðede. He gearcode him gebeorscipe on his huse, ac he gearcode mycele þancwurðere feoreme on his heorte, þurh geleafan 7 soðre lufe, swa swa he sylf Crist cwæð, 'Ic stande æt þære dure cnuchigende, 5 7 swa hwa swa mine stefne gehyrð, 7 þa dure me geopeneð, ic gange into him, 7 mid him wunige 7 he mid me.' God afandeð ælces mannes heorte, 7 se þe underfohð hine mid goden wille, se byð geðened wiðinnen þurh gyfe þæs Halgen Gastes, 7 God wuneð mid him, gyf he on gode weorcan þurhwuneð. Ða ealdres 10 7 þa boceres þa cidden þ Crist mid þan synfullen mannen wæs etende. Heo wæron mid twifealden gedwylde befangene, for þan þe heo þæs Hælendes mildheortnysse on þan synfullen huxlice tælden, 7 heom sylfen rihtwise tealden. Drihten him cwæð to,

The Lord is called 'Healing' because He heals both men's bodies and their souls.

'Ne behofigeð þa hale nanes læcen, ac þa untrume doð.' He is 15 'Hælend' gehaten, for þan þe he hælð ægðer gea manna lichamen gea heora sawlen, 7 for þy he com to mancynne, þ he wolde þa synfulle gerihtlæcen, 7 heora [fol. 69 b] sawlen gehælen. Se þe wenð þ he hal sy, se is unhal, þ is se þe truweð on his agene rihtwisnysse, 7 ne hogeð [he] be þan heofonlice læcedome. He cwæð, 20 'Fareð 7 leornigeð hwæt þ mæne. Ic wylle mildheortnysse 7 na ofrunge.' Þiss cwæð sum wytega, ær þone Crist to mænn geboren wurðe. Ne byð Gode nan ofrung ne nan lac gecweme buten mildheortnysse. Þeh sum wælreowe man Gode lac ofrige, ne byð heo Gode na gecweme, bute he his wælreownysse geswica, 7 mild- 25 heortnysse lufige. Þa Judeissce wuldredan for heora mycelen ofrunga, 7 Crist sæde þ him wære leofere liðe heortan, 7 het heo for þy leornigen hwæt se witega mænde mid þære cleopunge. Gode is swyðe leof þ he mancynne mildsige, 7 him is leofere þ he us mildsige þurh sumer weldæde, þonne he us for ure gylte genyðe- 30 rige; 7 þa mildheortnysse þe him is gecyndelic, þa he wyle habben

'I came not to call the righteous, but sinners to repentance.'

æt us swyðer þone ure lac. He cwæð, 'Ne com ic na to clypien rihtwise, ac þa synfulle to dædbote.' Þa synfulle he gebegð to dædbote, 7 þa rihtwise he geeacneð [fol. 70 a] mid mare rihtwisnysse. Ne clypeð he him þa to, þe heom sylfe rihtwise telleð, 35 swylce þa wæron, þe mid ande ceoroden þ he mid þan synfullen æt. Eall mænnisc wæs synfull, ac Drihten gerihtwisode hit, buten

20 7 *is written in different ink in the margin. Before* be *there is a gap,* he *from Camb. MS.*

geearnungen, þurh his gyfe, þa þa he (ge)ceas, swa swa he dyde
þysne godspellere Matheum, þe we nu todæig wurðieð. He wæs
bedofen on deoppere nytenysse wurldlicre gewillnunge, ac Drihten
hine ætbræd of þan fenlicen adelan to heofonlicen geðincðen, 7 hine
5 gesette ealle þeodan to godspellere. Sy him þæs wuldor aa on
ecnysse. Amen.

XXII

IN III KL. OCTOBR.

*Accesserunt ad Jesum discipuli dicentes, Quis putas maior est in
regno coelorum ? Et reliqua.*

10 DISS dægðerlice godspell cwyðð, þ Drihtenes leorningcnihtes The Lord's
to him genealæhton, þus cweðende, 'La leof, hwa is formest disciples asked Him,
manna on heofone rice?' Se Hælend þa him toclypode sum lytel 'Who is first in the
cild 7 het standen heom tomiddes 7 cwæð, 'Soð ic eow secge, ne Kingdom of Heaven?'
fare ge in to heofone rice, bute ge syn awende 7 gewordene swa
15 swa [fol. 70 b] cild. Witodlice se þe hine sylfne geeadmett swa
swa cild, he byð mare on heofone rice, 7 se þe underfohð ænne
swylcne lytling on mine name, he underfohð me sylfne. Se þe
geæswicað anum þyssere lytlingen þære þe on me gelyfeð, selre
him wære þ his sweore wære getegd to anen cweornstane, 7 he swa
20 wurde besænct on deoppre sæ. Wa middenearde for æswicungen.
Neod is þ swicunge cumen, 7 þeh, wa þan mænn þe aswicunge of
cumeð. Gyf þin hand oððe þin fot þe swichie, aceorf þ lið 7 wurp
fram þe. Betere þe byð þ þu wanhal oððe healt fare to þan ece
lif, þone þu mid eallen lymen beo asænd to þan ecen fyre. Gyf
25 þin eage þe aswichie, hole hit ut, 7 wurp fram þe. Selre þe byð
anegede faren to heofonrice, þone mid twam eagen beon aworpen
on ecere susele. Behealdeð þ ge ne forseon ænne þyssere lytlinge.
Ic secge eow þ heora ængles symle geseoð mines Fæder ansyne se
þe on heofone is.' [Hægmon] trahtneð þiss godspell, 7 sægð, hwu Haymo ex-
30 þæs caseres tolleres axoden Petrus þone apostel, þa þa heo geond pands this gospel and
ealne middeneard þan casere [fol. 71 a] toll gaderedan. Heo tells how the tax-
cwæden, 'Wyle eower larðeaw Crist ænig toll syllen?' Þa cwæð gatherers asked Peter,
Petrus, þ he wolde. Þa mid þan þe Petrus wolde befrinen þone 'Will your master
Christ pay
1 MS. (ge)ceas] ge *is inked over by a later hand, but the letters were* any toll?'
originally written very finely, and not in the scribe's usual bold hand.
29 Hægmon] *So Camb. MS., MS. Vesp. has* Eac man.

Hælend, þa forsceat se Hælend hine, þe ealle þing wat, þuss
cweðende, 'Hwæt þincð þe, Petrus? Æt hwam nymeð eorðlice
cynges gafol oððe toll? Æt heora gesiblingan, oððe æt fræmdan?'
Petrus cwæð, 'Æt fræmdan.' Se Hælend cwæð, 'Hwæt la? Synd
heora siblinges frige? Þelæste we heo æswicien, ga to þære sæ, 5
7 wurp ut þinne angol, 7 þone fisc þe hine raðest forswylhð,
geopene his muð, þone gefintst þu þæron ænne gyldene wecg, nym
þone, 7 syle to tolle for me 7 for þe.' Þa for þan intingan þe he
cwæð, 'Syle for me 7 for þe,' wenden þa þa oðre apostles þ Petrus
wære fyrmest, 7 axodan þa þone Hælend, hwa wære formest 10
manna on heofona rice. Þa wolde se Hælend heora dwollice
geðohtes mid soðre eadmodnysse gehælen, 7 cwæð, þ heo ne
mihten becumen to heofone rice, bute heo wæron swa eadmode,
7 swa unscæððie swa þ cild wæs, þe he to him clypode. Bilewite
cild ne gewilneð oðre manna æhte, ne wliteges wifes; þeh hit beo 15
[fol. 71 b] gegremod, hit ne healt langsume ungeðwærnysse to þan
þe hit derede, ne hit ne hyweð mid worden, þ hit oðer þænce,
7 oðer spece. Swa eac scylen Godes folgeres, þ synd (þa) cristene,
habben þa ungescaðignysse on heore mode þe cild hæfð on ylde.
Se Hælend cwæð, 'Soð ic eow secge. Ne becume ge to heofona 20
rice, bute ge beon awende, 7 gewordene swa swa lytlinges.' Ne
bebead he his gingre þ heo on lichamen cild wæron, ac þ heo
heoldan bilewitre cildre unscæðignysse on heora þeawen. On
summere stowe he cwæð, þa þa man him to bær cild to bletsigene,
7 his gingre þ bemændan, 'Geðafigeð þ þa cild to me cumen, 25
swylcere is soðlice heofona rice.' Beo þyssen manede se apostel
Paulus his underðeodde, 7 cwæð, 'Ne beo ge cild on andgitte, ac
on yfelnysse. Byð on andgite fulfremede.' Se Hælend cwæð, 'Swa
hwa swa hine sylfne geeadmet, swa swa þiss cild, he byð fyrmest
on heofone rice.' Uton habben þa soðe eadmodnysse on uren life, 30
gyf we willeð habben þa hehlice geðingðe on Godes rice, swa swa
se Hælen(d) cwæð, 'Ælc þære þe hine onhefð, byð geeadmett, 7 se
þe [fol. 72 a] hine geeadmet, he byð onhafen.' Se hæfð bilewites
cildes unscæðignysse, þe him sylfen mislicað, for þy þ he Gode
lichige, 7 he byð swa mycele wlitigre ætforen Godes gesihðe, swa he 35
swyðer ætforen him sylfen eadmodre byð. 'Se þe underfohð ænne
swylcne lytling on minen name, he underfohð me sylfne.' Eallen
Godes þearfen man sceal (mid) weldæden þenigen, ac þeh swyðest

38 (mid)] *In different ink.*

þan eadmedan 7 liðen, þe mid heora lifes þeawen Cristes bebodan geðwærieð; for þan him byð geðenod mid his þearfone þenunge, 7 he sylf byð underfangan on heora anfænge. He cwæð eac on oðre stowe, 'Se þe wytegan underfohð, he hæfð wytegan mede.' 'He who receives a
5 Se þe rihtwisne underfohð, he hæfð rihtwisen edlean,' þ is, se þe prophet wytegan, oððe sumne rihtwisan Godes þeow underfohð, 7 him for shall have a prophet's Godes lufen bigwiste foresceaweð, þonne hæfeð he swa mycele mede reward.' his cystignysse æt Gode, swylce he him sylf wytega wære, oððe rihtwis Godes þeowe. 'Se þe æswicað anen þyssere lytlingen, þe
10 on me belyfeð, selre him wære þ him wære getegd an ormæte cweornstan to his sweoran, [fol. 72 b] 7 he swa wurðe on deoppere sæ besænceð.' Se þe æswicað oðren þe hine on Godes dælen beswincð, þ his sawle forloren beo. Se cweornstan þe tyrnð singallice, 7 nænne færeld ne þurhtihð, getacneð wurldlufe, þe on
15 gedwylden hwyrftleð, 7 nænne stæpe on Godes weige ne gefæstneð. Be swylcen cwæð se witega, 'Þa arlease turnieð on embhwyrfte.' 'The wicked Se þe genelæceð halgen hade on Godes gelaðunge, 7 syððen mid turn in a circle.' mycelre tyhtunge oððe mid lehterfulre drohtnunga oðren yfele bisneð, 7 heora ingehyd towurpð, þonne wære him selre, þ he on
20 wurldlicre drohtnunge ane losode, þone he on halgen heowe oðre mid him þurh his þwyrlicen þeawes to forwurde getuge. 'Wa middenearde for æswicungan.' Middeneard is her gecweðen, þa þe þysne ateorigendlicne middeneard lufieð swyðer þone þ ece lif, 7 mid mistlicen swicdome heo sylfen 7 oðre forpæreð. 'Neod is
25 þ æswicunge cumen, þehhweðere wa þan mæn þe heo of cumeð.' Þiss wurld is swa mid gedwylden gefylled, þ hit ne mæig buten æswicunge beon, 7 þeh wa þan mæn þe oðerne æt his æhte, oððe æt his feore [fol. 73 a] beswicð, 7 þan byð wyrss, þe mid yfele tyhtungen oðres mannes sawle to ecen forwurde beswicð. 'Gyf 'If thy hand
30 þin hand oððe þin fot þe æswichie, ceorf of þ lym, 7 awurp fram or thy foot offend thee, þe.' Þiss is gecweðen æfter gastlicre getacnunge, na æfter licham- cut off the limb, and licre gesettnysse. Ne bebead God nanen mænn þ he his lichame cast it from thee.' awerde. Se hand betacneð ure nydbehefe freond, þe us dæilwam- lice mid weorca 7 fultume ure neode deð; ac þeh, gyf hwylc
35 freond us fram Godes weige gewæmð, þonne byð us selre þ we his flæs[c]lice lufe fram us aceorfen, 7 mid twæminge awurpen, þonne we, þurh his yfele tyhtunge, samod mid him on ecen forwyrdan

---
5 edlean] *the* d *altered from* a.
15 *MS.* geðwylden] *the bar of* ð *partly erased.*

befeallen. Eallswa is beo þan fet 7 beo þan eagan. Gyf hwylc
sibling þe byð swa deorewurðe swa þin eage, 7 oðer swa behefe
swa þin hand, 7 sum swa geðensum swylce þin agen fot, gyf heo
þe þonne þwyrlice tyhteð to þinre sawle forwyrde, þonne byð þe
selre ꝥ þu heora þeodræddene forbuge, þone heo forð mid him to 5
'Take heed that ye despise none of these little ones.' þam ecen forwurden gelæden. 'Behealdeð ꝥ ge ne forseon ænne of þyssen lytlingan.' Se þe bepæcð ænne Godes þeowwe, he
abylgð þone Hlaford, [fol. 73 b] swa swa he sylf þurh his witege
cwæð, 'Se þe eow dereð, hit byð me swa egle swylce he reppe
mines eagen seo.' 'Ic secge eow, ꝥ heora ængles symle geseoð 10
mines Fæder ansyne, se þe on heofone is.' Mid þyssen worden is
geswutelod ꝥ ælcen geleaffullen mæn is ængel to herde gesett, þe
hine wið deofles syrewunge gescilt, 7 on halgen mæignen gefultumeð,
swa swa se sealmscop beo æighwylcen rihtwisen cwæð, 'God
bebead his ænglen beo þe, ꝥ heo þe healden, 7 on heora handen 15
hebben, þelæste þu æt stane þinne fot ætspyrne.' Mycel wurþscipe
cristenra manna, ꝥ æighwylc habbe fram his acænnednysse him
betæhtne ængel to hyrdræddene, swa swa beo þan apostole Petre
awriten is, þa þa se ængel hine of þan cwarterne gelædde, 7 he to
his geferen becom, 7 cnuchigende inganges bæd. Þa cwædon þa 20
geleaffulle, 'Nis hit na Petrus ꝥ þær cnucað, ac is his ængel.'
Þa ængeles soðlice þe God gesette to herden his gecorenan, heo ne
God is everywhere, and whithersoever the angels fly, they are ever in His presence. gewiteð næfre fram his andweardnysse, for þan þe God is æighware,
7 swa hwyðer swa þa ængles [fol. 74 a] fleoð, æfre heo byð binnen
his andweardnysse, 7 his wuldres brucað. Heo bodieð ure weorc 25
7 gebedan þan Ælmihtigan, þeh him nan þing digele ne seo, swa
swa se hehængel Raphael cwæð to þan Godes mæn Tobiam, 'Þa þa
ge eow gebædon, ic ofrode eower gebedan ætforen Gode.' Seo
ealde æ sæigð us, ꝥ hehængles synd gesette ofer æighwylce leod-
scipe, ꝥ heo þæs folcas gemen, ofer þan oðren ænglen, swa swa 30
Moyses, on þære fiften bec þære ealdan æ, þyssen worden geswute-
lode. 'Þa þa se hehlice God todælde 7 tostæncte Adames ofspryng,
þa sette he þeode gemære æfter getæle his ænglen.' Þyssen andgite
geðwærlæceð se witega Daniel on his witegunga. Sum Godes
ængel spæc to Daniele emb þone hehængel þe Perscisce þeode 35
bewyste, 7 cwæð, 'Me com to se hehængel, Grechiscre þeode
ealder, 7 nis heora nan min gefylste, bute Michael, Ebreissces
folcas ealder. Efne nu Michael, an þære fyrmeste ealdra, com me

6 MS. forwurðen] the ð partly erased.   35 MS. Perscipe.

to fultume, 7 ic wunode þære wið þone cyng Persiscre þeode.' Mid
þyssen wordan is geswutelod hwu mycele care þa hehængles hab
[fol. 74 b]beð heora ealderdomes for mancynne, þa þa he cwæð,
þ Michael him to fultume come. Is nu geleaflic þ se hehængel *The arch-*
5 Michael habbe to gemene cristenre manna. Se þe wæs þæs *angel Michael has*
Ebreiscen folcas ealdor, þahwile þe heo on God belefdan ; 7 þ he *the care of Christian*
geswutelode, þa þa he him sylfen cirice timbrode betwux geleaffulre *men.*
þeoda, on þan monte Gargano, swa swa we hwon ær ræddan. þ is
gedon beo Godes fadunge, þ se mære heofonlice ængel beo singallice
10 cristenra manna gefylsta on eorðan, 7 þingere on heofone to þan
Ælmihtigan Gode, se þe leofeð 7 rixeð a on ecnysse. Amen.

XXIII

[Fragment of XLI.]

GODES gecorene synd on gewinne on þyssere wurlde, 7 þa *God's chosen are in strife in this world, and the wicked*
arlease on hire blissigeð, ac þære rihtwisera manna gewinn *rejoice in it, but the*
15 awænt to blisse, 7 þære arleasra blisse awænt to bitere sarnysse. *strife of the righteous shall turn to joy and the joy of the wicked to bitter affliction.*

XXIV

[Fragment from the Homilies of St. Augustine.]

AUGUSTINUS sæde on his cwidbocan þ nan mann ne mihte *St. Augustine said*
asmeagan Godes æ, 7 his bebodan fullice healden, bute se þe *no man could con-*
smylte mod hæfde, 7 frig ælcere gedrefednysse. He sæde þeh, þ *sider God's law and*
20 þære wæren swyðe feawe oððe nan, þe swa frig wære. Cwæð þeh, *keep His command-*
þ nan ne scolde beon swa idel, þ he betwux þan bisegan þysser *ments un-*
wurlde, sum þing ne ongunne [fol. 75 a] leornigen beo his frigdomes *less he had a tranquil*
mæðe, 7 ælc mann eall alæte swa swa he mæst muge unnytte *mind and was free*
embhogen, 7 geæmtige hine to Godes þeowdome, for þan þe God *from every offence.*
25 forgelt ælcen mænn beo his dæden, swa swa he sylf cwæð on his
godspelle.

XXV

[Concerning Appearances of the Saviour.]

JOHANNES se godspellere on his gastlicen gesihðe þone *John in the*
Hælend geseh, syððen he to heofone asteah mid alben gescrydne *holy vision saw the Saviour*
30 oð þa ancleowen, 7 mid gyldene gyrdle his breost wæs begyrd. He *after He had*
het us begyrden ure lændene, swa þ we forseon þa fule galnysse, *ascended into heaven*

9 *MS.* fandunge.

7 he sylf wæs begyrd mid gyldene gyrdle æt his halge breostan. For þan þe we habben sculen ure modes clænnysse on ure heorte, symle we þe Criste þenigeð on his halgen þeowdome. Eft Daniel se witega awrat on his witegunge, þ he God gesega on his gastlicer gesihðe, 7 he wæs lineweard, 7 his lændene ymbgyrde, 7 Johannes geseh, swa swa we ær sædon, þone Hælend embgyrdne æt his halgen breoste. Nu is us geswutelod soðlice mid þan on þære ealden æ 7 eac on þære neowen, þ God wyle habben on his gastlice þeowdome halga þeignes 7 halige þinena, þa þe mid [fol. 75 b] clænnysse lichamen 7 modes, þ halige husel him geofrigen, swa swa he sylf getæhte ær his þrowunge.

The prophet Daniel wrote that he saw God and He was dressed in linen, and His loins were girt about.

XXVI
[Weather Prophecies.]

DONNE forme gearesdæig byð Sunendæig, hit byð god winter, 7 windig lænctetid, dryge sumer, god hærfest, 7 scep tyððrigeð, 7 hit byð grið 7 wæstme manigfeald. Ðonne hit byð Monendæig, hit byð scurfah winter, 7 god læncten 7 windig sumer, 7 storemig 7 geswyncfull hærfest. Ðonne hit byð Tywesdæig, hit byð wæt winter 7 windig læinten, 7 wæt sumer, 7 wifmæn swelteð 7 scipes forfareð 7 cynges sweltað. Ðonne hit byð Wodnesdæig, hit byð heard winter 7 yfel læinten, god sumer 7 geswyncfull hærfest, 7 hunig byð gæsne. Ðonne hit byð Þuresdæig, hit byð god winter 7 windig læinten, god sumer 7 god hærfest. Ðonne hit byð Fridæg, hit byð hwerefinde winter, 7 god lænten 7 god sumer 7 god hærfest. Ðonne hit byð Sæterdæig, hit byð scurfah winter 7 windig læinten, 7 ealle wæstmes yfeles gewænde, scep cwelleð 7 ealde mænn.

Prophecies according to New Year's Day being on Sunday, Monday,
Tuesday,
Wednesday
Thursday,
Friday,
Saturday.

XXVII
[Fol. 76 a]   [Concerning the Coming of Antichrist.]

HIT sæigð on halgen bocan, þ æfter gearan ymbryne swa gewurðen scule, þ eall middeneard mid hæðenra þeode geðrynge (by), 7 mid heor(d)an hæftnysse swa swyðe gedrecced 7 gedrefod wurðeð, þ hine uneaðe ænig riht gelefed manu mid þan heofonlicen kinges tacne gebletsigen mote, oððe gesenigen durre. Þas geswæncennysse we mugen nu mycele mare on us sylfen

It says in holy writings that after a course of years, all the earth will be thronged with heathen people.

29 by] *the* b *is written on an erasure.*

ongyten, þonne we hit on bocan leornigen. Þas witen 7 þas *These troubles and tribulations shall come to pass, and the appearance of the evil Antichrist who is to come.* gedrefodnysse þonne gewurðeð, 7 ateowodnysse þæs awyrgoden Antecristes tocyme, se þe on þysne middeneard toweard is to cumene, þ is se wiðersace (7 se) deofol þe æt frymðe wið Godes
5 gesceafte gewann, 7 þurh his oferhyd aðand. Sæde þ he mihte rixigen ofer heofones 7 beon gelic Godes sune. Þa ne mihten heofones his oferhyd ahebben, ac wearð he mid mihte on helle grundes mid his gemæccen besænct. Se nu eft on wurlde emne from swyðe facan innoðe onfangen byð, 7 fram swyðe besmitenan
10 7 of unclænan geboren, 7 mid swyðe manfullen 7 facnen handen afedod, 7 he byð on mænnisscre gebyrde, [fol. 76 b] Antichristus genæmnod. He byð acænnod on þan ungesæligen wongstyde þe Corozaim hatte, 7 he byð gefedd on Betsaida, 7 he rixeð on þære byrig þe Capharnaum gecwedon is, 7 þonne blisseð seo burh *Then the city Chorazin shall rejoice, because he is born in her, Bethsaida beglad, because he is nourished in her, and the citizens in Capernaum shall be exalted with much pride and rejoice in his rule.*
15 Corozaim, for þan þe he on hire byð acænnod, 7 þonne gefagenað Betsaida, for þan þe he on hire gefedd byð, 7 þa burhware on Capharnaum mid mycelre oferhyde onhafene byð, 7 on his rice swyðe gefagenigeð. For þyssen ungeðwærnyssen, Drihten on his godspelle þa ungesælignyssen cydde mid þan þrym worden, þa þa
20 he swa cwæð, 'Wa þe Corozaim, 7 wa þe Betsaida, 7 wa þe Capharnaum, for þan þe þu talest þ þu oð heofon ahafen seo, (sy) þu mid færlicen ryre on helle grundes gereosest.' Mid þan he þonne mænde þæs feondes oferhyde, þe on heom rixigeð, 7 on eallen middenearde byð swyðe mycele ungeðwærnysse 7 ðrahlice witen on
25 manna bearnen.

XXVIII

DOMINICA II IN ADUENTU DOMINI.

Erunt signa in sole et luna et stellis. Et reliqua.

SE godspellere Lucas awrat on þyssen dæigðerlicen godspelle, *The evangelist Luke wrote that Our Lord spoke to His disciples concerning the signs which will precede the ending of this world.* þ ure Drihten wæs specende þyssen worden to his leorning-
30 cnihten, beo þan tacnen [fol. 77 a] þe ær þysser wurlde geændunge gelimpeð. Drihten cwæð, 'Tacna gewurðeð on sunne, 7 on mone, 7 on steorran, 7 on eorðen byð þeoda geðrycednýsse for gemængednysse sælicra yðan 7 sweges. Mænn forsearigeð for þan mycelan hoge, 7 anbidunge þæra þingen þe becumeð ofer eallen ymbhwyrfte.

3 *MS.* towweard.

Soðlice heofana mihten byð astyrode, 7 þonne heo geseoð mannes bearn cumende on wolcnen, mid mycelan mæignþrymme 7 mihte, þonne þas wundre onginneð, ahebbeð þonne eowre heafde 7 behealdeð, for þan þe eower alesendnysse genealæceð.' He sæide þa þiss bigspell, 'Behealdeð þas fictreowwe 7 ealle oðre treowwe, 5 þonne heo sprytteð, þonne wyte ge þ hit sumerlæceð. Swa eac ge mugen wyten þone ge þas foresæde tacnen geseoð, þ Godes rice genealæcheð. Soð ic eow secge. Ne gewitt þeos mæigðe oððet ealle þas þing gewurðeð. Heofone 7 eorðe gewiteð, 7 mine word

The holy Gregory has expounded for us the mystery of this gospel.

næfre ne gewiteð.' Se halge Gregorius us tractnode þyses 10 godspelles digolnysse þuss aginnende, 'Drihten ure Alesend us gewillneð gearewe gemeten, 7 for þy [fol. 77 b] cydde þa yfelnyssen þe folgigeð þan ealdigenden middenearde, þ he us fram his lufe gescilde. He geswutelode hwu feala þrowunga foresteppeð þyssere wurlde geendunga, gyf we God on smyltnysse adrædon 15 nylleð, gyf we hure his nealæcendan dom, mid mistlicen swinglen afærede, ondræden.' Her bufen on þysser rædinge cwæð se Hælend, 'Þeod arist ongean þeode, 7 rice ongean rice, 7 mycele eorðstyrunge byð æighware, 7 cwealm 7 hunger.' 7 syððen betwux þan þuss cwæð, 'Tacnen byð on sunne, 7 on mone, 7 on 20 steorren, 7 on eorðen byð þeoda gedreccednysse, for gemænged-

Some of these signs we have seen accomplished, some we fear in the future.

nysse sælicra yðen 7 sweges.' Sume þas tacnen we gesegen gefremede, sume we ondrædeð us towearde. Witodlice on þyssen neowe dagen arisen þeoden ongean þeodan, 7 heora ofðrycednysse on eorðan gelamp swyðer þone we on ealden bocan rædeð. Ofte 25 eorðstyrung welgehware feala burgen ofhreas, swa swa gelamp on Tiberies dæige þæs caseres, þ þreottene byrig þurh eorðstyrunge afeollen. Mid cwealme 7 mid hungre we synd gelomen geswæncte, ac we nateshwan get swutellice tacnen on [fol. 78 a] sunne, 7 on

We read in astronomy that the sun is sometimes darkened through the transit of the lunar orb.

mone, 7 on steorren ne gesegan. We rædeð on tungelcræfte, þ seo 30 sunne byð hwiltiden þurh þæs monelicen trændles underscyte aðeostrod, 7 eac se fulle mone fageteð, þonne he þæs sunnlice lihtes bedæled byð þurh þære eorðen scadewunge. Synd eac sume steorren leohtbeamede, færlice arisende, 7 rædlice gewitende, 7 heo symle sum þing neowes mid heora upspringe gebecnigeð. Ac 35

---

5 bigspell] *the* s *is written on a* p *which is followed by a second* p.
15 adrædon] *the* a *separated from* drædon *is written in the margin.*
17 ondræden] *the second* n *is written in different ink on an erasure.*
26 of hreas[d]] *the* d *is added in different ink and partly erased.*

THE SECOND SUNDAY IN ADVENT

ne mænde Drihten þas tacne on þære godspellicen witegunge, ac
þa egefulle tacnen þe þan mycelan dæige foresteppeð. Matheus *The evangelist Matthew wrote more clearly about these signs.*
se godspellere awrat swutellucor þas tacnen, þuss cweðende, 'Þær-
rihte æfter þære mycelan gedrefodnysse, byð seo sunne aðeostrod,
5 7 se mone ne sylð nan liht, 7 steorran fealleð of heofone, 7 heofone
mihte byð astyrode, and þonne byð ætywwod Cristes rode-tacne
on heofone, 7 ealle eorðlice mæigðen heofigeð.' Þære sæ gemænged-
nysse, [7] þæra yðena swegung gewunelice gyt ne asprungan. Ac
þonne feala þære foresæden tacnen gefyllede synd, nis nan twynung
10 þ þa feawe þe þær to lafe synd witodlice gefyllde [fol. 78 b] beon.
Mine gebroðre, þas þing synd awritene þ ure mod þurh wærscipe *These things are written that our minds may be vigilant through prudence.*
wacole beon, þ heo þurh orsorhnysse ne aslachigen, ne þurh
nytennysse geadligen, ac þ symle se ege heo gebisegige, 7 seo
ymbhydignysse on goden weorcan getrymme. Drihten cwæð, 'Mænn
15 forsearigeð for ege 7 anbidunge þære þingen þe becumeð ofer
ealne middeneard. Witodlice heofona mihten byð astyrode.'
Heofona mihten synd ængles 7 hehængles, þrymsetlen, ealdor-
scipen, hlafordscipes, 7 anwealde. Þas engla werod byð ateow-
wode geseowenlice uren gesihðen on tocyme þæs strecen Deman,
20 þ he stiðlice æt us ofga, þ þ nu se ungesewenlice Scyppend emlice
forberð, þonne we geseoð mannes Bearn cumende on wolcnen, mid
mycelre mihte 7 mæignþrymme. Drihten gecegde hine sylfne *The Lord called Him-self the Son of man more often than the Son of God.*
mannes Bearn gelomlucor þonne Godes Bearn, for eadmodnysse
þære underfangene mænniscnysse, þ he us mynegige mid þan
25 gecynde þe he for us underfeng. He is soðlice mannes Bearn, 7 na
manna Bearn, 7 nis nan oðer anes mannes bearn bute Crist ane.
He byð on mihte 7 on mæignþrymme geswutelod þan þe hine on
eadmodnysse wunigende gehyren nolden, þ heo [fol. 79 a] þonne
gefelan his mihte swa mycele stiðlucor, swa mycle swa heo nu
30 heora swuren to his geðylde nelleð gebegen. Þas word synd
gecweðene beo þan wiðercorene þe nu Godes bebodan oferhogieð,
7 heora godcunda larðeawes mid toðundenysse oferseoð. Ac her
fyligeð þa word þe þa gecorene frefrigeð. Se Hælend cwæð,
'Þonne þas wundre onginneð, ahebbeð þonne eowre heafden 7
35 behealdeð, for þan þe eower alysendnysse genealæceð.' Swylce he

8 7] *MS.* ac *written on an erasure.*
12 *MS.* þ*wacole*ʳ] þa *was inserted by the scribe but inked over later,* r *has been added, probably by a later hand.*
13 gebisegige] *final* e *scarcely legible.*

swutellice his gecorena manode, 'Þonne middeneardes witen gelom-
læceð, þonne se ege þæs myceles domes byð ateowwod, ahebbeð
þonne eower heafde, þ is, gladieð on eower mode, for þy þonne þes
middeneard byð geændod, þe ge ne lufodan; þonne byð gehænde
seo alesendnysse 7 myrhðe þe ge sohten.' On halgen gewriten
byð gelomen heafod gesett for þæs mannes mode, for þan þe
þ heafod gewisseð þan oðren lymen, swa swa þ mod gedyht þa
geðohtes. We ahebbeð ure heafden þonne we ure mod arære to
gefean þæs heofonlicen eðles. Þa þa God lufigeð, þa synd gema-
node þ heo glædigen on middeneardes geændunge, for þan þonne
he gewitt, þonne murneð þa þe hine lufedan. Ne gewurðe hit
[fol. 79 b] la, þ ænig geleaffull mann, se þe gewillneð God to
geseonne, þ he heofige for middeneardes hryre. Hit is soðlice
awriten, 'Swa hwa swa wyle beon freond þyssere wurlde, he byð
Godes feond geteald.' Witodlice se þe ne blisseð on nealæcunge
middeneardes geændunge, se geswuteleð þ he his freond wæs, 7 byð
þonne ofer[s]tælod þ he Godes freond nis. Ac gewite þysses
middeneardes freondscipe fram geleaffulra manna heortan, 7 fram
þan þe þ oðer lif gelefeð toweard, 7 hit þurh weorc lufigeð. Þa
sculen heofigen for middeneardes toworpennysse, þa þa heora
heortan wyrtrume on his lufe aplantodan, 7 þa þe þ towearde lif ne
secceð, ne his forðen ne gelyfeð. We soðlice þe þæs heofonlicen
eðles gefean eallunga oncneowen, sculan anmodlice to þan onettan.
Us is to wyscenne þ we rædlice to þan faren, 7 þurh þone scyrtre
weig becumen to þan ecen life, for þan þe þes middeneard is mid
manigfealden unrotnyssen geðread, 7 mid þwyrnyssen geangsumod.
Hwæt is þiss deadlice lif bute weig? Understandeð nu hwylc sy
on weiges geswynce [fol. 80 a] to ateorigenne, 7 þeh wyl þone weig
geændigen. Drihten cwæð, 'Behealdeð þas fictreowwa 7 ealla
oðre treowwa, þonne heo spryttcð, þonne wyte ge þ hit sumerlæceð.
Swa eac ge mugen wyten, þonne ge þas foresæde tacnen geseoð,
þ Godes rice genealæceð.' Soðlice mid þyssen worden is geswu-
telod þ þysses middeneardes wæstme is ryre, 7 to þan he wexst
þ he fealle; to þy he sprytt þ he into cwylde fornyme, swa hwæt
swa he ær sprytte. Þes middeneard is þan ealdigendan mænn
gelic. On geogoðe byð se lichame þeonde on strangen breostan,
on fulle lymen 7 halen. Witodlice on ealdlice gearen byð þæs
mannes wæstme gebegd, his sweora aslacod, his nebb byð gerifod,

17 *MS.* ofer tælod.   28 wyl] *Camb. MS.* nelle.

THE SECOND SUNDAY IN ADVENT

7 his lymen ealle gewæhte. His breost byð mid siccetungen
geðread, 7 betwux worden his orðung ateoreð; þeh him adle on
ne sitte, þeh for weloft his unhælðe byð for adle. Swa is þysen
middenearde, æt frumen he wæs þeoende, swylce on geogeðhade, he
5 wæs on lichamlicre hælðe growende, 7 on spede genihtsumnysse
fætt, langsum on life, stille on lang[fol. 80 b]sumere sibbe, ac he is
nu mid elde ofsett, 7 eac swylce mid gelomlæcenden hefigtym-
nyssen 7 earfoðnyssen to deaðe geðreade. Mine gebroðre, ne lufige   Love ye not
ge þysne middeneard ofer gemett, þe ge geseoð þ lange wunigen ne   too much
                                                                   this world,
10 mæig. Beo þyssen cwæð se apostol, 'Ne lufige ge þysne mid-   which ye see
                                                                   cannot en-
denearde, ne þa þing þe on him wunigeð, for þan swa hwa swa   dure long.
þysne middeneard lufeð toforen his Drihtene, næfð he Godes lufe
on him.' Wel is sumerlicre tide Godes rice wiðmeten, for þy
þonne gewiteð þa genipe ure dreorignysse, 7 lifes dages þurh
15 brihtnysse þære ecan sunne scineð. Ealle þas foresæde þing synd
mid mycelre gewissunge getrymede þurh þysne æfterfyligenden
cwide. 'Soð ic eow secge, ne gewitt þeos mæigðe oððet ealle þas
þing gewurðeð.' Þas word spæc Drihten to Judeiscre mæigðe,
7 heora cynn ne gewitt þurh ateorunga, ær þone þes middeneard
20 geændeð. Beo þysen andgite cwæð se apostol Paulus, þ 'Drihten
sylf astihð of heofone on stæmne þæs hehængles, mid bemen,
7 (þa) deade ærest ariseð, 7 syððen we þe libbeð, 7 on lichamen
byð [fol. 81 a] gemette, we byð gelæhte forð mid þan oðren on
wolcnen togeanes Criste, 7 we swa symle mid Gode byð. Fre-
25 frigeð eow mid þyssen worden.' 'Drihten asænt his ængles mid   'The Lord
                                                                   will send His
bemen 7 mid mycelre stæmne, 7 heo gaderigeð his gecorene fram   angels with
                                                                   a trumpet
feower winden, of eallen eorðlicen gemæren oððe healicen heo-   and with a
                                                                   loud voice,
fonan.' Se apostol cwæð, 'We þe libbeð.' Ne mænde he hine   and they
sylfne mid þan worde, ac þa þa on life þurhwunigeð oðð geændunge   shall gather
                                                                   His chosen
30 þyssere wurelde. Mid þan is eac geswutelod, þ mancynn mid   from the
                                                                   four winds.'
eallen ne ateoreð ær þære geændunge, ac heo habbeð þehhweðere
scortne deað, þa þe þonne on life gemette byð, for þan þe heofonlic
fyr ofergæð ealne middeneard mid ane bryne, 7 þa deade ariseð
of heora byrigene mid þan fyre, 7 þa libbende byð acwealde
35 þurh þæs fyres hæte, 7 þærrihte eft geedcwicode to ecan þingen.
Ne dereð þ fyr nan þing þan rihtwisen þe ær fram synnen
geclænsode wæron; ac swa hwa swa unclænsod byð, he gefelð þæs
fyres æðum; 7 we þonne ealle to þan dome becumeð. Ne byð se

3 unhælðe] *Camb. MS.* hæl.

dom on nanen eorðlicen felde gedemed, ac byð [fol. 81 b] swa swa
se apostel her bufen on þyssere rædinge cwæð, þ we byð gegripene
on wolcnen togeanes Criste, geond þas lyft ; 7 þær byð seo twæming
rihtwisra mannen 7 arleasra. Þa rihtwise nahwar syððen ne
wunigeð buten mid Gode on heofone rice, 7 þa arlease nahwar 5
bute mid deofle on helle suslen. Se Hælend beleac þiss godspell
mid þysen worden, 'Heofon 7 eorðe gewiteð, 7 mine word næfre

Heaven and earth will not turn to naught, but they will be changed to a better form.

gewiteð.' Ne awændað heofon 7 eorðe to nahte, ac heo byð
awænde of þan heowe þe heo nu on wunigeð to beteran heowe, swa
swa Johannes se godspellere cwæð, 'Þonne byð nywe heofone 10
7 neowe eorðe.' Ne byð witodlice oðre gescapene, ac þas byð
geednywode. Heofon 7 eorðe gewiteð, 7 þeh þurhwunigeð, for þan
þe heo byð fram þan heowe, þe heo nu habbeð þurh fyr geclænsode,
7 swa þeh symle on heora gecynde standeð. Þonne byd seo sunne
beo seofenfealden brihtre þone heo nu seo, 7 se mone hæfð þære 15
sunne liht. Dauid soðlice beo Cristes tocyme þysen worden
witegode, 'God cumð swutellice, 7 he ne swigeð. Fyr beornð on
his ge[fol. 82 a]sihðe, 7 on his ymbhwyrfte byð swyðlic storm.'
Se storem adwehð swa hwæt swa þ fyr forswælð. Beo þan dæige

The prophet Zephaniah said, 'The great day of God is very near at hand and exceedingly swift'.

cwæð se witega Sophonias, 'Se mycele Godes dæig is swyðe 20
gehænde, 7 þearle swift. Biter byð þæs dæges stæmne, þær byð
se strange gedrefod. Se dæig is eorres dæig, 7 gedrefodnysse
dæig, 7 angsumnysse dæig, yrmðe dæig, 7 wanunge dæig, þeostre
dæig, 7 dimnysse dæig, bemena dæig, 7 ceremes dæig.' Mine
gebroðre, setteð þysses dæiges gemynd ætforen eowwer eagen, 25
7 swa hwæt swa nu byð hefigteme geðuht, eall hit byð on his
wiðmetenysse geliðegod. Gerihtlæcieð eower yfela dæden, wið-
standeð deofles costnungan. Bugeð fram yfele 7 doð god, 7 ge
byð swa mycela orsorgre on tocyme þæs ecen Demen, swa mycela
swa ge nu his strecnysse mid ege forradigeð. Se witega cwæð, þ 30
se mycela Godes dæig is swyðe gehænde, 7 þearle swift, þeh gyt
wære oðer þusend geare to þan dæige, næte hit langsum ; for þan swa
hwæt swa geændeð, þ byð scort 7 hræd, 7 byð swylce hit næfre
ne gewurðe, þonne hit geæn[fol. 82 b]dod byð. Hwæt þeh hit
langsum wære to þan dæige, swa hit nis, þeh ne byð ure time 35
langsum, for þy on uren geændunge us byð gedemed, hweðer we on

Let us therefore profit by the time God has given to us.

reste oððe on wite þone gemænlicen dom anbidigen sculen. Uten
for þy brucan þæs fyrstes þe us God forgeaf, 7 geearnigen þ ece lif
mid him, se þe leofeð 7 rixeð on eallra wurlda wurld. Amen.

22 gedrefod] *the first* d *has been altered from* ð.   *MS.* geðrefodnysse.

XXIX

SECUNDUM MATHEUM.

Videns turbas Jesus.

DÆT halige godspell, þe nu lyttle ær ætforen eow gerædd wæs, mycel geðwærlæceð þyssere freolstide, for þan þe hit geendebyrt
5 þa ehte eadignyssen, þe þa halgen to heofonlicen geðingðen gebrohton. Matheus awrat on þyssen dæigðerlicen godspelle, ꝥ se Hælend geseh on sumre tide mycele menige him æfterfyligende, þa asteah he up to anre dune. Þa þa he gesæt, þa genealæhten his leorningcnihtes him to, 7 he undyde his muðe, 7 heo lærde,
10 þuss cweðende, 'Eadige byð þa gastlice þearfe, for þan þe heora is heofone rice. Eadige byð þa liðe mænn, for [fol. 83 a] þan þe heo geahnigeð ꝥ land. Eadige byð þa þa nu wepeð 7 heofigeð, for þan þe heo byð eft gefrefrede. Eadige byð þa þe synd ofhingrode, 7 ofðyrste æfter rihtwisnysse, for þan þe heo byð eft
15 gefyllode. Eadige byð þa mildheorte mænn, for þan þe heo begyteð mildheortnysse æt Gode. Eadige byð þa clænheorte mænn, for þan þe heo geseoð God sylfne. Eadige byð þa gesibsume mænn, for þan þe heo byð Godes bearn geceigde. Eadige byð þa þa þoligeð ehtnysse for rihtwisnysse, for þan þe heora is heofone
20 rice. Ge byð eadige þone mæn eow weregigeð, 7 eower eht, 7 ælc yfel ongean eow specð leogende for me. Blissigeð 7 fagenigeð for þan þe eower mede is manigfeald on heofone.' Se wise Augustinus trahtnode þiss godspell, 7 sæde, ꝥ seo dune þe se Hælend asteah, getacneð þa heahlice beboden soðre rihtwisnysse.
25 Þa læsse beboden wæron gesette þan Judeiscen folca, 7 God þehhweðere gesette, þurh his halgen witegan, þa læsse bebodan Judeiscre þeoda, þe mid (h)oge 7 mid ande þa gyt gebunden [fol. 83 b] wæren. He gesette, þurh his agene Sune Hælend Crist, þa mare bebodan cristene folca, þa þa he mid soðre lufe, mancynn
30 to alesene com. Sittende he tæhte, ꝥ belimpð to wurðscipe larðeawdomes. Him to genealæhten his disciples, ꝥ heo gehændre wæron lichamlice, þa þe mid mode his bebodan genealæhten. ' Se Hælend geopenode his muð.' Witodlice se geopenode his muð to þære godspellicen lare, se þe on þære ealden æ gewunelice geopen-
35 ode þære witegena muð, þehhweðere his muðes geopenung

The holy gospel which has just been read to you sets forth the eight beatitudes.

The wise Augustine expounded this gospel, and said that the mountain which the Saviour ascended betokens the high commandments of true righteousness.

27 (h)oge] *the* h *has been inked over.* Camb. MS. ogan.
28 wæren] en *has been written on an erasure.*

'Blessed are the spiritually poor, for theirs is the kingdom of Heaven.' The fear of God is the beginning of wisdom, and pride is the beginning of every sin.	getacnað þa deoplice spæce þe he þa forð teah. He cwæð, 'Eadige byð þa gastlice þearfen, for þan þe heora is heofona rice.' Hwæt synd þa gastlice þearfe bute þa eadmeda, þe Godes ege habbeð, 7 nane toðundennysse nabbeð? Godes ege is wisedomes anginn, 7 modignysse is ælcere synnen angin. Feala synd þearfe þurh 5 hafenleaste, 7 na on heora gaste, for þan þe heo gewillnigeð feala to habbena. Synd eac oðre þearfen, na þurh hafenleaste ac on gaste, for þan þe heo synd, æfter þæs apostelicen cwida, 'Swa swa naht [84 a] habbende 7 ealle þing geahnigende.' On þas wisen wæs Abraham þearfe, 7 Jacob, 7 Dauid, se þe on his cynesettle 10 ahafen, hine sylfne geswutelode, 7 þearfe on gaste þuss cweðende, 'Ic soðlice eam þearfe 7 wædle.' Þa modige rice ne byð þearfe, ne þurh hafenleaste, ne on gaste, for þan þe heo synd gewelegode mid æhte, 7 toðundene on mode. Þurh hafenleaste 7 on gaste synd þearfe þa fulfremeda munecas, þe for Gode ealle þing forlæteð to 15 þan swyðe, þ heo nylleð habben heora agene lichame on heora anwealde, ac libbeð beo heora gastlice larðeawes wissunge; 7 for þy swa mycele swa heo her for Gode on hafenleaste wunigeð, swa
'Blessed are the meek, for they shall possess the land.' They are meek and gentle who overcome the evil with their goodness.	mycele heo byð eft on þan towearden wuldre gewelegode. 'Eadige byð þa liðe, for þan þe heo þ land geahnigeð.' Þa synd liðe 20 7 gedefe, þa þe ne wiðstandeð yfelan, ac oferswiðeð mid heora godnysse þone yfelen. Heo habbeð þ land þe se sealmscop emb spæc. 'Drihten þu eart min hyht, beo min dæl on þære libbendre eorðe.' Þæra libbendre eorðe is seo staðelfæstnysse þæs ecen ear- [fol. 84 b]des, on þan gerest seo sawle swa swa se lichame on 25 eorðe. Se eard is reste 7 lif gecorenra halgen.
'Blessed are they who mourn, for they shall be comforted.' They are blessed who bewail their sins.	'Eadige byð þa þe heofigeð, for þan þe heo byð gefrefrode.' Ne byð þa eadige, þe for henðen oððe lyren hwilwendlicre æhten heofigeð, ac þa byð eadige, þe heora synnen beweþeð, for þan þe se Halge Gast heo gefrefreð; se þe deð forgyfonysse ealra synnen, se is gehaten 30 *Paraclitus*, þ is 'Frefrigend', for þan þe he gefrefreð þære bereow- sigendra heortan þurh his gyfe.
'Blessed are they who hunger and thirst after righteousness, for they shall be filled.'	'Eadige byð þa þe synd ofhingrode 7 ofðyrste æfter rihtwisnysse, for þan þe heo byð gefyllede.' Se byð ofhingrod 7 ofðyrst æfter rihtwisnysse, se þe Godes beboden lustlice geherð, 7 lustlicor mid weorcan gefyllð, se byð þonne mid 35 þan mete gefyllod þe Drihten embe spæc, 'Min mete is, þ ic wyrce mines Fæder wille, þ is rihtwisnysse.' Þonne mæig he cweðen mid þan salmscope. 'Drihten, ic beo ætywwod mid rihtwisnysse on þinre gesihðe, 7 ic beo gefyllod, þonne þin wuldor geswutelod

byð.' 'Eadige byð þa mildheorte, for þan þe heo begyteð mild- *'Blessed are the merci-*
heortnysse.' Eadige byð þa þe earma mannen [fol. 85 a] þurh *ful, for they shall obtain*
mildheortnysse gehelpeð, for þan þe heom byð swa geleanod, ꝥ heo *mercy.'*
sylfe byð fram ermðe alysede. 'Eadige byð þa clænheorte, for *'Blessed are the pure-*
5 þan þe heo geseoð God sylfne.' Stunte synd þa þe gewillnigeð *hearted, for they shall*
God to geseonne mid flæsclicen eagen, þonne he byð mid þære *see God*
heorta geseowen; ac heo is to clænsigenne fram leahtren, ꝥ heo *Himself.'*
God geseon mage. Swa swa eorðlic liht ne mæig beon geseowen
bute mid clænen eagen, swa eac ne byð God geseowen bute mid
10 clænen heorta. 'Eadige byð þa gesibbsume, for þan þe heo byð *'Blessed are the peaceful,*
Godes bearn gecigde.' On sibbe is fulfremednysse þær þær nan *for they shall be*
þing ne þwyreð. For þy synd þa gesibbsume Godes bearn, for *called the children of*
þan þe nan þing on him ne wiðereð ongean God. Gesibbsume *God.'*
synd þa on heom sylfen, þe ealle heora modes styrungan mid
15 gescade gelogigeð, 7 heora flæsclicen gewillnungen geweldeð, swa
ꝥ heo sylfe byð on Godes rice. Þiss is seo sibb þe is forgyfen on
eorðen þan mannen þe byð godes willen. God ure Fæder is
gesibbsum; witodlice for þy gedafenað þan bearnen ꝥ heo heora
Fæder geefenlæcen. 'Eadige byð þa þe þoligeð [fol. 85 b] ehtnysse *'Blessed are they who*
20 for rihtwisnysse, for þan þe heora is heofona rice.' Feala synd þa *suffer persecution for*
þe ehtnysse þoligeð for mistlicen þingen, swa swa doð manslagen, *righteousness, for*
7 sceaðen, 7 æighwylce synfulle, ac seo ehtnysse him ne becumð *theirs is*
to nanre eadignysse; ac seo ehtnysse ane þe byð for rihtwisnysse *the kingdom of*
geðoled, becumð to ecere eadignysse. Nis to ondrædene þwyrra *Heaven.'*
25 manna ehtnysse, ac mare to forðyldigen, swa swa Drihten cwæð to
his leorningcnihten, 'Ne ondræde ge eow þa þa eowerne lichame
ofsleað, for þan þe heo ne mugen eower sawle ofslean, ac ondrædeð
eow God, þe mæig æigðer gea sawlen gea lichamen on helle pine
fordon.' Ne scule we þeh þa þwyre mænn to ure ehtnysse gremigen,
30 ac swyðre, gyf heo astyrede byð, mid rihtwisnysse astilligen. Gyf
heo þonne þære ehtnysse geswican nylleð, selre us byð ꝥ we
ehtnysse þoligen, þone we riht forlæten oððe forswigien. Ehte
eadignyssen synd on þyssen godspelle geændebyrde. Is þeh get
an cwide bæften, þe is geðuht swylce he seo se nigeðe [fol. 86 a]
35 stæpe, ac he soðlice belimpð to þære ehteðen eadignysse, for þan
þe heo bute specað beo ehtnysse for rihtwisnysse 7 for Criste. Þa
ehte eadignyssen belimpeð to eallen geleaffulle mannen, 7 se

---

2 *MS.* earmma] *the second* m *has been altered from a partly erased* r.
18 *MS.* geðafenað] *the first* ð *has the bar partly erased.*
20 *An erasure before* for rihtwisnysse.

The eight beatitudes belong to all faithful men, and the last sentence also to all members of Christ.

'Blessed are ye when men curse you, and persecute you, and lying speak every evil against you for My Sake.'

'Vessels of clay are tried in a furnace, and righteous men in the affliction of their temptations.'

ændemeste cwide, þeh he syndorlice to þan apo*st*len gecweðen wære, belimpð eac to eallen Cri*st*es lymen, for þan þe he nis nigeðe, ac folgeð þære ehteðen eadignysse, swa swa we ær sædon. Se Hælend cwæð, 'Eadige ge byð þone man eow weregað, 7 eower eht, 7 ælc yfel ongean eow specð ligende for me.' Se byð eadig 5 7 gesælig þe for Cri*st*e geðoleð wyregunge 7 hospes for leasen licceteren, for þan þe seo lease wyregung becumð þan rihtwisen to eadigra bletsunge. 'Blissigeð 7 fagenigeð, for þan þe eower mede is manigfeald on heofone.' Geleaffulle mannen geðafeneð þ heo wuldrigen on gedrefodnysse, for þan þe seo gedrefodnysse wyrcð 10 geðyld, 7 þ geðyld afandunge, 7 seo afandung hyht. Se hyht soðlice ne byð næfre gescynd, for þan þe Godes lufe is agoten on ure heorten þurh þone Halgen Gast, se þe us is forgyfen. Beo þysen cwæð se apo*st*el Jacob*us*, 'Eala ge mine broðre, weneð eow ælcre blisse, þone ge byð on mistlicre costnungan, for þan þe seo 15 afandung eowres geleafen is mycele deorewurðre þone gold þe byð þurh fyr afandod.' Eft cwyð þ halige gewrit, 'Lamene faten byð on ofne afandode, 7 rihtwise mænn on gedrefodnysse heora cost-nunge.' Beo þyssen cwæð [fol. 86 b] eac se Hælend on oðre stowen to his leorningcnihten, 'Gyf þes middeneard eow hateð, 20 wyte ge þ he me hatode ær eow; 7 gyf heo min ehton, þonne ehteð heo eac eower.' Crist sylf wæs fram arleasen mannen acweald, 7 swa eac his leorningcnihtes 7 martyres, (7) ealle þa þe gewillnigeð arfæstlice to drohtniene on geleaffulre gelaðunge, heo sculen ehtnysse þoligen, fram ungesewenlicen deoflen, oððe fram 25 geseowenlicen arleasen deofles lymen. Ac þas hwilwendlice ehtnysse oððe gedrefodnyssen we sculen mid geðylde for Cri*st*es name geðafigen, for þan þe he þuss behet eallen geðyldigen mannen, 'Blissieð 7 fagenigeð, efne eower mede is manigfeald on heofone.' We mihten þas halge rædinge manigfealdlice trahtnigen æfter 30 Augustinus smeagunge, ac us tweoneð hweðer ge mugen mare deopnysse þær on þearlice tocnawen. Ac ute bidden inweardre heorten þone Ælmihtigen Wealdend, se þe us mid manigfealdre mærsunge ealra his halgena nu todæig geblissode, þ he us getyðige genihtsumnysse his miltsunga, þurh heora manigfealden þingrædden, 35 þ we on ecere gesihðe mid him blissigen moten, swa swa we nu mid hwilwendlicre þenunge heo wurðigeð. Seo wuldor 7 lof

18 afandode] *the second* d *is written over another letter.*
28 geðyldigen] *the* d *has been altered from* g.
32-3 *Camb. MS.* bidden . . . mid *i. h.*

Hælende Criste, se þe is anginn 7 ænde, Scyppend 7 Alysend ealre
halgena, mid Fæder 7 mid þan Halgen Gaste a on ecnysse. Amen.

XXX

[Fol. 87 a]   [St. John xiv. 1–13.]

JOHA*NN*ES se godspellere awrat hu se Hælend spæc to his <small>John the evangelist</small>
leorningcnihten 7 cwæð, 'Ne beo eower heorte gedrefed. Ge <small>wrote how the Saviour</small>
gelefeð on God, belefeð eac on me. On mines Fæder huse byð <small>said to His disciples,</small>
feala wununge. Gyf hit oðerlucar wære, ic eow hæfde gesæd, for <small>'Let not your heart</small>
ic fare (to) gearechigen eow styde, 7 gyf ic fare 7 gearchie eow <small>be troubled,</small>
þone styde, eft ic cume 7 genyme eow to me sylfen, þ ge beon þær, <small>ye believe in God,</small>
pære ic beo.' Thomas him cwæð to, 'Drihten nyten we hwyder <small>believe also in Me.'</small>
þu færst, 7 hwu muge we þone weig cunnen?' Se Hælend cwæð, <small>Thomas said to Him,</small>
'Ic eam se weig, 7 soðfæstnysse, 7 lif. Ne cumð nan (mann) to <small>'Lord, we know not</small>
minen Fæder bute þurh me. Gyf ge gecneowen me, ge gecneowen <small>whither Thou goest,</small>
gewiss minne Fæder, 7 heonenforð ge hine gecnaweð, 7 ge hine <small>and how can we know</small>
habbeð gesegen.' Þa cwæð Philipp*us*, 'Drihten, æteowe us þone <small>the way?'</small>
Fæder, þonne habbe we genoh.' Se Hælend cwæð, 'Swa mycelne
fyrst ic habbe mid eow gewuned, 7 ge me ne gecnaweð Philippe?
Se mann þe me gesicð, he gesicð eac minne Fæder. Hwu segst þu,
Sceawe us þone Fæder? Ne gelefst þu (þ) ic beo on mine Fæder 7 <small>'Believest thou not</small>
se Fæder is on me? Þa word [fol. 87 b] þe ic to eow speca, ne speca <small>that I am in the Father</small>
ic heo fra*m* me sylfen, ac min Fæder wunigende on me, he deð þa <small>and the Father is in</small>
weorc. Gelefe ge þ ic eam on þan Fæder 7 se Fæder on me, <small>Me?'</small>
gelyfeð hure for þa sylfen weorcan. Soð ic eow secge, se mann
þe on me belefð, þa weorc þe ic wyrce he wyrcð, 7 get mare he
wyrcð, for ic fare to minen Fæder, 7 eall þ ge beseceð æt mine
Fæder on minen name, eall ic hit do.'

XXXI

[The Gospel of Nicodemus.]
DE RESURRECTIONE DO*MI*NI.

Ð*Æ*S dæiges þe ure Hælend for ure alesednysse geðolede pine <small>On the day when our</small>
on þær halgen rode, þa wæs þære neh sum were standende, se <small>Saviour suffered</small>
wæs Joseph genæmned, 7 he wæs god were 7 rihtwis, 7 næs næfre <small>pain on the holy cross</small>
his willes, þær me þone Hælend forwreigde, on nanen gemange. <small>for our redemption</small>
He wæs of þære ceastre þe is genæmned Barimathia. He onbad <small>there was a man called</small>
on Jer*usa*lem forð þ se Hælend wæs ahangen, 7 to (þan) æfene he <small>Joseph standing</small>
eode to Pilate, 7 abæd æt him Cristes lichame, / hine of þære rode <small>near.</small>

<small>23 MS. *ne gelefe*</small>

In the evening he went to Pilate and asked for the body of Christ, and he laid it in a new grave.	genam, 7 on clæne scete bewand, 7 hine on his neowe þruh aleigde, on þære þe nan oðer mann on ne læg. Þa þa Judees þ geherdan, þ Joseph hæfde þæs Hælendes lichame abeden, þa sohten heo hine, [fol. 88 a] 7 þa twelf cnihtes þe sægden, þ he nære on dernelegere acænnod, 7 Nichodem*us* 7 manega oðre þe ær mid þan Hælende spæcen, 7 his gode weorc gesegen, 7 on hine gelefden ; ealle þær heo heom sylfen bedigeledan 7 behyddan buten Nichodem*us* ane, for þan þe he wæs an ealdor of þan Judeisce folca. Þa com he to heom, þær þær heo heora samnunge hæfdon, 7 cwæð to heom, ' Hwy comen ge hider on þysser gesamnunge, þ ic hit ærre nyste ? ' Þa andsweredan þa Judees 7 cwædan, ' Ac hwu wære þu swa dyrstig, þ þu dorstes innen ure gesamnunga gan, þu þe wære werigend 7 midspecend þan Hælende ? Ac seo he æfre mid þe here 7 ec on þære toweardan wurlde.' Nichodem*us* cwæð, ' Amen, amen.' Eallswa gelice Joseph æfter hine æteowde, 7 heom to com, 7 þuss cwæð, ' For hwy synden ge swa unrote ongean me ? Is hit for þan þe ic abæd þæs Hælendes lichame æt Pilaten ? Soð hit is þ ic hine abæd, 7 on clænen syndonissce hræigle befeold, 7 hine on minen þruge geleigde, 7 ætforen þan scræfe mycelne stan ahwylfde, 7 ic secge to soðen, þ [fol. 88 b] ge nan þing wel ne dyden ongean þone Rihtwisen, þ ge hine on rode anhengan 7 mid spere sticoden.'
Joseph asked the Jews, 'Why are ye so angry with me? Is it because I begged the body of the Saviour from Pilate?'	
The Jews imprisoned him and Annas and Caiaphas firmly sealed the locks and considered what death they might give him.	Þa þa Judees þ geherdan, þa gefengan heo hine, 7 heten hine on cwarterne fæste beclysen 7 cwæðen to him, ' Oncnaw nu 7 ongit, þ hit þe sceal lytel fremigen, þ þu to þohtest. We wyten þ þu ne eart næfre wyrðe þ þu bebyried beo, ac we sculen syllen þin flæsc heofone fugelan 7 wilde deoran.' Þa Judees hine þa on cwarterne gebrohten 7 þa dure fæste belucan, 7 Annas 7 Caiphas þa locan fæste geinsegelodan, 7 þærto herdes gesetten, 7 geðoht worhten wið þan (ge)ferrædden (on) hwylcen deaðe heo hine syllen mihten 7 ofslean, ac heo nolden for þan restendæige. 7 heo þa beðohten hwu heo wyrest mihten hine ateon. Ða gesamnoden heo on þan þridden dæige, Annas 7 Caiphas 7 ealla heora lyðre geferen, 7 comen to þan cwartern, 7 þa locan unsegeloden, 7 mid þan cæigen þa locan unlucan, ac heo þærinne Joseph ne funden. Þa wundre-
Among them stood one of the soldiers who guarded the Saviour's tomb.	[fol. 89 a]den heo ealle 7 wurðen afyrhte. Onmang þan þa stod þære sum of þan cæmpen, þe scolden habben gehealden þæs Hælendes byrigene, 7 heo sæden hwylc eorðstyrung heom com to,

4 MS. derne legere.
6 gesegen] *the second* e *is written on an erased letter and is indistinct.*
19 stan] *a letter has been erased after the* n.
29 geferrædden] *the* ge *has been inked over.*   34 *An erasure after* ne.

7 Godes ængel heo þær gesegen, swylce legeræsc, 7 his hreaf swylce snaw, '7 we wurden ealle afyrhte, 7 þær lægen swylce we deade wæren, 7 we gehęrdan þone ængel cweðen to þan wifen, ꝥ Godes Sune wære of deaðe arisen. 7 se ængel cwæð, "'Ne
5 ondræde ge eow, for þan ic wat ꝥ ge þone Hælend seceð, ac he nis na her, ac he is arisen swa swa he ær beforen sægde. Ac cumeð 7 sceawigeð hwar he aleigd wæs, 7 fareð hraðe 7 secgeð his leorningcnihten ꝥ heora Hlaford is of deaðe arisen, 7 ꝥ heo cumen to him on Galileam, þær heo hine mugen geseon swa swa he heom
10 ær sægde.'" Þa Judees, þa heo ꝥ geherden, heo leten raðe ealle þa cæmpen heom to gefeccen, þe þæs Hælendes byrigene scolden heulden 7 heom to cwæden, 'Hwar is se Hælend þe eow betæht wæs? Oððe hware synd þa [fol. 89 b] wif þe se ængel (wið) spæc? Witodlice se Hælend is arisen of deaðe, ac for hwan ne heolde ge
15 þa wif þe þider comen?' Þa cæmpen heom andsweredon 7 cwæden, 'We nysten hwæt þa wif wæron, ne we hit wyten ne mihten, for þan þe we wæron onfyrhte, ꝥ we þær lagen swylce we deade wæron for þæs ængles ansyne, 7 for þan we þa wif gefon ne mihten.' Þa cwæden þa Judees, 'Beo ure Scyppende, we ne
20 gelefeð eow na.' Þa weardmænn andsweredan, 'Hwy nolden ge belefen on hine? Witodlice he wæs Godes Sune.' Þa cwæden þa Judeas, 'Bute ge us þæs Hælendes lichame gesyllen, ge sculen on yfele deaðe þrowigen.' (Þa weardmæn andsweredon,) 'Æteowið us Joseph þe ge on cwarterne beclysden, 7 we eow gesylleð þone
25 Hælend. Josep we mugen begyten, he is on his ceastre (on) Barimathia.' Þa cæmpen andswarodan, 'Gyf Joseph is on Barimathia, þonne is se Hælend on Galilea, swa swa se ængel þan wifen sæigde.' Þa wurden heo ealle afyrhte 7 cwæden, 'Gyf þiss cuð byð ꝥ se Hælend of deaðe arisen beo, þonne eall to feale wylleð
30 [fol. 90 a] on hine gelefen.' 7 heo gegaderedan mycelne sceatt 7 geafon heom, 7 bæden ꝥ heo scolden secgen, ꝥ his cnihtes comen 7 þone lichame heom forstælen, þa þa heo slæpende wæron, '7 gyf hit cuð byð Pilaten, we byð for eow, 7 eow hogelease gedoð.' 7 heo onfengen þan feo, 7 sæden ꝥ heom wære se lichame forstolen. Ac
35 heora leasunge ealle wurðen geupped. Þa comen þære þreo mære weres of Galilea to Jerusalem. Se eldeste wæs mæssepreost 7 wæs gehaten Finees, se oðer Aggeus, se þridde Preceptor. Heo sæden ꝥ heo þone Hælend þe onhangen wæs, gesegen on Galilea, 7 mid

Side notes: The Jews said, 'Where is the Saviour who was entrusted to you?' The Jews said, 'Unless ye give us the Saviour's body, ye shall suffer a cruel death.' Three men came from Galilee to Jerusalem. The eldest was called Phinees, the second Aggæus, the third Preceptor.

---
1 legeræsc] ræsc *is written on an erasure.*
37 Preceptor] *the Latin version has* Adda præceptor.

his cnihten æt, 7 wið heom spæc, 7 Thomas his wunden sceawede. 7 se Hælend het heo faren geond eallne middeneart, bodigende fulleht on namen þæs Fæder 7 Sunen 7 Halgen Gastes, 7 ealle þa þe underfoð fulht, heo habbeð ece lif on domesdæige on heofonerice, 7 þa þa swa ne doð, heo sculen habben helle wite. 7 he þa on þan 5 feowertihðe dæige his æristes, he asteah to heofonerice of Oliuetes dune, 7 sæde [fol. 90 b] þ he wolde hider cumen on domesdæige, 7 þa rihtwise into heofene ricemid him gelæden, 7 þa synfulle into helle asænden, '7 we ne dorsten eow þiss forhelen.' Þiss heo atealden eall on heora sinoðe. Þa wurðen heo ealle swyðe sarige 10 7 afyrhte. Þa Judees heo (þa) hælsodan þurh heora æ hweðer hit soð wære, 7 heo ealle sworen þ hit eall soð wære. Þa abæden ealle þa Judees, þ heo scolden feo nymen 7 ham gewænden, 7 na mare hit cyðen on þan lande, 7 heo sæden þ heo (swa) wolden, 7 heo fengen to þan feo, 7 heo leten heo læden of þan lande, þreo 15 oðre weres, þ heo nane hwile on Jerusalem wunigen ne mosten. Annas 7 Caiphas cwæðen to eallen þan sinoðe, 'Nis hit na soð þ þa cæmpen sæigden þ se Hælend of deaðe arise, ac wæron his þegnes cumen, 7 heom feo geafen, 7 þone Hælend forstælen?' Nichodemus þa upstod 7 cwæð, 'Wyteð þ ge riht specan beo 20 Israele bearnen; wel ge geherdan hwæt þa þreo weres sæden, þe of Galilea comen, beo þan Hælende.' Þa Judees smeaden hware Elias se witega wære. Eliseus heom sæde þ he on [fol. 91 a] heofone wære. Þa cwæden heo sume þa get, 'Wen is þ he seo on Israele monte gesett mid his gaste, ac uten us weres geceosan, 7 þa 25 montes gefaren, wealte þeh we hine mugen gefinden.' Heo bæden þa Heliseum 7 þa weres þe þær betst wæron, þ heo scolden faren 7 Helias secen. 7 heo ferdon on þa muntes þreore dagene fæc, ac heo hine finden ne mihten; ac heo gemetten Joseph on Barimathia on his agenre ceastre. Þa heo ham comen, þa sæden heo 30 hwu heo gefaren hæfden, 7 hwu heo hine finden ne mihten, 7 hwu heo Joseph funden on his agenre ceastre. Þa wæron þa ealdres 7 þa mæssepreostes 7 eall þ folc swyðe bliðe, 7 heo maceden mycele somnunge 7 gemot hwu heo Joseph to heom gelaðigen mihten, 7 sænden an gewrit to him þuss gewriten, 'Sibb seo mid 35 þe Josep, 7 mid eallen þan þe mid þe byð wunigende. We wyten þ we gesyneged habbeð, ægðer gea ongean þe, ge ongean God, ac

---

1 æt] MS. sæt *but the* s *has been partially erased.*
11 þa] *in different ink.*   14 swa] *in different ink.*
30 on] *in different ink.*

we biddeð þe ꝥ þu cume to us for þinre miltse. [fol. 91 b] We wyten ꝥ we (a)wergendlice geðanc ongean þe þohten, þa þa we þe beclysden, 7 belucan on cwarterne.' Þa ærendracen comen, 7 him ꝥ gewrit on hand sealden, 7 he hit rædde 7 cwæð, 'Seo gebletsod
5 se þe nolde ꝥ min blod wære gespillod; ꝥ is se Drihten Crist, þe me under his fiðeren gescillde.' Þa Joseph up astod, 7 þa weres cyste 7 he(o) wurdlice underfeng. Þa on morgen ferde Joseph to Jerusalem mid geleafe, 7 mid þan ærendracan ealle on heora assen ridende. Þa. ꝥ folc of þære ceastre ꝥ geherde ꝥ Joseph wæs
10 gecumen, þa comen heo ealle him togeanes 7 cwædon, 'La, fæder Joseph, sibb sy mid þe 7 on þine ingange.' Joseph heom andswere(d)e 7 cwæð, 'Sibb seo mid eallen þan mannen þe God lufigeð,' 7 heo ealle to him abugen 7 hine cysten. Nichodemus þa mid wurðscipe hine to his byrig onfeng. On morgen ealle þa
15 Judees, Annas 7 Caiphas 7 preostes 7 diacones hine bæden, ꝥ he scolde heom swuteligen, '7 secge us hwu þu þæs Hælendes lichame bebyredest, 7 hwu þu of þære cluse come, þe we þe on beclysden, þa we [fol. 92 a] þe ne funden, þa us mycel fyrht forgrap 7 ege. Gode fæder sege hit us.' Joseph cwæð to heom, 'Þa
20 þa ic beclysed wæs, þa feng ic on mine gebeden forð to þære middre nihte. Þa wæs ꝥ hus beo þan feower hyrnen up onhafen, 7 ic þone Hælend þa geseh eall swylc hit legeræsc wære, 7 ic for þan ege niðer on eorðen afeoll, 7 he me beo þære hand geheold 7 up ahof, 7 me gecyste 7 cwæð to me, "Ne ondræd þu þe, Joseph;
25 besih on me, 7 ongeot ꝥ ic hit eam." Þa beseh ic 7 cwæð, "Eart þu ꝥ Elias, ure larðeign?" Þa cwæð he to me, "Ne eam ic na Elias, ac ic eam se Hælend þe þu his lichame bebyredest." Þa cwæð ic to him, "Æteowe me þa byrigeles hwar ic þe leigde." Se Hælend me þa beo þære rihthand genam 7 me ut lædde hwar ic
30 hine byrede, 7 syððen he lædde me to Barimathia, to minre agenre rice 7 cwæð, "Sibb seo mid þe 7 mid þinen hirde, Joseph, 7 ne far þu na of þinre rice ær binnen feowertig dagena fæce. Ic wylle to Galileam to minen cnihten gan."' [fol. 92 b] Ða þa Judees eall þiss geherdan, þa feollan heo adun 7 cwædon, 'Hwæt mæig þiss
35 tacne beon þe on Israele lande geworden is? We cuðen æigðer gea fæder gea moder þæs Hælendes. Mihte þiss eall beon soð geworden?' Joseph þa up stod 7 cwæð to Annam 7 Caipham, 'Soð

In the morning Joseph went with the messengers to Jerusalem.

Nicodemus received him with honour, and the Jews asked him to tell them how he escaped from prison.

Joseph said, 'The Saviour took me by the right hand and led me to where I had buried Him, and afterwards He led me to Arimathæa.'

2 *Erasure after* ꝥ we. (a)wergendlice] *the final* e *has been partially erased.*
11. MS. andswerere^d. 22 legeræsc] ræsc *is written in different ink.*

Truly He awoke many from death at His resurrection. We knew Simeon's two sons, who have been dead many years, now they are in Arimathæa, living and praising God.

is to wundrigenne þ he of deaðe is arisen. Witodlice feale manna he of deaðe awehte on his æriste, 7 heo of heora byrigene arærde, 7 sume heo eac lifes wæron. Ealle we cuðen þone rihtwisen Simeon þe urne Drihten bær on his earmen into þan temple, þe ærre þan lame wæs. Wel we cuðen his twegen sunen, Carinus 7 Leuticius, þe wæron for feale gearen deade. Ga we lochigen, nu byð heora byrigene opene, 7 heo synden inne þære ceastre Barimathia, samod libbende 7 God herigende. Ac uten faren to heom mid eallen eadmodnysse (7) wurðmynte, 7 gelæden heo to us, 7 bidden heom for heora Drihtenes name, þ heo wið us specan 7 us atellen ealle þa geryna þe beo Godes æriste gewordene wæron.' [fol. 93 a] Ða þa Joseph hæfde þuss gespecan, þa wæs eall þ folc blissigende wið him, 7 to Barimathia þære ceastre ferden, 7 þære gewyten wolden, hweðer hit soð wære þ Joseph sæde. Þa heo þider comen, Annas 7 Caiphas, Nichodemus 7 Gamaliel, þa eodan heo to þære byrigene, 7 funden heo æmtig, 7 þa eodan heo into þan ceastre 7 gemetten Carinus 7 Leuticius on gebedan licgende

The Jews asked Carinus and Leucius how they were raised from the dead.

mid gebegedan cneowen, 7 heo sone ealla cysten, 7 mid arwurðunge to Jerusalem to heora sinoðe gelaðoden, 7 þær inne belocanen geaten heo wæron nymenda þa boc, þe seo drihtenlice æ wæs on gewriten, 7 heom on hand setten 7 þuss cwædon, 'We hælsigeð eow þurh þone uplicen God, 7 þurh þa drihtenlice æ, þe ge gehealden habbeð, þ gyf ge gelefeð on þan ilcan þe eow of deaðe arærde, þ ge secgen us hwu ge of deaðe arisen.' Carinus 7 Leuticius heom andsweredan, þa eldres 7 þa mæssepreostes heom þa funden blæc 7 feðere, 7 me heo todælde on twa, 7 mycel folcas mid heora [fol. 93 b] æigðer. Þa cwæð Carinus 7 Leuticius, 'Drihten Crist,

Then said Carinus and Leucius, 'Lord Christ, Thou art the life and resurrection of all the dead; give us leave to declare thy mysteries.'

ure Hælend, þu eart lif 7 ærist eallre deadre. We biddeð þ þu us geðafige, þ we þa soðe geryne mugen geswutelien, þe gewordene synd þurh þe, 7 þurh þinne deað, 7 þurh þinne ærist.' Heom com þa stefne of heofone þuss cweðende, 'Beo Godes mihte 7 leafe, writað 7 geswutelieð eallen mannen.' Carinus 7 Leuticius þa ongunnen writen, 'Efne we wæron þa mid eallen uren fæderen on þære deopen helle, þær becom mycel brihtnysse ofer us ealle swylce sunne leome. Sathanas 7 eall helle werod wæron afyrhte, and þuss cwædon, "Hwæt is þiss liht, þ her swa færlice scinð?" Þa wæs sone eall þ mænnisc cynn blissigende, 7 Adam mid eallen

---

9 eadmodnysse *is written on an erasure.*
23 *An erasure before* on.   30 þurh þe *is written on an erasure.*

hehfæderen 7 witegan for þan mycelan lihte, 7 heo þuss cwæden,
"Þiss liht is of Godes lihte, eallswa us God behet, þ he us þ ece lif
7 liht asænden wolde." Þa clypode Isaias, se witega, 7 cwæð,
"Þuss is þ fæderlice liht ætforen Godes Sune hider asændod, swa ic
5 foresæde, þa þa ic on eorðe wæs, þa ic cwæð 7 forewitegode þ, þ land
Zabulon 7 Neptalim wið þ [fol. 94 a] wæter Jordanem, 7 þ folc þe
on þeostre sæten, scolden habben mare liht. Þiss ic witegode on
eorðe, 7 nu hit is gecumen to us, 7 us onliht, þe gefyrn on deaðes
dimnysse sæten. Ac uten we nu ealle blissigen þæs lihtes."
10 Simeon se rihtwise mid blisse heom to cwæð, "Wuldrieð þone
Drihten Crist, Godes Sune, þone þe ic bær on minen earmen into
þan temple, 7 ic þa þus cwæð, 'Þu eart liht 7 frofer ealle þeoden
7 wurðmynt eallen Israele folca.'" Þa blissode Adam 7 eall his
ofspryng, þa com þær stefne swylce þunreslege, 7 þa halgen ongean
15 clypode, "Hwæt eart þu?" 7 he cwæð, "Ic eam Johannes þæs hehste
witegan forrynel, 7 her ic bodige Ælmihtiges Godes Sune hidercyme,
swa swa ic on eorðen dyde." Þa þa he in com, þa brihtode eall
helle Adam wæs þa to his sune cweðende, þe wæs genæmned
Seth, "Gerece nu þinen bearnen 7 hehfæderen, ealle þa þing þe þu
20 fram Michaele, þan hehængle, geherdest, þa þa ic þe sende to
neorxenewanges gate, þ þu scoldest Drihten bidden þ [fol. 94 b]
he mid þe his ængel asænde, þ he þe þone ele syllen scolde of þan
treowe þære mildheortnysse, þ þu mihtest minne lichame mide
gesmerien, þa þa ic untrum wæs." Seth Adames sune, wæs
25 nehlæcende þan hehfæderen 7 þan halgen witegan 7 cwæð, "Efne
þa ic wæs Drihten biddende æt neorxenewanges gate, þa æteowde
Micael, se hehængel, 7 me to cwæð, 'Ic eam asænd fram Drihtene
to þe, 7 ic eam asett ofer eall mænnisc lichame. Nu secge ic þe
Seth, ne þeart þu swincan biddende, ne þine teares geotende, þ þu
30 þurfe bidden þone ele of þan treowe þære mildheortnysse, þ þu
Adam þinne fæder mide gesmerigen mote, for his lichames sare,
for get ne synden gefyllede fif þusend wintre 7 þa fif hundred, þe
sculen beon agane, ær þone he gehæled wurðe.'" Þa cwæð Adam,
"Nu heo synden gefyllde 7 agane 7 forðgewitene." Hit wæs þa
35 swyðe grislic 7 egeslic, þa Sathanas, þære helle ealdor, cwæð to
helle, "Gearca þe, helle, þ þu muge Crist onfon, se þe hine sylfne
gewuldred hæfð, 7 is Godes Sune 7 eac mann, [fol. 95 a] 7 ec is
hine ondrædende. 7 ic eam swa unroth, þ me þincð sar min lif, þ ic
forneh dead eam. He is wiðerwinne ongean me 7 ongean þe;

7 feale þe ic hæfde to me atogen, bisne 7 healte, lame 7 reoflen, ealle he heo fram me ateah." Þa seo helle egeslice 7 grislice andswerede Sathanas þan ealden deofle, 7 cwæð, "Hwæt is se, þ seo swa strang 7 swa mihtig, gyf he man is, þ he ne seo deað ondrædende, þe wyt gefyrn beclysd hæfden? Forðen ealle þa þe anweald 5 on eorðe hæfdon, þu heo mid þinre mihte to me getuge, 7 ic heo fæste geheold, 7 gyf þu mihtig nu eart, swa þu ær wære, hwæt is se mann 7 se Hælend, þe ne seo þone deað 7 þine mihten ondrædende? Ac to soðen ic wat, gyf he on mænniscnysse swa mihtig is þ he naðer ne unc, ne þone deað ne ondrætt, þonne 10 gebint he þe 7 þe byð æfre wa syððen." Sathanas þa, þære hellen ealder, andswerede 7 cwæð, "Hwæt tweonest þu of þe? Hwæt ondrædest þu þe þone Hælend to onfone, minne wiðerwinne? [fol. 95 b] Ic his costnode. Ic gelærde eall þ Judeisce folc, þ heo wæron ongean him mid eorre 7 mid ande, 7 ic dyde þ he wæs 15 geseald 7 mid spere gesticod, 7 ic dyde þ man treowene rode gearewede 7 hine þæron anheng, 7 hine mid næiglen gefæstnode; 7 æt nexten ic wylle his deað to þe gelæden, 7 he sceal beon underþeod, æigðer gea þe gea me." Seo helle þa swa swyðe grislice þuss cwæð, "Wyte þ þu swa do, þ he fram me þa deade 20 ne ateo, for þan þe here feale synden þe synden geornfulle fram me, þ heo on me wunigen nelleð. Ac ic wat þ heo fram me ne gewiteð þurh heora agene mihte, bute heo se ilca God me benyme, þe me benam Lazarum, þone þe ic heold deadne feower niht fæste gebunden, 7 ic hine eft cwicne ageaf þurh his beboden." 25 Þa andswerede Sathanas 7 cwæð, "Se ilca hit is þe Lazarum of deaðe awehte 7 of unc bam genam." Seo helle þa andswerede 7 cwæð, "Eala, ic hælsige þe þurh þine mægn 7 eac þurh minne, þ þu næfre ne geðafie þ he on inne me becume, for þan ic geherde [fol. 96 a] þa word his bebodes. Ic wæs mid mycelan ege afyrht, 30 7 ealle mine arlease þeignes wæron mid me gedrehte, swa þ we ne mihten Lazarum gehealden. Ac he wæs hine scacende swa swa earn, þone he wyle mid reðen flihte forð afleon. 7 he wæs fram us arisende, 7 seo eorðe þe Lazarus deaden lichame heold, heo hine cwicne ageaf. 7 þ ic wat nu, þ se mann þe eall þ dyde, he is on 35 Gode strang 7 mihtig; 7 gyf þu hine inn gelædest, ealle þa þe her synd on þyssen wælreowen cwarterne beclysede, 7 on þyssen bænden mid synne gewriðene, ealle he mid his godcundnysse fram us atihð,

14 *An erasure before* Ic his.   32 *An erasure after* Ac.

THE GOSPEL OF NICODEMUS 85

7 to life gelædeð." Eala, mæn þa leofeste, hwu laðlic 7 hwu
grislic wæs þære deoflene gemot, þa seo helle 7 se deofel heom
betweonen cidden! Onmang þan þa com þær mycel stefne 7 gastlic **There came**
clypigende swylce þunreslege, 7 þuss cweðende, "*Attollite portas*," **a loud voice saying,**
5 þ fers segð, "Ge ealdres, untyneð þa gaten, 7 up ahebbeð þa **'Open the everlasting**
ændelease gaten, 7 læteð inn þone wuldrigende Godes Sune." 7 seo **doors and let in the**
helle þ geherde, þa cwæð heo [fol. 96 b] to þan heafde, Beelzebub, **glorious Son of God.'**
"Gewit fram me 7 far of minre wununge; 7 gyf þu eart swa
mihtig swa þu ær cwæde, þonne winn þu ongean hine, 7 gewurðe
10 þe 7 him." 7 seo helle þone deofel ut adraf, 7 cwæð to þan arleasen
þegnen, "Belucað fæste þa ændelease gaten, 7 toforen sceoteð þa
ærene 7 þa irene scytteles, 7 him strange wiðstandeð, 7 þiss weorod
behealdeð, þ we ne beon bereafod." Ða þ geherdan þa hehfæderes
þe þær inne wæron, þa clypedan heo ealle anre stefne to þære
15 helle, "Geopene þine gaten 7 læt inn þone King, þæs ecen wuldres
Sune." Þa cwæð Dauid, "Þiss ic witegode þa ic ofer eorðen wæs
cweðende, 'Andetteð Drihtene his mildheortnysse, for þan þe he
wyle his mildheortnysse mannen cyðen.'" Þa cwæð Isaias, "Ic sæde
on eorðen þ deade mænn scolden arisen, 7 helle scolde beon
20 geheregod, 7 sarignysse eall to blisse gewænd þurh wuldres Bearn."
Þa þa halgen þ geherden, þa blissedan heo ealle 7 to þære helle **The saints replied and**
cwæden, "Geopene þine [fol. 97 a] gaten, þu scealt beon untrum **said, 'Open thy gates,**
7 unmihtig 7 mid eallen oferswiðed." Þa wæs þær geworden **thou shalt be infirm**
mycel stefne, 7 mycel liht swylc þunreslege 7 þuss cwæð, "Ge **and weak and alto-**
25 ealdres, geopenigeð 7 untyneð eower gaten, þ muge in gan se King **gether overcome.'**
þe of heofone is asænd." Þa geherde seo helle þ hit wæs twygge
geclyped, þa cleopode heo ongean 7 þuss cwæð, "Hwæt is þes King
þe is gewuldred?" Dauid cwæð 7 hire andswarede, "Hit is
Drihten of heofonerice; 7 þiss ic on eorðen ærre cwæð, þ he scolde
30 of heofone to eorðe, 7 þær geheren þa geomerunga his gebundenra
þeowen. Ac nu fule 7 þu stinchende helle, geopene raðe þine
gaten, þ muge in gan þæs ecen wuldres King." Þa Dauid þuss
gespecan hæfde, þa þær to becom se wulderfulle King on mannes **The glorious King came**
gelicnysse, 7 þa gaten tobræc, 7 þa þeostre ealle onlihte, 7 þær þa **in the likeness of man**
35 synbændes ealle tobræc, 7 ure ealdefæderes ealle geneosode, þær **and burst open the**
heo on þan þeostre lange gewuned hæfden. Seo helle 7 se deað **gates and enlightened**
7 heora arlease þegnes, þa heo þæt [fol. 97 b] gesegen 7 geherden, **the darkness.**
heo wæron forhtigende mid heora wælreowen þeignen, for þan þe
heo on heora agene riche swa mycele brihtnysse gesegen. Þa

gesegen heo hine sitten on þan setle þe he sylf geahnede, þa cwæden

'Tell us, who Thou art, who art without any defilement?'
heo, "Nu we synden ealle oferswiðene 7 ofercumene. Ac sege us, hwæt eart þu, þu þe buten ælcere wæmmunge, 7 buten flite us hæfest ealle ofercumene 7 genyðered? 7 hwæt eart þu swa mycellic 7 lytel 7 hehlic, 7 swa wunderlic on anes mannes heowe, 5 þ þu hæfest us ofercumen? Þu læge dead 7 bebyred, 7 eart leofigende hider gefaren to us, 7 on þine deaðe ealle tunglen 7 gesceafte wurðen gestyrede. 7 þu eart freols geworden betwux eallen oðren deaden, 7 eall ure werod þu hæfest swyðe gedrefed, 7 hæfest nu hider swa mycel liht gebroht, 7 mid þinre brihtnysse 10 synden ealle þas þeostre gelihte. 7 eac gelice ealla þas ealdres þysere helle synden swyðe afyrhte." Þa wæron þa deofle ealle clypigende anre stefne 7 cwæðen, "Hwanen eart þu, la Hælend, swa strang mann, 7 swa [fol. 98 a] briht on mæigne, 7 wunigende buten ælcen lehtre, 7 clæne fram ælcen wæmme? Eall middeneard 15

'Earnestly we ask who Thou art, Thou who art come to us so fearlessly and wilt deprive us of all those whom we have gained.'
us wæs simle underðeodd forð þ nu. Eornestlice we axigeð hwæt þu seo, þu þe swa unforht us eart to gecumen, 7 wylt us benymen eall þ we hider habbeð gestrynd, fif þusend (7 fif hundred) wintre on pine 7 on synbænde gebroht hæfden, hweðer hit wen seo, þ þu seo se ilca Hælend þe Sathanas embe spæc, ure ealder, 7 sægde 20 þ he wolde þurh þine deað anweald habben ealles middeneardes? Ac se wulderfæste Cyng 7 ure heofonlice Hlaford nolde þære deoflena gemaðeles namare hlysten, for þan heo wolden mid heora maðele hine dreccen; 7 Beelzebub fleah þa into helle botme, 7 ure Drihten him strangode æfter, 7 hine befran hwy he swa swyðe nyðer 25 his setle gecure, 7 ærre cwæð þ eall wurld wæs his, 7 he hine gegrap þa, 7 fæste geband mid anes draca bæclinge, 7 hine þær helle sealde on anweald to habbene aa buten ænde. Eala mæn, hwu grislic hit wæs þa þa (seo) deo [fol. 98 b] fellice helle þone feond Beelzebub underfeng, 7 hine fæste geheold! For þan se deofol 30 wæs ær þære helle hlaford, 7 eallra þære deofelliere þingen þe hire

Hell said, 'Lo, thou prince of all destruction, until the day of judgement thou shalt be bound thus and suffer eternal torments.'
on wæron. Þa cwæð seo helle, "La þu ealdor eallra forspillednysse, for hwy dyrstlæhtest þu þone Hælend to nymene, 7 on þa Judeas besændest on heora heorten, þ heo þone Hælend onhengen? 7 þu nu þurh þære rode-treowe ealle þine blisse (hæfest) forspilled. Nu 35 þu hæfest yfele gedon ongean me, 7 ongean þe, 7 þu forð to domes dæige sceaIt beon þuss gebunden, 7 feala ece tintregen on me geðrowigen, 7 on cwicsusle beornen." Þa þ Crist geherde, hwu seo helle þone deofel Beelzebub, mid mycele gryre geðreatode, 7 mid

27 anes *is written on an erasure.*

worde tyrwede, þa cwæð he, "Beo nu se deofol, helle ealdor, on
þinen anwealde, 7 git bute on forspillednysse aa buten ænde," 7 se
wulderfulle Cyng aðenede his hand 7 cwæð, "Ealle mine halgen þe *The glorious*
mine gelicnysse habbeð, cumeð to me." Þa ealle þa halgen *King stretched*
5 genelæhten to his hande, 7 se Hælend þa Adam [fol. 99 a] beo *forth His hand and*
þære riht hand genam, 7 him to cwæð, "Sib seo mid þe, Adam, 7 mid *said, 'All My saints*
þinen bearnen." Adam wæs þa nyðer feallinde, 7 þæs Hælendes *who bear My simili-*
cneow cyssende, 7 mid tearen geotende, 7 mid stefne clypigende, 7 *tude come to Me.'*
þuss cweðende, "Ic herige þe, heofona Hlaford, þ þu me of þyssere
10 cwicsusle woldest onfon." Se Hælend þa his hand aðenede, 7 rode
tacne ofer Adam geworhte, 7 ofer ealle þa oðre halgen, 7 he
Adam beo þære swyðre hand fram helle ateah, 7 his þa gecorena.
7 Dauid cwæð, "Singeð ealle halgen ure Drihtene neowne sang."
7 heo sungan, "*On doxa wyste uoysena*, alle*luia*, alle*luia*." Æl- *God de-livered*
15 mihtig God betæhte þa Adam Michaele, þan hehængle, 7 he heo *Adam to Michael and*
gebrohte to neorxenewanga mid wulderfulre blisse, 7 þa þa heo *He brought them into*
inn foren, þa gemetten heo twegen weres. Þa cwædon heo, " Hwæt *Paradise with*
synden ge þe mid us on helle næron, 7 eower lichame swa þeh *glorious joy.*
libbende is." Þa cwæð se oðer, "Ic eam Enoch, 7 ic þurh Drihtenes
20 word wæs hider gelædd, 7 þiss is Helias þe [fol. 99 b] mid me is,
se wæs on fyrene chearte hider gefered, 7 get wyt deaðes ne
onbyrigden. Ac wyt sculen mid Godes tacne Antecristes anbidian,
7 ongean hine fihten, 7 on Jerusalem beon þurh hine ofslagene, 7
on feorðe healfen dæige beon eft gecwicode, 7 þurh gehnipe eft to
25 eow up onhafene." Onmang þan þa com þær an scaðe, 7 an rode
tacne on his exle bær. Þa cwæð þ werod, "Hwæt eart þu þe eart
anen scaðe gelic?" "Soð ge seggeð þ ic scaðe wæs, 7 eall yfel
wyrcende. Ac þa Judees wið þone Hælend onhengen me, 7 ic his
miltse bæd, 7 he me getyðede, 7 of synne alesde, 7 mid his worde
30 hider asænde to þan ængle mid þyssen tacne, þe ge on minen halse
geseoð, 7 het me her eower abiden." Þa cwædon heo ealle, "Seo
gebletsod se mildheorte God se þe us are and mildse forgeaf." He
andswerede 7 cwæð, "Amen."' Diss wæron þa halige geryne þe *These were the holy*
Carinus 7 Leuticius awriten. 7 Carinus up astod 7 his carten *mysteries written by*
35 Annam 7 Caipham 7 Gamaliele on hand sealde, 7 Leuticius his *Carinus and Leucius.*
carte Nichodeme 7 Josephe on hand [fol. 100 a] gesealde 7 cwæden,
'Godes sibb seo mid eow eallen.' 7 Carinus 7 Leuticius wæron þa
fœringe on fægeren heowe swylce sunne leome, 7 on þære briht-
nysse fram þan folca gewiten to ecen life. 7 þa þa gewriten

14 *See note.*   18 *MS.* eow|wer.

gerædde wæron, þa wæron heo gelice gewritene, þ þær næs on
naðer mare þone on oðern ane stæfe, ne forðen ane prica. Þa þa
soðfæste hit geherdan, þa cwæden heo, 'Seo Drihten gebletsod aa
on eallra wurlde wurld. Amen.' 7 heo ferden ham mid mycelen
ege 7 blisse. 7 Joseph 7 Nichodemus ferden to Pilaten 7 him 5
heora gewrit æteowden, 7 Pilatus hit sænde Claudium to Romane
byrig, 7 gewrit hwu hit beo þan Hælende geworden wæs on Jeru-
salem, 7 hwu heo hine belæwden, 7 hine him syððen sealden, 7 hwu
heo hine anhengen, 7 on byrigele alegden, 7 hwu he of deaðe aras,
7 hwu heo þone medsceatt þan weardmænn sealden, 7 swa þeh hit 10
forhelen ne mihten. 'Nu leofe casere, ne gelef þu na þære Judea
leasunge, for þan þiss is eall soð þ hit swa is geworden. Seo
Drihtene lof 7 deofle sarege. Amen.'

Marginal notes: When the faithful heard them they said, 'Blessed be the Lord for ever.'

XXXII

[Fol. 100 b] [**NATHANIS JUDAEI LEGATIO.**]

ON Tiberies dagen þæs mycele caseres, hit gelamp binnen lyttle 15
fæce æfter þan þe Crist ahangen wæs, þ sum æðele mann wæs,
þæs name wæs Tirus. 7 he wæs on Equitania rice king under
Tiberie þan casere, 7 he wæs gelomest wunigende on þære ceastre
Libie. 7 he wæs se ilca Tirus swa unhal on his andwliten, þ þ
adle, þe cancre hatte, him wæs on þan nebbe fram þan swyðre 20
nosþyrlle, oððet hit com to þan ege. 7 wæs, þ sum man wæs
farende of Judea lande, þæs name wæs Natan. He wæs anes
burhmannes sune on Israele lande, þæs name wæs Nau; 7 se ilce
Nathan wæs forlidðen, þ he wæs gefaren fram ælcen lande to oðren,
7 fram sæ to sæ, swa þ he hæfde ealle eorðe gemæren þurhfaren. 25
7 se ilca Nathan wæs gesænd fram Tiberie þan casere to Romes-
byrig, to þan þ he scolde his ærende læden Claudium, 7 he ferde
forð on þære sæ, 7 se suðerne wind hine bedraf to þære burh
Libia. 7 Tirus þær burge hlaford þ gefran 7 gecneow beo heora
færelde, þ heo of Judea [fol. 101 a]lande wæron, 7 cwæð, 'Næfre 30
ic ær swylcne wunder ne geseh, þ of Judea lande scipen scolden
hider cumen.' 7 Tirus þider sænde 7 het þ þider scolde to him
cumen, se þe eldest wære on þan scipe. Nathan him sone com to,
7 Tirus him sone axede, 'Hwæt eart þu, 7 hwanen come þu hider?'
He him andswerede, 'Ic eam Nathan, Naos sune, 7 ic eam of 35
Grecane rice, 7 ic of Judean wæs þan Pontisscen Pilate underðeodd,

Marginal notes: A nobleman called Tyrus, who lived chiefly in Libya, had cancer. Nathan, the son of Nau, was summoned to Rome by the Emperor Tiberius, but the south wind drove him to Libya. Tyrus sent for Nathan and asked him whence he came.

7 ic eam gesænd (fram) þan casere Tiberie to Claud[e][1] 7 me wæs
se suðerne wind beæften, 7 hider adraf 7 awræc, þ ic nat, hwar ic
eam.' Tirus þa cwæð, ' La, gyf þu mihtest ænige bote me finden of
minen yfele, ic þe wolde gyfen gold 7 seolfer swa mycel swa þin
5 scip heonne ferigen wolde.' 7 he him his yfel æteowde. Þa cwæð
Nathan, ' Læt þe fulhtigen on name þæs Fæder 7 þæs Sunen 7 þæs
Halgen Gastes, þonne byst þu sone hal.' Tirus his worden gelefde,
7 fulht underfeng, 7 he wæs sone hal þurh rihten geleafe, 7 swa
fæger 7 swa strang, swa he wæs þa þa he wæs þrittig wintre; 7
10 he [fol. 101 b] þa ealle his þeode to cristendome awænde, 7 his
godes on fyre forbærnde, 7 halige mynstres arærde, 7 halige rode
þær inn gesette. 7 he þa Nathan 7 his ærendraca æfter his broðre
Titus 7 Vaspasius sænde, 7 wiðinnen feower wucan comen to him
mid mycelen ferde, 7 heo þa befrinen þone casere, hwæt heo
15 scolden, 7 he heom atealde of þan Nazarenisscen kinge, hwu he
gepined wæs, 7 ealle þa wundra, þe he on Jerusalemes lande
worhte, 7 he æteowde his unhæle, 7 hwu he fulluht underfeng 7
ciricen hrærde, 7 þæron belefde, 7 begen his broðren þa to cristen-
dome awænde, 7 heo to Jerusalem asænde, 7 mid mycele ferde þa
20 burhware uten belagen. Titus 7 Vaspasius 7 Tirus ferden geond
eall þ land, 7 ealle þa Judees ofslogen, þe Criste nolden heren 7
fulluht underfon. 7 heo lagen abuten þa ceastre, þ heo næfden
nænne bigleofe; 7 heo inne þære ceastre namen to hræde, þ heora
ælc oðerne ofsloh. 7 heo þa eall þ land to cristendome awænden.
25 Þa com Godes bebod ofer heom, eall swa heo ær abæden, þ wæs his
[fol. 102 a] wraca, þ heo syððen æfre unwurðe wæron on heora
lifdagen, 7 get synden underlinges, for þan þe heo heora hlaford
belæwden; ne wurð of heom næfre cyng ne ealdor ofer land ne ofer
burh. Þiss synd þa gedone þing, þe beo uren Ælmihtige Hlaford
30 Godes Sune gedone wæron, þan seo lof 7 wille 7 wyrðmynt
Fæder 7 Sune 7 þan Halgen Gaste aa buten ænde. Amen.

XXXIII
[SIGNS OF THE LAST JUDGEMENT.]

ON þan nexten fiftene dagen beforen domesdæge, sculen gewurðen
foretacnen, þe bodieð 7 tacnieþ þone styrnlicne ege, þe God
35 sceaweð þan arleasen, þone he demen sceal rihtwisen 7 unriht-

1 *MS.* to Claud *written in the margin to the extreme edge.*

The first day the sea will rise up like a wall.

wisen. On þan formen dæige, se sæ heo onhefð ofer ealle dunen feowertig elnen on hehnysse swa swa weall, 7 swa hit byð fram morgen oð æfen. On þan oðren dæige, seo sæ besincð inn agean swa deope, þ uneaðe man gesicð þ ufemeste, 7 swa hit byð eallne dæig. On þan þridden dæige, heo gecerð to hire rihte gecynde 5 mid eallen hire streamen, þe heo hæfde æt frymðen, þa þa God ærest toscelede wæter fram lande. On þan feorðen dæige, ealle

The fourth day all sea-beasts and fishes will appear above the waves and shout as with a human voice.

sælice [fol. 102 b] deor 7 fissces heo æteowigieð bufe þan yðen 7 bellgigeð swa swa mid mænnisscre reorde, ac þehhweðere ne understant nan mann heora gereord bute God ane; 7 þ byð to 10 tacnunge þære eorre, þe God cyðð þan synfullen on domes dæige. On þan fiften dæige, ealle wyrte 7 ealle treowwes ageafeð read swat swa blodes dropen. Þæt doð þa wyrten, for þy þ þa synfulle mæn heo træden, 7 þa treowwen, for þan þe þa synfulle hæfden freome of heom 7 of heora wæstmen. On þan sixten dæige sculen slean 15 togædere ealle stanes lytle 7 mycele, 7 ælc stan tobrytt on feower hloten, 7 ælc þære hloten fiht wið oðer, oððet heo eall to duste gewurðeð. Þ heo doð forþan, þ þa arlease mænn of heom worhten steples 7 castles, þ heo þær mid swæncten geleaffulle mænn 7

The seventh day the valleys and hills will be made level.

Godes þearefen. On þan seofeðen dæige wurðeð geemnode denen 20 7 dunen, swa þ eall eorðe byð smeðe 7 emne. Þ betacned, þ God ne forsihð þæs þearfendan ansene, ne ne wurðeð þæs mihtiges mannes modignysse, ac besicð to ælces [fol. 103 a] mannes gewyrhten. On þan ehteðen dæige gewurðð swylc eorðstyrung, þ eall middeneard beofeð fram eastdæle to westdæle, for þan þe he 25 abær þær mannen unrihtwisnysse. On þan nigeðen dæige tofealleð castles, 7 steples, 7 hus, 7 circen, 7 ealle getimbrunge lytle 7 mycele, for þan þe þa synfulle hæfden þæron heora wununge. On þan tenðen dæige, heo gegaderigeð ealle deaddre manna lymen, swa þ gyf an mann wære dead on middewearden, 7 his an hand oððe 30 fot wære on eastdæle, 7 his oðer lym on westdæle, þehhweðere heo cumeð togædere ælc to his lichame, 7 ælc lichame arist oð his byrigeles brerd. On þan ændeleften dæge eorneð wilddeor beo

The eleventh day wild beasts will run through towns and fields and men's dwellings as if they were mad.

tunen, 7 felden, 7 manna wunungen, swa swa heo beon wittlease. On þan twelften dæige eorneð mænn geon(d) eall middeneard 35 byfigende 7 drædende Cristes tocyme to demene cwican 7 deaden, swa þ se were ne gret his wif, ne þ wif hire were, þeh heo heom gemeten, ac byð swa swa wittlease 7 unspecende. Ne heo ne eteð, ne heo ne drincað. On þan þreottende dæige fealleð sunne 7 mone, [fol. 103 b] 7 ealle steorren, for þan þe heo geafen leome þan yfelen mannen. On þan feowertenðen dæige, ealle libbende mænn gewurðeð deade, swa þ heora nan ne byð gebyrod, ac fyr cumð 7 forbærnð þa eorðe, for þan þe heo fostrede þa synfulle 7 þa arlease. On þan fiftenðe dæige cumð flod 7 geswyleð þa æsscen, 7 besænoð ealle þa unclænnyssen into þære eorðe deopnysse, swa þ on middenearde ne belæfð naht unclænes gesene.

The fourteenth day all living men will die, so that none of them will be buried, but fire will burn up the earth.

XXXIV
EMB ÞUNRE.

ON Januarius monðe, gyf hit þunreð, hit bodeð toweard mycele windes, 7 wel gewænde eorðe wæstme, 7 gefiht. On Februarius monðe, gyf hit þunreð, hit bodeð manegra manna cwealm, 7 mæst þære ricen. On Mærces monðe, hit bodeð mycele windes, 7 wæstmes wel gewænde, 7 folc unsehte. On April, hit bodeð blisful gear, 7 yfelre manna deað. On Mai, hit bodeð hunger gear. On Juniws monðe, hit bodeð mycele windes, 7 wulfene wodnysse, 7 leona. On Jvlius monðe, hit bodeð wæstme wel gewænde, 7 oref forfærð. On Hærfest, hit bodeð god gear, 7 mæn sicelið. On Setembre, hit bodeð god gear, (ac) riccere manna slege. On Octobre, hit bodeð mycelne wind 7 wæstme toweard 7 treowena wæstme gæsne. On Nouembre, hit bodeð blisfull gear, 7 wæstme toweard. On Decembre, hit bodeð god gear on tilðe, 7 sibb, 7 sehte.

Concerning thunder in January. February. March. April. May. June. July. August. September. October. November. December.

XXXV
[THE OLD ENGLISH ALCUIN.]
DE SCIENTIA.

[Fol. 104 a]

ÆREST ealre þingen æighwylce mæn is to secene, hwæt seo se soðe wisedom, oððe hwylc seo seo soðe snytere, for þan þe se wisedom þyssere wurlde is dysignysse beforen Gode. Se soðe wisedom is, þ man fram deofles þeowdome gewite, 7 his synne forlæte. 7 seo fullfremede snytere is, þ man Gode þeowige æfter his bebodan 7 soðfæstnysse, for þan þe þurh þa twa þing byð þ

Every man is to seek true wisdom and true knowledge, for the wisdom of this world is foolishness before God.

18 MS. (ac) 7.   26 MS. þe see] between þe and see erasure.

eadige lif begeotan, swa se sealmscop cwæð, 'Gecerr fram yfele 7 do god.' Buten tweone ne mæig nane mæn to ecere hæle gehelpen,

Every man who is so wise that he ceases from evil and does good, is blessed for ever.
þ he yfeles geswica, bute he god do. Ac soðlice ælc man, þe swa wis byð, þ he yfeles geswica 7 god do, he byð eadig on ecnysse. þ eadige lif is oncnawenysse þære godcundnysse, 7 seo oncnawe- 5 nysse þære godcundnysse is mæign godes weorcas, 7 þ mæign godes weorcas is wæstme þære ecen eadignysse.

DE FIDE.

This knowledge of the divinity and wisdom of truth is to be learned through the true faith.
Ac þeos oncnawednysse þære godcundnysse, 7 þære soðfæstnysse wisedom is to leornigen þurh þone rihtne geleafe, for þan þe nan 10 mann ne mæig Gode lichien [fol. 104.b] bute rihten geleafen. Soðlice se byð gesælig, þe on riht leofeð, 7 wel libbende þone fulfremede geleafe healdeð. Witodlice se geleafe byð unnytt buten þan gode weorcan, swa eac þa gode weorc bute þan rihten geleafen nane mæn ne helpð. Beo þan Jacobus se apostol cwæð, 'Hwæt 15 helpð, broðre mine, þ hwa secge, þ he geleafe habbe, þonne he þa gode weorc næfeð? Weneð he, mæig hine seo geleafe gehealden?'

Faith without good works is like the dead, and the body without the spirit is dead.
Soðlice se geleafe bute gode weorcan, he byð deaden gelic, 7 se lichame byð dead buten þan gaste. Beo þæs geleafen hehnysse us is eft to specane, for þan þe þ gewrit, þe þu þe bæde awriten beo 20 Godes bebodan mid feawe wordan, ne mæig befon þa deopnysse þæs rihte geleafen.

DE CARITATE.

Charity is the chief of all the commandments of God.
On eallen Godes bebodan seo soðe lufe hæfð þone ealdordom, buten þære fullfremednysse Gode naht lichigen ne mæig. For 25 Paulus se apostol þuss cwæð, 'Ne martyrhad, ne þysser wurlde forhogung, ne ælmesdæde, ne byð Gode gecweme bute þære soðen lufe.' Beo þære eac ure Drihten fram sumen writere geascod wæs, hwæt wære þ mæste bebod, 7 þuss he andswe[fol. 105 a]rode 7 cwæð, 'Lufe þinne Drihten God of eallre þinre sawle 7 of eallen 30 þine mode.' 7 þære eac to geehte 7 cwæð, 'Oðer is þyssen gelic, "Lufe þinne nexte swa swa þe sylfne, for þan þe on þyse twam bebodan eall Godes æ 7 witegene bec byð gefyllede."' Witodlice þa þa he cwæð, 'Of eallre heorte, 7 of eallre mihte, 7 of eallra sawle, 7 of eallen mode,' þ is mid eallen andgite, 7 mid eallen wille, 7 mid 35 eallen gemynde, God beon to lufigene. Soðlice eall seo Godes lufe

is on þære geheáldnysse his beboden, swa swa he sylf cwæð on oðre
stowe, 'Gyf me hwa lufeð, þonne healdeð he mine beboden.' 7 eft
he cwæð, 'On þan oncnaweð mænn, þ ge byð mine þeignes, gyf ge
habbeð soðe lufe betwux eow.' 7 eft se apostol cwæð, 'Seo soðe
5 lufe is fullnysse Godes æ.' 7 Johannes se godspellere cwæð, 'Þiss 'This commandment
bebod we habbeð fram Gode, þ se þe God lufige, he eac lufige his we have
                                                                from God,
þone nextan.' Gyf þone hwylc man axige, hwa beo his nexte, þonne that he who
                                                                loves God,
wyte he swyðe rihtlice ælcne Cristene mann beon his nexte, for loveth his
þan we ealle byð on þæs fulhtes bæðe, Gode to bearnen gehalgode, neighbour
                                                                also.'
10 to þan þ we seon gastlice gebroðre on þære [fol. 105 b] soðen lufe.
Soðlice æðelre is seo gastlice gebyrd, þone se flæsclice. Beo þære
ure Drihten cwæð, 'Bute hwa seo eft acænnod of wætere 7 of þan
Halgen Gaste, ne mæig he becumen to heofone rice.' Ærest mæn
sceal leornigen, hwæt sien Godes beboden, 7 heo syððen healden,
15 swa swa man geornest mage. Se þe þonne swa deð, þonne mæig
he oncnawen, þ he hæfeð on him þa soðe lufe þære Godes bebodan.
Ic wylle nu þinre estfullnysse, min se leofeste sune, feawe næmnende
ætywwigen, þ on þan feawen ongytenen, þu þe eð muge þære oðre
manega oncnawen.

20 **DE SPE.**

Se æðele þeode Larðeaw, he foresette (on) þreo wisen ure sawlen The noble
                                                                Master held
neodðearflice, þ is hyht 7 geleafe 7 soðlufe, 7 þære is mæst seo three things
                                                                to be necessary for our
soðe lufe. Ne sceal nan mann, þeh he seo ofsett mid ungemættre
byrdene his synnen, geortreowigen beo þære æwfæstnysse þære   souls, hope,
                                                                faith, and
25 godcundan mildheortnysse, ac mid witendan hyhte 7 mid dæig- charity.
hwamlice tearen him forgyfonysse biddan, for þan þe swyðe rihtlice
he mæig him forgyfenysse wenen, se þe geswicað þære yfelre
[fol. 106 a] weorcan. For þan hyhte þære forgeofonysse we ne
sculen singallice synegian, for þan þe God swyðe rihtlice þa synne
30 witneð; ne we eac ne sculan orwenen beo þære forgeofenysse,
ac æigðer þysser frecnysse we sculen forbugen, we sculen ure yfele
þeawes forlæten, 7 us on God symlɜ gehyhten. Swa eac on ælces
geswynces nearenysse us is to gernene to þære uplicen ærfæstnysse
fultumes, for þan þe on Goden ane is ælc hyht 7 ælc hæle, swa swa
35 se witega cwæð, 'On Gode is min hæle 7 min wuldor, God is min
fultumend, 7 min hyht is on Gode.'

30 *MS.* ne orwenen

DE SCRIPTURARUM LECTIONE.

The reading of holy scriptures is knowledge of the eternal happiness.

Seo ræding haligre gewritan is oncnawenysse þære ecen eadignysse. On þan halgen gewriten se mann hine sylfne mæig sceawigen swa swa on hwylcen sceawere, hwylc he byð, 7 hwyder he hygeð. Seo singale ræding haligre gewriten, heo clænsað þa sawle þæs rædendan, heo gebrincð on his mode þone ege hellewites, 7 heo his heorte æræreð to þan upplicen gefean. Se þe wyle simle mid Gode beon, he sceal him oft gebiddan, 7 he sceal oft halige gewriten rædan, [fol. 106 b] for þan þe þonne we us gebiddað, we specað to Gode, 7 þonne we halge bech rædað, God specð to us. Seo halige ræding twifealde gyfe heo brincð þan rædindan. Ærest heo lærð his modes andgit, þ hit þa scearpere byð, 7 eac þ heo fram þysses middeneardes idelnysse to Godes lufe gelædeð. Seo ræding haligre gewritan is swyðe arfæstlic weorc, 7 heo swyðe helpð to sawlen geclænsunge.

As the body is nourished with carnal foods, so also the inner man, that is the soul, is fed with the divine sayings.

Gelice heo 7 se lichame byð gefeded mid flæsclicen meten, swa eac se innre mann, þ is seo sawle, byð gefedd mid þan godcundan spæcen, swa se sealmscop cwæð, 'Swettre byð mines muðes gomen þinre spæce, þone hunig oððe beobread.' Se byð swyðe gesælig, se þe þa halge gewriten rædeð, gyf he þa word gewænd to weorca. Soðlice ealla þa halge gewrita synden gewritena for ure hæle, þ we mugen ongyten þurh þa soðfæstnysse. For ofter spyrneð se blinde, þone se lochigende, swa eac se þe nat Godes bebodan ofter he synegað, swa swa he nat, þone do se þe heo wat. Gelice.7 se blinde buten larðeawe, swa eac se mann buten larðeawe swyðe uneaðe he mæig gan on þone rihtne weig Godes bebodan.

DE PACE.

When the Saviour ascended into heaven, He gave to His disciples the commandment of peace.

[Fol. 107 a] Se Hælend, þa þa he on heofone asteah, he sealde his þeignen sibbe bebodan, 7 þuss cwæð, 'Mine sibbe ic sylle eow, 7 mine sibbe ic læte mid eow.' He sealde þa farende, þ he wolde eft cumende on heom eallen gemeten. Þære sibbe frætewe se Hælend on oðre stowe æteowde wunderlice, 7 þuss cwæð, 'Eadige byð þa gesibsume, for þan þe heo byð Godes bearn geceide.' Gehereð nu, þ se byð Godes bearn geceid se þe wyle gesibsum beon, 7 nele se na beon Godes bearn genæmned, se þe nele sibbe healden. Se forsacð him God to Fæder, se þe sibbe forhogað. Ac swa þeh þeos sibb mid þan gode mannen, þe Godes bebodan lufigeð, is to

---

4 *MS.* hwyðer] *but the bar of the ð is partially erased.*

healdene, na mid þan unrihtwisan, ne mid þan scyldigen, þe habbeð sibbe betwux heom on heore synnen. Seo Cristes sibb heo fremeð to ecere hæle; seo sibb, þe on deofle is, heo becumð to ecere forwyrde. Simle we sculen habben þa sibbe mid þan godan mannen, 5 7 gefiht wið þære yfelra manna unðeawes. We sculen fleon þa unðeawes, na þa mænn sylfe, þeh heo yfele seon, for heo synd Godes gesceafte. Soðlice seo sibb, þe on þan [fol. 107 b] goden mannen is, broðra geðwærnysse 7 þa soðe lufe þære nextan heo gegaderað. Seo sibb þone gast synderlice heo geearneð. Seo sibb *Peace is the mother of* 10 is moder þære soðe lufe, 7 heo is halignysse tacn. Beo þære *charity, and* Drihten cwæð þurh þone witega, 'Lufieð sibbe 7 soðfæstnysse.' *a sign of holiness.* Seo sibb byð þæs folcas hæle, 7 þæs sacerdes wuldor, 7 heo byð eallra heora feonden ege geseowenlicra gea ungeseowenlicra. Seo sibb is mid ealle mæignen to healdene, for þan þe simle mid Gode 15 wuneð, se þe on þære halge sibbe wuneð. Se sacerd sceal þ folc mid sibbe læren, 7 þ folc sceal mid eadmodnysse heren.

DE MISERICORDIA.

Mildheortnysse is swyðe hehlic god, beo þære se Hælend sylf *Mercy is especially* cwæð, 'Eadige byð þa mildheorta, for þan þe heom mildheortnysse *excellent.* 20 æfterfolgeð.' Ne mæig se synfulle him nanre mildheortnysse wenen *The sinful man can* to Gode, se þe ne cann nane mildheortnysse þan þe wið hine *expect no mercy from* gesynegiað. Ac forlæte se man nu þa hwilwendlice scylde, to þan *God. He knows no* þ he geearnige to onfone þ ece god. Gyf we nu wilnieð, þ ure *mercy towards those* sawlen syn geclænsode fram synne [fol. 108 a] fulnysse, þonne ne *who sin against* 25 scule we na wiðsacan, þ we mildheortnysse (ne) habben ofer þa *Him.* mæn, þe us nu abelgeð, þ on domesdæige Drihtenes mildheortnysse to geearnienne mid mildheortnysse weorcan, þ we seon gefultumede. Hwu mæig se him ænigre mildheortnysse wenen to Gode, se þe byð wælreow on his efenþeowwes? Ælc mann, swa swa 30 he wylle, þ him God milde seo, eft swa he sceal gemiltsigen þan þe hine abelgeð. Swyðe sicore forgyfonysse se mæig him biddan æt 'Be ye *merciful as* Gode, se þu nu wyle forgyfen þan þe wið hine agylteð. Drihten *your Heavenly* sylf us eac swyðe æðelice trymede to mildheortnysse weorcan on *Father is merciful,* þan godspelle, þa þa he cwæð, 'Beoð ge swa mildheorta, swa swa *He lets the sun shine* 35 eower Heofonlice Fæder is mildheorte. He læteð his sunne scinen *on the good* ofer þa goden, 7 ofer þa yfelen, 7 he sændeð ren ofer þa rihtwisen *and on the evil, and He* 7 ofer þa synfulle.' Ælc mildheortnysse wyrcð hire sylfre stowe *sends rain on the* æfter hire agenre geearnunge. Se þe mildheortnysse deð, he *righteous and on the sinful.'*

In every judge there must be both mercy and vengeance.

brincð Gode swyðe gecweme lac. On ælcen deme sceal beon æigðer gea mildheortnysse, gea wraca, [fol. 108 b] for þan þe heora naðer ne mæig beon wel abuten oðren, þe læste on þære mildheortnysse ane forgyfe his heringmannen orsorhnysse to synegien, oððe eft for þære wraca anre þæs agyltendan mod seo gehwerfed on 5 orwennysse, 7 se deme þonne fram Gode nane mildheortnysse ne geearneð, ac þas mildheortnysse se mann sceal ærest on him sylfen aginnen. Hwu mæig se beon on oðre mæn mildheorte, se þe byð on him sylfen wælreow, se þe him gearecað þa (ece) wite þurh his synnen? Ac se byð swyðe mildheort, se þe þa mildheortnysse 10 ærest on him sylfen anginneð, 7 hine wið synnen georne healdeð, þ he ne þurfe beon on ecnysse mid deoflen gecwylmed, 7 þonne syððen þ him on him sylfen licode, he eac oðre mannen sylle.

DE INDULGENTIA.

The Lord said in His gospel, 'Forgive and ye shall be forgiven.'

Drihten cwæð on his godspelle, 'Forgyfeð, þonne byð eow 15 forgyfen.' 7 eft he cwæð, 'Gyf ge forgyfeð þan mannen, þe wið eow synegieð, þonne forgyfð eow se arfæste Fæder eower synnen. Gyf þonne ge nylleð forgyfen þan mannen, þe wið eow synegiað, þone eac nyle se Heofonlice [fol. 109 a] Fæder eow forgyfen eower gyltes.' Soðlice þæs Drihtenes cwiden swyðe mycele mild- 20 heortnysse heo hleoðreð ofer us þan mannen, þe hine on riht ongytan magen. Witodlice beo ure agena dome us demeð eft God, 7 sumen gemete hit is on uren anwealde, hwu we beou eft gedemde. Gyf we mildheortlice demeð beo þan mannen, þe wið us agylted, þonne demð he mildheortlice beo us, þe wið hine 25 synegieð. Behealden we Godes Ælmihtiges bisne, swa swa se æðela þeoda larðeaw cwæð, 'Forgeofe we betwux us, gyf ure ænig to oðren æ[n]igne gylt wyte; swa swa God on Criste forgeaf us ure synnen, swa eac forgyfe we þan þe wið us synegieð.' 7 eft he cwæð, 'Ne scealt þu nane mænn gelden yfel mid yfele.' Eac on 30 oðre stowe he cwæð, 'Ne beo þu oferswiðed mid þan yfele, ac

Every man will receive forgiveness from God, according as he grants it here to his neighbour, who sins against him.

oferswið þ yfel mid gode.' Cuðlice hit is to wytene, þ æighwylc man swylce forgyfonysse onfohð æt Gode, swylce he her his þan nexten, þe wið hine agyllteð sylleð. Swyðe raðe gehereð se Ælmihtige God ure gebedan for ure synnen, gyf we wylleð geheren 35 þæra manna benen, þe wið us agyllteð, þonne [fol. 109 b] heo æt

33 An erasure before his.

us forgyfenysse biddaðˈ. Se þe mildheortlice cann forgyfen þan þe wið hine synegieð, buten tweone he onfohð miltse æt Gode. Soðlice swa us byð forgyfen eft, swa swa we nu forgyfeð þan þe us mid hwylcere uneðnysse scaðieð.

DE PACIENTIA.

Hit cweðð on þan godspelle, 'Þurh eower geðyld ge mugen habben eower sawle hæle.' On eallen þæs mannes life geðyld is neodðearflice to habbene. Swa swa we sculen geðyldelice arefnen þa teonen, þe us oðre mænn doð, swa us is eac neodðearf, þ we eall þa broca 7 þa geswync, þe us on becumeð, geðyldelice arefnen. Swyðe oft on þyssen wurlde þa gode mæn byð fram þan yfele mannen geswæncte. For þan þeh hwylc mann æfter his gode weorcan broca 7 geswync ræfne, ne sceal he naðer ne cweðen ne þæncen, 'Ic forleas min gode weorc, þe ic ær worhte.' Soðlice gyf hwa þuss cwyð, þonne byð hit geherd, þ he na for Godes lufe, ac for þysses wurldes gesælignysse, 7 for manna lofe god weorc geworhte. Oft God cunneð mid his swinglen [fol. 110 a] mid hwylcen mode se mann god do, oððe on hwylcre strængðe he aræfne þa costnunge, þe him on becumð. 'Soðlice eower cunneð God,' cwæð se apostel, þ he wyte, hweðer ge hine lufigen. Eallinge seo costnunge wyreceð geðyld, 7 þ geðyld wyreceð fullfremod weorc. Eadig byð se þe þa costnunge oferswiðð, for þan þonne he afandod byð, he onfoh þone lifes beh, þe God behet þan þe hine lufeden.' Ne byð nan mann wel wis, gyf he geðyld næfð. On þan geðylde is to secene forgyfenysse sped, 7 na hwu se man muge his teona eðest gewrecan. Sume mæn synden, þe for þan sume hwile heora teona geðyldelice forbereð, þ he wyle abidan, hwænne he hire eað gewrecan muge. Ac þa mæn nabbeð na þa soðe geðyld. Seo soðe geðyld is, þæt mann hwylce uneðnysse on anweardnysse ellenlice aræfne, 7 næfre emb þa wræce ne þænce, ac hit on his heorte forgyfe. We muge beon martires buten irene 7 lege, gyf we þa geðyld soðfæstlice on ure mode gehealdeð mid uren þan nextan. Herigendlicre is, þ man swylcne [fol. 110 b] teona swigende forbuge, þone hine man andswerigende oferswiðe. Se þe geðyldelice aræfneð yfel on þysser wurlde, on þære towearde wurlde, he onfohð ecne wulderbeh.

Patience is necessary during the whole life of man.

No man is very wise, if he has not patience.

He who patiently endures evil in this world shall receive a crown of glory in the world to come.

31 we] MS. ge.

DE HUMILITATE.

We can easily understand by the Lord's words how great is the virtue of humility.

Swyðe eaðe we magen oncnawen on Drihtenes wordan, hwu mycel þ mæign is eadmodnysse. He cwæð to Phariseum, to þan þ he heora ofermette gebegde. 'Ælc þe hine sylfne upp ahefð, he byð geeadmedod, 7 se þe hine sylfne geeadmedeð, he byð upp ahafen.' Eadmodnysse stapen we mugen to heofone hehnysse gesteon. Þone hehne God ne mæig hine man þurh ofermeta geræcen, ac þurh eadmodnysse, swa swa beo him awriten is, ' God wiðstandeð þan ofermodan, 7 þan eadmedan he syllð his giefe.' Beo þan hit is on sealmen gecweðen, ' Se heage God gesihð þa eadmedan, 7 þa hege he feorrene gecnawð.' Þa hege he sette her for þan ofermodan. Þa eadmoda he gesihð, to þan þ he heo to him nyme. Þa hege, þ is þa ofermoda, he on feorren gecnawð, to þan þ he heo fram him awurpe. [fol. 111 a] Leornige we eadmodnysse, þ we mugen þurh þa Gode lichigen 7 genelæcen, swa swa he sylf cwæð on his godspelle, ' Leornigeð æt me, for þan þe ic eam milde, 7 eadmede on heorta, 7 þonne gemete ge reste eower sawlen.'

Through pride the wonderful creation of angels fell from heaven, and through the humility of God the frailty of man's nature ascended to heaven.

Þurh oferhyde seo wunderlice gesceaft ænglen feoll of heofone, 7 þurh Godes eadmodnysse, seo tyddernysse mannes gecynde up to heofone asteah. Se gewune eadmodnysse is swyðe arwurðe betweonen mannen, swa swa Salomon cwæð, ' Þær þær ofermette byð, þær byð fracodne 7 ungerisne, 7 þær þær eadmodnysse byð, þær byð wisedom.' 7 eft oðer wismann cwæð, ' Swa þu geðungænra seo, swa geeadmode þu þe swyðer on ealle þingan, þonne gemetest þu gyfe beforen Gode.' 7 eft Drihten cwæð, ' To hwan lochige ic bute to þan eadmodan, 7 to þan stillen, 7 to þan þe heom mine word ondrædeð.' Swa hwa swa eadmod 7 stille ne byð, ne mæig on him eardigen seo gyfe þæs Halge Gastes. God wæs for ure hæle eadmod geworden. For þan sceal ælce mæn sceamigen, þ he ofermod seo. Ælces mannes heorte swa [fol. 111 b] heo byð swyðer ofdune gehelded for eadmodnysse, swa heo byð ufer ahafen beforen Gode. Soðlice se þe eadmod byð, he byð upp ahafen on þan ecen wuldre. Se æreste stape eadmodnysse is, þ man soðfæstnysse word eadmodlice gehere, 7 hit on his gemynde healde, 7 þ he þ soðfæstnysse word lære lustlice 7 gefræmme. Witodlice þ mod, þ seo soðfæstnysse ne gemeteð mid eadmodnysse gefyllod, sone seo soðfæstnysse hit befligð. God is seo soðfæstnysse. Ælc

---

12 he gesihð] *the* h *of* he *is formed from* b.
23-4 geðungænra] *the second* g *is formed from* w.

mann swa swa he hine swyðere geeadmedeð, swa byð he mare
beforen Gode, 7 se ofermode swa he hine sylfne wunderlicre
æteoweð beforen mannen, swa he aworpenre byð beforen Gode.
Se þe buten eadmodnysse god deð, he byð gelic þan þe on
5 mycele winde dust berð. To hwan la ofermodegeð seo eorðe
7 seo axe, þ is se mann, þonne he þurh þære oferhygde wind
byð toblawena, þa gode weorc, þe he ær þurh fæsten 7 þurh
ælmesdæden gegaderede? Geherest þu, man, ne wuldre þu na on
þinen agena mæignen, þu [fol. 112 a] hæfest oðerne deme, na þe
10 sylfne. On þæs gesicðe þu scealt þe sylfne geeadmeden on þinre
heorte, þ he þe upp ahebbe on þa time his tocymes. Stih nu ondun,
þ þu muge þonne asteon up. Geeadmede þe nu, þ þu seo þonne up
ahafen 7 geheged. Se þe him sylfen þynceð yfellic, he byð fæger
beforen Gode. Beo þu lytel beforen þinen agene eagen, þ þu seo
15 mycel beforen Godes eagen. Swa mycele deorewurðre þu byst
beforen Gode, swa mycele þu þe sylfen forseowenlicre þyncest. On
þære hegesten are sitt seo mæste eadmodnysse. Eadmodnysse
mæign is ælcre are lof.

DE COMPUNCTIONE CORDIS.

20   Seo onbrerdnysse þæs mannes heortan cumeð of eadmodnysse,
7 of þære onbrerdnysse ondetnysse, 7 of þære andetnysse cumeð
seo dædbote, 7 of þære soðe dædbote cumð seo forgyfonysse þære
gylten. Seo onbrerdnysse þære heortan is eadmodnysse þæs modes,
þonne se mann gemuneð his þurhtogene synnen, 7 þa mid tearen
25 mæneð, 7 him ondrædeð þone andrystlice Godes dom. Of twi-
fealden onbryrdnysse [fol. 112 b] aspringeð 7 gewunigeð teares
flowen ; hwilon þone se mann, swa swa ic ær cwæð, gemuneð his
yfele weorc 7 for þan wepeð ; hwilon eac, þone se gode mann for
his gode weorcan wilneð, þ he heonan mote, 7 he for þan wepeð,
30 þe him lysteð Godes andweardnysse, 7 þæs gefean, þe he ær æfter
swanc. Beo þan se witege cwæð, 'Minre sawle þyrste to þan
lyfigende Gode, hwænne ic cume 7 me æteowige beforeñ Godes
ansene.' Þreo cynn synden þære onbrerdnysse lufen, mid þan þ
mod þæs rihtwisen mannes swyðe halwendlice byð onbryrd. An
35 is þ gemynd his þære þurhtogena synnen, oðer is seo sceawung his

24 *MS.* þurhgotene] *Assmann* þurhtogcnc.
35 *MS.* þurhgotena] *Assmann* þurhtogena.

ælðeodignysse on þyssen earmen life, þridde is seo gewillnung þæs
heofonlicen eðles, þ he sum hwænne þærto becumen muge. Þonne
þeos on þæs mannes heorte becumð, þonne is to gelefene, þ God

God through His mercy is present in the heart of man.

þurh his gyfe seo andweard þæs mannes heortan, beo þan eac hit
gecweðen is on sealmen, 'God, min lif ic cyððe þe 7 mine teares 5
ic sette beforen þinre gesihðe, swa swa on þinen foregehaten.' þ
foregehat is forgyfenysse, þe we habbeð fram Gode. He awecceð
on ure heorta dædbote [fol. 113 a] teares, þ is swyðe wilsumlic
goldhord on mannes heorte, seo swetnysse þære onbryrdnysse þæs
mannes sawle. Þonne heo byð onbryrd on þan mæn, þær he æt 10
his gebeden byð, swyðe hit hire gehelpeð to þære ecen hæle.
Þonne þurh gebeden seo anbryrdnysse byð ut agoten of þæs mannes
heorte, nis hit nan tweonung, þ se Halge Gast beo andweard on
þære heorte.

DE CONFESSIONE PECCATO*RUM*. 15

Holy Scripture often teaches us to fly to the remedy of true confession for our sins.

Gelomen us læreð þ halige gewrit, þ we fleon to þan læcedome
soðre andetnysse ure synnen, ne swa þeh þ God beðurfe ure
andetnysse, þan eall cuð is, gea þ we doð, gea þ we specað, gea
þ we þenceð; ac we for þan elles ne mugen beon hale bute we
andetten 7 bereowsigende beon, þ we to unrihte dyden þurh geme- 20
leaste. Se þe nu hine sylfne to his scrifte wregeð for his agene
synnen, ne mot hine eft deofol wregen on domes dæige, gyf he
þonne þehhweðere þa synne, þe he ondett, þurh reowsunge adilegeð,
7 heo syððen eft (ne) geneoweð. Jacobus se apostel cwæð,
'Andetteð eower synnen betwux eow, 7 gebidde eower ælc for 25
oðerne, þ ge mugen beon hale.' [fol. 113 b] 7 eft se apostel
cwæð, 'Seo andetnysse þæs muðes becumeð þære sawle to hæle.'
7 Salomon cwæð, synfulle mannen to lare, 'Se þe ahydeð his

'He who confesses and forsakes them, receives at once the mercy of God.'

unrihtwisnysse, ne byð he gereht beforen Gode. Se þe heo
geandetteð 7 forlæteð, sone he begytt Godes mildheortnysse.' þ is 30
swyðe mycel hæle læcedom, þ we eft ne gecerren to þan unrihten,
þe we ær geandettan, ne we ne geednywigen þa dolhswaðe þære
ærrena wunden. Eac Joha*n*nes se godspellere cwæð, 'Ondette we
ure synnen, for þa*n* þe God is swyðe getreowe, he us forgyfð ure
synna, 7 he us eac geclænseð fram ælcen unrihte.' Swa eac se 35
salmscop cwæð, 'Ic secge 7 ic ondette mine Drihtene eall min

---

2 sum] *the* m *has been inked over.*
8 heorta] *the* t *is written on an erased* a.
24 (ne) *has been inked over.*

unriht wið me sylfen, 7 þu Drihten me forgeafe minre synne arleasnysse.' Ondette se synnfulle, þa hwile þe he on þyssen life seo, ꝥ ꝥ he to unrihte dyde, for þan þe mid hellwaren nis nan wæstmbære ondetnysse, ne þære nan bereowsung to hæle becumen 5 ne mæig. Ac nu is Gode anfænge tid, 7 nu synden hæle dæges, nu is forgyfonysse tid þan reowsigendan, 7 æfter deaðe byð wræce tid þan [fol. 114 a] þe nu byð gemelease, ꝥ heo heora synnen ne andetten. Soðlice ealle þa arlease mænn habbeð swyðe bitere dædbote on þan ecen wite, 7 heom seo ne gehelpeð to nanre 10 forgyfonysse, ac heora ingehyd heo præsteð heora wites to ecan. Heo mihten heom gebyrgen þa unmætnysse þære wite þurh ondetnysse 7 þurh dædbote, ac heo hit forgemeleasoden. For þan gelice se lege heo uten bærneð, heora ingehyd heo innen præsteð. Hwu mæig se læce gehælen þa wunde, þe se untrume 15 scuneð ꝥ he him eowie? For þan wilneð God ure andetnysse, ꝥ he þa rihtlucor muge ure synnen forgyfen. Se þe his synnen adilgað 7 heo scuneð, 7 he heo halewendlice andetteð, God se þe hire byð nu gewite, he heora byð eft werigend. Beðænce æghwa nu hine sylfne, 7 hine beo his synnen deme, þe læste hine God eft 20 gedeme to þære ecen nyðerunge. Twifealdne wop sceal ælc man habben on dædbote, ærest ꝥ he þurh gemeleaste forlet ꝥ god, ꝥ he don scolde, 7 eft ꝥ [fol. 114 b] he þurh þristnysse, ꝥ he don ne scolde, þurhtihð. Seo andetnysse heo gerihtwiseð þone man. Þurh þa andetnysse cumeð þære synne forgyfenysse. Ælc for-25 gyfonysse hyht is þære andetnysse. Seo andetnysse is mildheort-nysse weorc, 7 heo is þæs untrumen hæle. Seo andetnysse is se læcedom ure synnen mid þære soðen dædbote.

DE PENITENTIA.

Ðære soðen dædbote mæign se Hælend sylf on his godspelle 30 æteowde, þuss cweðende, 'Doð dædbote eower synnen, þonne genelæceð eow heofona rice.' 7 Johannes se fulhtere cwæð, 'Doð medeme wæstmes dædbote.' ꝥ is se medeme wæstme þære dædbote, ꝥ man þa geworhte synne bewepe, 7 þe þa he þonne bewepe, þa he eft ne wyrce, swa swa ꝥ halige gewrit cwyðð, 'Ne geec þu na 35 synne ofer synna.' 7 Drihten cwæð þurh Isaiam þone witega, 'Aðweað eow 7 byð clæne. Se byð aðwegen 7 byð clæne, se þe his þa geworhte synnen bewepeð, 7 þa þa he þonne bewepeð, eft

13 *MS.* gelice 7 s. l.
37 *MS.* gæworhte] *the g is written on an erasure.*

ne wyrce.' Se eadige apostel Petrus cwæð beo þan mannen, þe heora synnen bewepeð, 7 eft æfter þan [fol. 115 a] wope þa ilca synne wyrceð, þe heo ær fore weopan, þ hit wære gelicost, þan þe se hund wære eft gecerred to his spywðen, 7 eft fræte þ ilca, þ he ær speaw. Eac þ halge gewrit cweðð, 'Gyf þu sume synne dest, 5 ne geech þu þa synne mid oðre synnen, ac þu God georne bide, *True repent-* þ he þe þa gefremda synne forgyfe.' Seo soðe dædbote ne byð na *ance is not reckoned* æfter geara gerime gescrifen, ac beo þæs synfulles mannes modes *according to the number* sarignysse, for þan se eadige apostel Petrus sone æt Gode forgeofe- *of years, but according to* nysse onfeng, þe he swyðe biterlice weop þære þreofealdan forsaca- 10 *the sorrow of heart of* nysse synne. Seo dædbote þeh heo beo lytle hwile, gyf heo byð *the sinner.* mid inneweardre heorta sarignysse gedon, fram Gode þan rihtwise Deme ne byð heo forseowen, se þe æighwylcere heorta digelnysse sceaweð. Ne seceð God na swa swyðe þa lenge þære tide, swa he sceaweð þære lufe smyltnysse þæs dædbetenden. Soðlice se þe 15 mid ealle moda on Crist getreoweð, þeh he manega synnen swelte, on his geleafe he leofeð on ecnysse, swa swa he sylf on his godspelle cwæð, 'Ic eam ærist 7 ic eam lif; se þe on [fol. 115 b] me gelefð, þeh he dead seo, he leofeð; 7 ælc þære þe leofeð 7 on me gelefð, ne swelteð he næfre.' Þiss he cwæð beo þære sawle deaðe, se þe 20 her cumð þurh þa untrumnysse synne. God is swyðe mildheort, 7 he is geare, to þan þ he þurh his mildheortnysse hæle þa þa he gemeteð þæs wurðe, þ he heo þurh heora rihtwisnysse hælen mæig. *God desires* God wyle, þ ælc mann sy hal, nele he, þ ænig forwurðe. He eac *that every man shall be* cwæð þurh þone witega, 'On swa hwylcen dæige swa se synfulle 25 *whole, and that none* gecerred byð to Gode, he leofeð on life 7 he ne swelteð.' Seo se *shall perish.* man swa swyðe synfull swa he seo, gyf he to dædbote gecerren wyle, ne twynige him na, þ he þurh Godes miltse mæig his synna geearnigen. Godes mildheortnysse helpð, 7 se gefultumeð þan mannen, þe on þyssen wurlde heora synna dædbote doð. On þære 30 towearde wurlde ne mugen we nane dædbote don, ac þær we sculen ure weorca 7 ure unrihte(s) ageldan. On þysser wurlde is se frigdom dædbota, æfter deaðe nis nane mænn nan bote gelefd.

DE CONUERSIONE AD DOMINUM.

[Fol. 116 a]
It is read in Hit is gerædd on þan godcunden gewriten 7 is þuss gecweðen, 35 *the divine writings,* 'Sune, ne elca þu na to Gode (to) gecerran, for þan þu nast, hwæt se *'Son, delay not to turn* towearde dæig þe bringeð.' Se þe elcað, þ he to Gode ne gecerð,

16 getreoweð] *the* r *is formed from* w.

he deð on plih his agene sawle, for þan þe se deað hit na ne elcað to God, for
na. Se deað gyf he cumð to þan þe elcað, þ he to Gode gecerran thou knowest not
nele, bute tweone he hine lædeð to þan ecen wite, þ is swyðe what the future may
unhalwendlic geðoht, þ hwa emb þa morgenlice cerringe þænce, bring thee.'
5 7 þa anweardan forgemeleasige. Geherest þu synfulle, to hwan
elcest þu, þ þu to Gode gecerre? For hwan ne ondrædest þu þe,
þ þe fær-deað bereafige þæs dæiges þinre gehwerfenysse? Nast
þu, þ mænn færlice swelteð? Nu syððen þ god is, þ man forlæte
his synnen 7 to Gode gecerre, do þ ælc man raðe, for þan þe God
10 us behateð forgyfonysse, gyf we to him gecerran wylleð, 7 he us
nænne fyrst-mearc» ne behatt langes lifes. For þan gehwerfe ælc
man hine to Gode, 7 forlæte se arlease man his unrihtwisnysse
weges, [fol. 116 b] for þan gyf færinge cumð se utemeste dæig,
þonne byð gelosed seo elcunge, 7 þær byð to lafe seo wite þan
15 synfulle mænn. Gyf þu nelle losien, gecerr to Gode, þonne leofest 'If thou wilt
þu. Ne scealt þu na georwenen beo þinre synne forgyfenysse, ac not perish, turn to God,
gecerr to Gode 7 do dædbote. Þu cweðst, 'Cras,' þ is Leden word then thou shalt live.'
7 is on ure þeodan 'Tomorgen.' 'Ac for hwan nelt þu todæig?'
Þu cwytst, 'Hwylc yfel is, þ ic cwæð, tomorgen?' Ic cweðe,
20 'Hwylc yfel is þ, þ þu todæig to Gode gecerre?' Nu gyf þu cwetst
'Min lif byð lang,' þonne cweðe ic, ' Gyf hit lang seo, seo hit god.
Gyf hit scort seo, seo hit eac god. Gyf þu tun bygst, þonne þu
wylt godne. Gyf þu wif nymst, þu wilnest, þ heo god seo. Gyf þu
bearn hæfest, þu wyscest, þ heo seon gode. Swa swa ic eac nu beo
25 þan wacasten þingen cweðe, gyf þu scos bygst, nelt þu, þ heo seon
yfele, 7 wylt, þ þin lif seo yfel? On hwan abealh þe þin lif? For
hwan wylt þu beon ane yfel betwux eallen þine gode? Ne elca
þu, þ þu to Gode ne gecerre, ne elca þu hit of dæige to dæige.
Þiss synden Godes word na mine. Ne [fol. 117 a] geherst þu þas word
30 fram me, ac wyt heo gehereð begen fram Gode. Nu gyf þu cwetst,
"Cras, Cras," þ is þæs hræfenes stefne. Se ræfen ne gecerde na 'Cras' is the voice of the
to Noes arca, ac seo culfre cerde. Gyf þu þonne wylt don dædbote, raven. The raven did
þonne þu synegian ne miht, þonne forlæteð þe þine synnen, na þu not return to Noah's
heo.' Genoh fræmde se mann byð fram rihten geleafen, se þe nele ark, but the dove re-
35 his synnen dædbote don, ær he eald seo. Hit is to andrædene, þ turned.
he seo genyðered eft, þone he him mildheortnysse wenð. Soðlice
ne mæig se mann him þonne nanre mildheortnysse wenen, ne

2 na] written in the margin in another hand.

forgyfenysse, se þe nu forleoseð þa getæse tide þære dædbote. Þær
ne mæig se mann geearnigen ꝥ ꝥ he biddeð, se þe her nolde geheren
ꝥ ꝥ God bebead. Se þe nu þære forgyfena tide 7 þære dædbote
forleoseð, on idel he eft cleopað beforan Cristes hehsetle. Nu
sceal ælc man efsten, ꝥ he to Gode gecerre þa hwile þe he muge, 5
þe læste, gyf he nu nelle þa hwile þe he muge, eft þone he wyle, he
ne mæig.

DE TIMORE DOMINI.

'The fear of God is the beginning of wisdom.'
    'Godes ege is se frume wisedom.' ꝥ is swyðe [fol. 117 b] mycel
wærscipe wið synnen, ꝥ him ælc mann simle Godes andweardnysse 10
ondræde. Se þe fulfremedlice him God ondrædeð, he hine sylfne
swyðe geornlice wið synne healdeð. 'Þa mænn, þe heom God
ondrædeð, byð on þan ytemesten dæige swyðe wel, 7 heora mede
wuneð on ecnysse.' Se þe him scamige, ꝥ he beforen mannen egen
synegie, swyðer him sceal scamigen, ꝥ he beforen Godes egen ænig 15
unriht wyrcð. God þa weorc ne gesceaweð, ac þa inwearda heorta.
Þa þa mid þan halgen ege heom God ondrædeð, heo simle seceð ꝥ ꝥ
Gode liceð. Oðer byð þære bearne ege, oðer byð þære þeowen.
Þa þeowwes heom ondrædeð heora hlafordes for wite, þa bearn
heom ondrædeð heora fæderes for lufe. Nu we Godes bearn synden 20
geceigde, ondræde we us hine of þære soðe lufe swetnysse, na of
þæs eges biternysse. Se wise mann on eallan his weorcan he him
God ondrædeð, 7 he geðænceð, ꝥ he Godes andweardnysse nahwyder
befleon ne mæig, swa swa se salmscop cwæð, 'Hwyder gange ic
fram þinen [fol. 118 a] gaste, oððe fram þinre ansene hwyder fleo 25
ic?' 7 eft he cwæð, 'Ne fram eastdæle, ne fram westdæle ne

He who fears God, receives His teaching.
openeð nane stowe God on to (be)fleone.' Se þe him God ondrædeð,
he onfohð his lare; se þe wacað on Godes beboden, he gemeteð
ece bletsunga. Eadig byð þæs mannes sawle, þe him God
ondrædeð, 7 heo wuneð gesund fram þære deofollice costnunge. 30
Eadig byð se man, þe simle for Godes ege forhteð, 7 him forgyfen
byð, ꝥ he simle Godes ege hafeð beforen his eagen. Se þe him
ondrædeð God, he abugð fram ælcen þweoren siðfæte, 7 gerecceð
his weges to mægne(s) paðen. Se Godes ege, he ut adrifð þa
synnen, 7 he gegadereð mæign. Se Godes ege gedeð, ꝥ se mann 35
byð wærr, 7 behealden wið ꝥ ꝥ he ne syngige. Þære se Godes

9 *An erasure before* ꝥ.

ege ne byð, þære byð ealles lifes talnesse. Se þe him God on
gesunden þingen ne ondrædeð, on ungesunden he to him ne
befliho, he for þan swingað, þ he eft hæleð. Eadig byð se were,
se þe him God ondræt, 7 on his beboden byð swyðe geornfull. Se
5 Godes ege, he [fol. 118 b] ut adrifð þone helle ege. Swa ondræden
we us God, þ we hine lufigen, for þan þe seo fullfremede lufe ut
adrifð þone þeowlice ege.

DE IEIUNIO.

Ðæt byð fulfremed fæsten, þe mid ælmessen 7 mid gebedan byð *That fast is perfect*
10 up ahafen, heofones hit þurhleo(ð)reð, 7 becumeð to þæs hecstan *which is made with*
hehsetle; þonne byð se mann gastlic geworden, 7 he mæg þe eð to *alms and prayers.*
Gode geðeodan, þone seo forhæfednysse his lichamen byð þurh
gebeden, and þurh ælmessen upp ahafen. Þurh fæsten 7 þurh
gebeden byð geopenede þære heofonlice geryne digolnysse, 7 þæs
15 godcundan gerynes digolnysse byð onwrigen. Adam, þa hwile þe
he hine fram þæs unalefdes treowes blædon forhæfde, he wunede on
neorcsenewange, 7 sone swa he heo æt, he wæs ut adrifen. þ
fæsten is swyðe strang wæpen wið deofles costnunge. Ælc deofles *Every temptation*
costnung mæig swyðe raðe þurh fæsten beon oferswiðed. Swa eac *of the devil can be*
20 ure Drihten lærde, þ we heora onhrynes mid fæsten 7 mid gebeden *quickly over-*
oferswiðen scolden, 7 þuss cwæð, 'Þiss deofolcynn ne mæig *come by fasting.*
[fol. 119 a] man ut aweorpen ne oferswiðen bute mid fæsten 7 mid
gebeden.' Þa unclæne gastes byð simle þider baldeste, þær þær
heo geseoð oferætes 7 druncanysse oft rædlice begangen. Seo
25 forhæfednysse heo gehlænseð þone lichame, ac heo gefætteð þa
heorte. Heo gewanhæleð þ flæsc, ac gestrangeð þa sawle. Us is
eac to wytene, þ þa fæstene byð Gode ealra þinga gecwemeste, mid
oðre gode weorcan. Þa mænn, þonne heo fæsteð 7 eac oðer yfel *The men who fast and*
doð, heo æfterhyrigeð deoflen, þe ne beðurfen nanes lichamlices *also do evil, resemble the*
30 meten, ac heom byð simle on se gastlice nið. Ac se fæsteð swyðe *devils, who need no*
wel metes, se þe hine sylfne eac fram yfele weorcan, 7 fram þysses *bodily food*
middeneardes geornfullnysse awændeð. Betere is, þ man his mod *but spiritual malice is*
gereordige on þan gebeorscipe haligre lare, þone he his deadlice *always in them.*
flæsces wambe mid manigfealden meten gefylle, his sawle to
35 forwyrde on ecere pine.

1 *MS.* tal nessc]. *Between* tal *and* nesse *an erasure.*
18 *MS.* strang þing wæpen *with a line above and below* þing.

XXXVI
[THE FESTIVAL OF ST. CLEMENT.]

Foolish men often inquire why the Almighty God should ever allow the heathen to kill his saints.

OFT hwonlice gelefde mænn smegeð mid heora stunten gescade, hwy se Ælmihtige [fol. 119 b] God æfre geðafigen wolde, þ þa hæðene his halgen mid stiðen tyntregen acwellen mosten. Ac we wylleð nu eow gereccen sume geswutelunge of þære ealden æ, 7 eac of þære neowen, hwu mihtiglice se Wealdende Drihten his halgen wið hæðene here, oððe wælreowen ehteren gelomen aredde, 7 heora wiðerwinnen bisemærlice gescænde, swa swa (he) hit gelomen gesutelede. Hit gelamp on þan feowerteðen geare Ezechien, þæs Judeiscen cynges, þ Sennacherib, Sirie cyng,

Sennacherib king of Assyria, sent his general Rabshakeh to Jerusalem saying, 'Who is the god that can defend this city against my army?'

manega leodan mid mycelan cræfte to his anwealde gebegde, 7 swa wolde eac þone belefde cyng Ezechiam, 7 asænde his hertoge Rapsacen to þære byrig Jerusalem mid mycelan þrymme, 7 mid ærendgewriten, 7 þæs Ælmihtigen Godes mihten gehyrwde, þuss cweðende to þan embsettan folca, 'Ne bepæce Ezechias eow mid leasen hope, þ God eow wið me ahredde. Ic gewellde 7 gewann feola þeodan, 7 heora godes ne mihten heo gescilden wið minne þrymme. Hwæt is se god þe muge þas burh wið mine here bewerigen?' [fol. 120 a] Hwæt þa, se cyng Ezechias awearp his purprene reaf, 7 dyde hære to his lice, 7 bær þa gewriten into Godes temple, 7 astrehten lymen hine abæd, þuss cweðende, 'Drihten, werede God, þu þe sitst ofer ængle þrymme, þu eart ane God ealre þeode; þu geworhtest heofones, and eorðe, 7 ealle gesceafte. Aheld þine earen and geher, 7 geopene þine eagen 7 gesih þas word, þe Sennacherib asænde to hospe 7 to tale þe 7 þinen folca. Soðlice he towænde þa hæðene, 7 heo forbærnde, for þan þe heo næren godes, ac wæron manna handgeweorc, treowene 7 stænene, 7 he heo for þy tobrytte. Ales us nu, Drihten, fram his gebeote 7 mihte, þ ealle þeodan gecnawen þ þu ane eart Ælmihtig God.' Ezechias eac asænde his weotan mid hæren gescrydde to þan witegan Isaian, þuss cweðende, 'Ahefe þine gebeden for Israele þeodan, þ se Ælmihte God gehere þa tale þe Sirie cyng asænde to hospe, 7 to edwite his mycele mæignðrymme.' Þa andswerode se witega Isaias þan boden, 'Secgeð eowwer [fol. 120 b]

God Almighty said,

hlaforde, þ he unforht seo. God Ælmihtig cweðð, "Ne asceott

---

2 MS. gelefðe] *the* ð *was originally* d, *but a bar has been added.*
2 MS. 7 smegeð. 9 (he)] *written in different ink.*
10 cyng *nearly erased.* 31 Isaian] *the* n *altered from* m.

Sennacherib flan into þære byrig Jerusalem, ne mid his scelde heo 'Senna-
ne gewelt; ac ic geslea ænne wreoðe on his nose, 7 ænne bridel on not shoot
his weleren, 7 ic hine gelæde ongean to his leoden, 7 ic do þ he Jerusalem,
feallð under swurdes ecge on his agene eðele; 7 ic þa burh come it with
5 gescilde for me 7 for mine þeowe Dauid."' Þa on þære nihte ferde his shield.'
Godes ængel, 7 ofsloh þæs Sirien cynges here an hund þusend
mannen, 7 fif 7 hundehtentig þusende; 7 þæs on moregan aras
Sennacherib, 7 geseh þa deade lic, 7 gecerde mid mycelre
scame ongean to þære byrig Niniue. Hit gelamp þa þ he hine
10 gebæd to his deofolgelde, 7 his twegen sunen hine mid swurde
acwealden, swa swa se witega þurh Godes Gast gewitegode. Eft Afterwards
syððen Nabugodonosor, se Caldeisce cyng, het gebinden handen 7 nezzar com-
fet þa þreo-gelefde cnihtes, Ananias, 7 Azarias, 7 Misael, 7 into three believ-
anen beornenden ofne awurpen, for þan þe heo nolden heo gebidden to be cast
15 to his deofelgelden. Ac se Ælmihtige God, þe heo anrædlice on burning
gelef[fol. 121 a]den, asænde his ængel into þan ofne mid þan cause they
cnihten, 7 he þa toscoc þone lege of þan ofne, swa þ þ fyr ne mihte pray to his
heom derigen, ac sloh ut bufen þan ofne nigen 7 feowertig fædmen, idol.
7 forswælde þa cwelleres þe þ fyr onælden. Þa sceawode se cyng
20 þære þreora cnihta fex 7 lichamen, þuss cweðende, ' Seo gebletsod
eower God, se þe asænde his ængel, 7 swa mihtiglice his þeowen of
þan beornendan ofne alesde.' Eac syððen, on Cires dagen cynges, Also later in
wreigden þa Babilonisce þone witega Daniel, for þan þe he towearp Cyrus the
heora deofolgyld, 7 se cyng hine heom betæhte, 7 heo hine awurpen Babylonians
25 into anen seaðe, on þan wæron seofen hungrie leon, ac God hine accused
bearh, þ heo him forbæren, oððet on morgen þ he wæs hal 7 gesund prophet,
up atogen. Se cyng þa swyðe eadmodlice herede 7 þancode Danieles cast down
God, 7 let bescufen in þone seað þæs witegan ehteres, 7 þa leone
heo sone totæren. Þa cwæð se cyng, 'Forhtigen 7 ondræden ealle
30 eorðe bogigende Danieles God, for þan þe he is Alesend 7 Hælend,
wyrecende tacna 7 wundre on heofone 7 on eorðe.' [fol. 121 b]
On þære neowen gecyðnysse æfter Cristes þrowunge, 7 his æriste, 7 In the New
upstige to heofone, wurðen þa Judeissce mid ande gefylled ongean the Jews
his apostles, 7 gebrohten heo on cwarterne. On þære ilcan nihte with envy
35 Godes ængel undyde þa locan þæs cwarternes, 7 heo ut alædde, þuss Apostles,
cweðende, ' Gað to þan temple 7 bodieð þan folca lifes word.' 7 them into
heo swa dyden. Hwæt þa Judeisce þæs on morgen þohten emb prison.

21 of] MS. on.

þære apostle forwyrde, 7 sænden to þan cwarterne þ me heo fette; þa cwelleres þa geopenodan þ cwartern 7 nænne ne gemetten. Heo þa cydden heora eldren, 'þ cwartern we fundon fæste beclysod, 7 þa weardes wiðuten standende, ac we ne gemetten nænne wiðinnen.' Eft syððen Herodes, Judea cyng, sette þone apostel Petrum on cwarterne mid twam rachetegen gebunden, 7 weardes wiðinnen 7 wiðuten gesette. Ac on þære nihte þa se arlease cyng hine on morgen acwellen wolde, com Godes ængel scinende of heofone, 7 gelædde hine ut þurh þa isene geaten, 7 stod eft on morgen þ cwartern fæste belo[fol. 122 a]can. Domicianus, se hæðene casere, het awurpen þone godspellere Johannem on weallenden ele, ac he, þurh Godes gescyldnysse, swa gesundfull ut eode swa he inn aworpen wæs. Þan ilcan Johanne sealde sum hæðengelda atterdrincan, ac he æfter þan drynce ansund 7 ungedered þurhwunede. Paulus se apostel awrat beo him sylfen 7 cwæð, þ he ænne dæig 7 ane niht on sægrunde adruge. Eft æt sumen sæle hine gelæhte an næddre beo þan fingre, ac he ascoc heo into beornendan fyre, ac he þæs attres nan þing ne gefelde.

Leofe mæn, ne mæig nan eorðlic mann mid gewritan cyðen, ne mid tungen gereccen hwu oft se Ælmihtige Wealdend his gecorene of mistlicen fræcodnysse aredde, to lofe 7 to wurðmynte his mæignþrymnysse. Ac he geðafeð for wel oft þ þa arlease his halgen þearle geswænceð, hwilon mid hefigtemen ehtnysse, hwilen mid slege, þ seo reðe ehtnysse becume þan rihtwisen to ecere reste, 7 þan cwelleren to ecen wite. Se salmscop cwæð, 'Feola [fol. 122 b] synd þære rihtwisra gedreccednysse, ac Drihten fram eallen þyssen heo alest.' On twam wisen alest God his gecorene, openlice 7 digollice. Openlice heo byð alesde, þonne heo on manna gesihðe byð aredde, swa swa we nú eow rehten. Digollice heo byð alesde, þonne heo þurh martyrdom becumeð to heofonlicen geðingðen. Gyf heo for soðen geleafen oððe for rihtwisnysse þrowieð, heo byð þonne martyres. Gyf heo þonne unscyldige byð gecwelmede, heora unscæððignysse heo gelætt to Godes halgene geferrædden, for þan þe unscæððignysse æfre orsoreh wuneð. Gyf hwa þonne for synne ehtnysse þoleð, 7 hine sylfne oncnawð, swa þ he Godes mildheortnysse unweardlice bidde, þonne forsceott þ hwilwendlice wite þa ece geniðerunge. For mandæden wæron þa twegen sceaðen gewitnode, þe mid Criste hangodan, ac heora oðer mid mycelan geleafe gebæd hine to Criste þuss cweðende, 'Drihten, geðænc min

þonne þu to þinen rice becumst.' Crist him andswerode, 'Soð ic
þe secge, nu todæig þu byst mid me on neorcxeneswanges myrhðe.'
Unwilles we mugen [fol. 123 a] forleosen þa hwilwendlice god, ac *Unwillingly*
we ne forleoseð næfre unwilles þa ece god. Þeh se reðe reafere us *we may lose the transi-*
5 æt æhte bereafige, oððe feores benæme, he ne mæig us ætbredan *tory good, but we can*
urne geleafe ne þ ece lif, gyf we us sylfe mid agene wille ne *never un- willingly*
forpæreð. Se soðe Drihten us aredde fram eallen fraconnysse, 7 to *lose the eternal*
þan ecen life gelæde, se þe leofeð 7 rixeð abuten ænde. Amen. *good.*

XXXVII

SANCTUS FURSEUS GESIHÐE.

10 MÆN þa leofeste, Paulus se apostel, eallra þeode larðeaw, awrat *Paul the*
beo him sylfen, þ he wære gelædd up to heofone, oððet he *Apostle wrote that*
becom to þære þriddan heofona; 7 he wæs to neorxenewange, *he was led to paradise,*
7 þær þa gastlice digolnysse gehyrde 7 geseh; ac he ne cydde ne *but he did not make*
eorðlice mannen, þa þa he ongean com, hwæt he geherde oððe *known to earthly men,*
15 gesege, þyssen worden writende beo him sylfen. 'Ic wat þone *when he returned,*
mann on Criste, þe wæs gegripen nu for feowertene gearen, 7 *what he had heard or*
gelædd oððe þa þridde heofone; 7 eft he wæs gelædd to neorxene- *seen, but we will now*
wange, 7 þær geherde þa digele word þe nan eorðlic man specan *relate to you the vision of*
ne mot.' Sume rædeð þa lease gesettnysse, þe heo hateð Paulus *another man.*
20 [fol. 123 b] gesihðe; nu he sylf sæde, þ he þa digele word gehyrde,
þe nan eorðlic man specan ne mot, ac we wylleð eow gereccen
oðres mannes gesihðe, þe unleas is, nu se apostel Paulus his
gesihðe mannen ameldigen ne moste. Sum Scottisc preost wæs *There was a Scottish*
gehaten Furseus, æðelboren for wurlde, arwurðes lifes, 7 gelefd *priest called Furseus, of*
25 swyðe. He wæs fram cildhade gelæred, on clænnysse wunigende, *noble birth, honourable*
estfull on mode, lufigendlic on gesihðe, 7 on halgen mægnen dæig- *life, and great faith.*
hwamlice þeonde. Þa forlet he fæder 7 moder 7 mæges, 7 on oðre
earde ælðeodig leornode. Æfter þyssen he hrærde mynster, 7 þ mid
æwfæste mannen gesette. Eft, æfter fyrste, getimede him untrum- *After death*
30 nysse, swa þ he wearð to forðsiðe gebroht. Þa genamen twegen *two angels with white*
ængles his sawle, 7 fleogende mid hwiten feðerhamen, betwux heom *wings took his soul, and*
feredan; 7 an þridde ængel fleah him ætforen, gewæpnod mid *a third angel flew before him armed.*

21 ac *has been partly erased and then inked over.*

hwite scelde 7 scinende swurde. Þa þry ængles gelicre brihtnysse scinende wæron, 7 þære sawle wunderlice wynsumnysse mid heora feðerswege on belædden, [fol. 124 a] 7 mid heora sanges dreame mycel geglædedden. Heo sungen, 'Þa halgen fareð fram mihte to mihte; eallre godene God byð geseowen on Syon.' Þa geherde he 5 eft oðerne sang swylce uncuðne manegra þusenda ængla, þuss An angel of the celestial host commanded the angel who led the soul to take it back to the body from whence it was brought. cweðende, 'Heo eoden togeanes Criste.' Hwæt, þa, an ængel of þan uplicen werode bebead þan gewæpnodan ængle þe þa sawle gelædde, ꝥ heo eft heo ongean læden scolden to þan lichame, þe heo of gelædd wæs. Þa cwæð se ængel him to, þe him on þa swyðre 10 hand fleah, 'Þu scealt eft þinne lichame underfon, 7 agyfen Gode þinre carfulnysse weorc 7 fremminge.' Þa cwæð se halge Furseus, ꝥ he nolde his gewilles heora geferræddan forlæten. Se ængel him andswerede, 'Æfter þinre carfullnysse goddre fremminge, we cumeð eft to þe; 7 þe genymeð eft to us.' Heo þa sungen, 7 seo sawle ne 15 mihte undergyten hwu heo on þan lichame eft becom, for þæs dreames wynsumnysse. Þa betwux hancrede læig se halge were geedcwicod, mid rosene heowe ofergoten, 7 þa licmæn his nebb [fol. 124 b] þærrihte unwrigen. Þa befran Furseus, hwy heora gehlyd swa mycel wære, oððe hwæs heo swa mycel wundredan. 20 Heo þa him andsweredan, 7 sædon, ꝥ he on æfnunge gewite, 7 ꝥ his lic læge on flore eall þa niht oð hancred. He þa up gesæt, smeagende his gesihðe, 7 het hine huseligen, 7 swa untrum leofode twegen dages. Eft þa on þære þridde nihte amidden, astrehte his handen on gebedan, 7 bliðe gewat of þyssen swyncfulle life. Þa 25 comen eft þa þreo foresæde ængles, 7 hine gelædden. Hwæt þa comen þa aweregode deoflen on atelicen heowe þære sawle togeanes, The devils shot their fiery darts against the soul, but the devilish arrows were all extinguished through the protection of the armed angel. 7 heora an cwæð, 'Uten forstanden heo forne mid gefihte.' Þa deofle fihtende scuten heora fyrene flan ongean þa sawle, ac þa deoflice flan wurden þærrihte ealle adwæscte þurh þæs gewæpnoden 30 ængles gescyldnysse. Þa ængles cwædan to þan aweregodan gasten, 'Hwy wylle ge letten ure siðfæt ? Nis þes man dælnymende eowres forwurdes ?' Þa wiðerwinnen cwædon, ꝥ hit unrihtlic wære, ꝥ se

    4 geglæde|dden] *the second* d *is prefixed to the third in the margin and has been inked over.*

    14 *MS.* frēminge] *the* in *is altered from* m.

    18 heowe], *the* o *is partly erased.*

    19 befran] *all the letters following* b *have been erased, but the lower portions of* e, f, *and* r *are clearly visible.*

    30 gewæpnoden] *the second* n *is altered from a long* s.

mann þe yfel geðafede, scolde bute wite to reste færen, þonne hit
awriten is, þ þa byð eall [fol. 125 a] swa scyldige þe þ unriht geða-
figeð, swa swa þa þe hit gewyreceð. Se ængel þa feaht ongean þa
aweregode gastes to þan swyðe, þ þan halgen were wæs geðuht þ
5 þæs gefihtes hream 7 þære deofla gehlyd mihte beon geherd geond
ealle eorðen. Þa deofle eft cwædon, 'Idele spellunge he beeode, *The devils
ne sceal he ungedered þæs ecen lifes brucan.' Se halge ængel said, 'He
cwæð, 'Bute ge þa heafod-lehtres him on befæstnigen, ne sceal he evil con-
for þan læssen losigen.' Se ealde wregere cwæð, 'Bute ge forgyfen uninjured
10 mannen heora gyltes, ne forgyfð se Heofonlice Fæder eow eower enjoy eternal
gyltes.' Se ængel andswerede, 'On hwan wræc þes mann his life.'*
teona?' Se deofol cwæð, 'Nis na awriten þ heo wrecan ne sculen,
ac bute ge forgeofen of eower heortan þan þe wið eow agylteð.'
Se ængel cwæð, 'Us byð gedemd ætforen Gode.' Se ealde scucca *The angel
15 eft cwæð, 'Hit is awriten, "Bute ge beon swa bilewite on unscæð- said, 'We
ðignysse swa swa cild, nabbe ge infær to heofone rice."' Þiss judged be-
bebod he nateshwan ne gefylde. Se Godes ængel hine beladode, fore God.'*
7 cwæð, 'Miltsunge he hæfde on his heorte, þeh he manne gewune
heolde.' Se deofol andswerede, [fol. 125 b], 'Swa swa he þ yfel
20 of þan mænnisce gewune underfeng, swa underfo he eac þ wite fram
þine uplicen Deme.' Se halge ængel cwæð, 'We byð ætforen Gode
gesemed.' Þa wiðerwinnen wurðen þa oferswiðde þurh þæs
ængles gewinn 7 ware. Þa het se halge engel þone eadigen were *The holy
beseon to middenearde. He þa beheold underbæc, 7 geseh swylc manded the
25 an þeosterfull dene, swyðe neoðerlic, 7 geseh þær feower ormæte to look at
fyr atende, 7 se ængel cwæð him to, 'Þas feower fyr ontendeð the world,
ealne middeneard, 7 onæleð þære manna sawle þe heora fulhtes four enor-
andetnysse 7 behæse þurh forgægenysse awæiden. þ an fyr ontent kindled.*
þære manna sawlen, þe leasunge lufedan; þ oðer, þære þe gitsunge
30 fyligdon; þ þridde, þære þe ceaste 7 twirædnysse styredan; 7 þ
feorðe fyr forbærnð þære manna sawle þe facne 7 arleasnysse
beeodan.' Þa genelæhte þ fyr þan halgen were, 7 he sone afyrht
to þan ængle cwæð, 'þ fyr genelæceð wið me.' Se ængel and-
swerede, 'Ne beornð on þe þurh wite, [fol. 126 a] þ þ þu on life ne
35 onældest þurh lehtres. Þeh þiss fyr egeslic seo 7 mycel, þehhwe-
ðere hit onælð ælcne beo his gewyrhten. Swa se lichame byð
ontend þurh unalefde lustes, swa eac beornð seo sawle þurh nead-
wite.' Se gewæpnode ængel þa fleah him ætforen, todælinde þone
lege, þa oðre twegen him flugen on twa healfen, 7 hine_wið þæs

fyres frecednysse aredden, 7 gescillden. Þa deofle þa mid gefihte ongean þa sawle scuten, 7 heora an to þan ænglen cwæð, 'Se þeowe þe wat his hlafordes wille, 7 nele heo gefremmen, sceal beon gewitnod mid mycele wite.' Se halge ængel befran, 'Hwæt ne gefyllde þes mann his Hlafordes wille?' Se scucce andswerede, 'Hit is 5 awriten, þ se hehlice God hateð unrihtwisre gyfe.' He hæfde genumen lytle ær sumne clað æt sumen sweltende mænn. Þa cwæð se ængel, 'He gelefde þ æighwylc þe him ænige geofe geafen, bereowsunge on his life dyde, þ he swa mihte.' Se deofol andswerede, 'Ærest [fol. 126 b] he scolde heora dædbote afandigen, 7 10 syððen heora sylene underfon.' Se ængel andswerede, 'Uten sceoten to Godes dome.' Se aweregode gast andswerede, 'God cwæð, þ alc synne þe nære ofer eorðen gebett, scolde beon on þysser wurlde gedemed. Þes man ne geclænsode his synnen on eorðe, ne her nane wite ne underfohð. Hwar is nu Godes rihtwisnysse?' 15 Se ængel heom þreade, 7 cwæð, 'Ne tæle ge, for þan þe ge nyten Godes digle domes.' Se deofol andswerede, 'Hwæt is her bedigeled?' Se ængel cwæð, 'Æfre byð Godes mildheortnysse mid þan mænn, þa hwile þe þær byð gewend ænig bereowsung.' Se deofol andswerode, 'Nis nu his time to bereowsine on þyssere stowe.' Se 20 ængel andswerede, 'Nyten ge þa mycele deopnysse Godes geryne? Wealte þeh him beo get alefd bereowsung.' Þa cwæð sum oðer deofol, 'Hit is awriten, "Lufe þinne nexte, swa swa þe sylfne."' Se ængel andswerede, 'Þes were dyde god his nexten.' Se wiðerwinne andswerede, 'Nis na genoh þ man his nextan god do, buten he 25 hine [fol. 127 a] lufige swa swa hine sylfne, 7 him fore gebidde.' Se ængel andswerede, 'Þa gode dæden synd geswutelunge þære soðe lufe, 7 God forgelt ælce mænn beo his dæden.' Hwæt se deofol þa mid hospe cwæð, 'Þes man behet þ he wolde ealle wurldðing forlæten, 7 he syððen lufede wurldðing ongean his 30 behæse, 7 ongean þæs apostles bebodan, þe þuss cwæð, "Ne lufige ge þysne middeneard, ne þa þing þe on middenearde synd."' Se halge ængel andswerede, 'Ne lufede he wurldlice æhte for his neode ane, ac to dælen eallen wædlinge.' Se ealde wregere eft cwæð, 'Hit is awriten, "Bute þu gestande þone unrihtwise, 7 his unrihtwisnysse 35

---

13 *MS.* næ re] *an* f *erased between the* næ *and the* re.
21 *An erasure after* ængel.
22 wealte] *Camb. MS.* weald.
28 hwæt] *the* t *is written in different ink on an erasure.*

THE VISION OF ST. FURSEUS

him secge, ic ofga his blodes gyte æt þinen handen." Þes mann
nolde cyðen þan synegiendan heora synnen.' Se ængel cwæð,
' Hit is awriten beo þan yfele timen, þ se snotere sceal swigigen,
þone he gesihð þ seo bodung næfð nænne forðgang.' On eallen *In all these*
5 þyssen gefliten wæs þære deofle gefiht swyðe stiðlic ongean þa sawle, *disputes the fighting of*
7 þa halge ængles, oððet þurh [fol. 127 b] Godes dom þa wiðer- *the devils was very*
winnen wurden gescynde, 7 se halge were þa gewearð mid ormeten *fierce against the*
lihte befangen. Þa beseh he up, 7 geseh fela ængla werod on *soul and the holy angels.*
mycelre brihtnysse scinende, 7 þære halgene sawlen wið him
10 fleogende mid unaseggen[d]lice lihte, 7 aflegden þa deoflen fram
heom, 7 þæs fyres ogan him fram adyden. Þa gecneow he betwux
þan halgen twegen arwurðe sacerdes, þe ær on life wæron his
landes mæn swyðe namecuðe. Heo þa genelæhten, 7 him cuðlice
to spæcon. An þære hatte Beanus, oðer Meldanus. Þær wearð *Two venerable priests,*
15 þa geworden mycel smyltnysse þære heofone, 7 twegen ængles *Beanus and Meldanus,*
flugen swylce þurh ane dure into þære heofone, 7 þær sloh þa *approached*
mycel liht ut æfter þan ænglen, 7 wæs geherd feower ængle *Furseus and spoke to*
wereda sang, þuss cweðende, ' Sanctus, sanctus, sanctus, Dominus *him.*
Deus sabaoth.' Þa sæde se ængel þan eadigen were, þ se dream
20 wære of þan uplice weorede, 7 het hine georne þæs heofonlices
sanges hlysten, 7 cwæð, ' Soðlice on þyssen heofonlice rice ne
becumð næfre [fol. 128 a] unrotnysse buten for manna lyre.' Eft
þa comen fleogende of þære heofonlice digelnysse ængles, 7 cydden
þ he scolde eft to wurlde gecyrren. Furseus þa gewearð, þurh þas
25 bodunge ablygd, 7 þa twegen foresæde sacerdes abæden æt þan
ænglen, þ heo mosten hine gespecan, 7 cwæden him to, 'Hwæs
ondrætst þu þe? Anes dæiges færeld þu hæfest to siðigene.'
Furseus þa befran beo geændunge þysser wurlde. Heo cwædon, *Furseus*
' Ne byð seo geændunge þysser wurlde get, þeh heo gehende seo, *then inquired con-*
30 ac mancynn wurð swyðe geswænct mid hungre 7 mid cwealme. *cerning the ending of*
Þurh feower þing losieð manna sawlen, þ is, þurh lehtres, 7 þurh *the world.*
deofles tyhtunge, 7 þurh larðeawes gemeleaste, 7 þurh yfele gebis-
nunge unrihtwisra heafodmannen. Ofer þan larðeawen is Godes
eorre swyðest astyrod, for þan þe heo forgemeleasigeð þa godcunde
35 bec, 7 embe þa wurldþingen eallinge hogigeð. Biscopen 7 sacerdan
gedafenað þ heo heora lare gemen, 7 þan folca heora þearfe
[fol. 128 b] secgen. Mynster mannen gedafeneð þ heo heora lif on

15 geworden] *the o is altered from e.*

They said, 'Make known thy vision in the world.'	stillnysse adreogan. Þu soðlice cyð þine gesihðe on middenearde, 7 beo hwiltiden on digolnysse, 7 hwiltiden betwux mannen. Þonne þu on digelnysse beo, heald þonne georne Godes beboden; 7 eft, þone þu ut færst betwux mannen, far for heora sawle hæle, na for wurldlicen gestreone. Ne beo þu carfull embe wurldlicen gestreon, 5 ac miltse eallan þine wiðerwinnen mid hluttre heorta, 7 ageld god for yfele, 7 gebide for þinen feondan. Beo þu swa swa getreowe dyhtere, 7 nan þing þe ne geahnie, bute bigleofe 7 scrud. Afed þinne lichame mid alefden mete, 7 ælc yfel forsih.' Æfter þyssen mynegungan 7 manigfealden oðre laren, gewende eall ꝥ heofonlice 10 werod up to þan heofonlicen þrymme, 7 þa twegen sacerdes, Beanus
Furseus with the three angels returned to earth.	7 Meldanus, samod. Furseus soðlice mid þan þreom ænglen gewænde to eorðen. Heo becomen þa eft to þan witnigendlice fyre, 7 se gewæpnode ængel rymde [fol. 129 a] him weig þurh ꝥ fyr, todælinde þone lege on emtwa. Hwæt þa deofle þa scuten of þan 15
The devils cast an unrighteous soul burning upon Furseus, who recognized that it was his townsman from whose corpse he had taken a garment.	fyre, 7 awurpen ane unrihtwise sawle beornende uppen þone eadigen Furseum, swa ꝥ his sculdre 7 his hleor wurden ontende mid þan witnigendlicen fyre. Furseus sone oncneow þa sawle; se wæs his tunmann ær on life, 7 he genam æt his lice sumne clað, swa swa we lytle ær eow sæigdon. Þa ængles þa gelæhten þa sawle, 20 7 awurpen eft into þan fyre. Þa cwæð sum þære deoflen, 'Swa swa þu underfenge ær his god, swa þu scealt beon his efenhlytte on his wite.' Godes ængel andswerede, 'Ne underfeng he his þing for nanre gitsunge, ac for his sawle alesodnysse.' 7 ꝥ fyr sone geswac. Þa cwæð se Godes ængel to þan were Furseum, 'ꝥ ꝥ, þu 25 sylf onældest, þæt barn on þe. Gyf þu ne underfenge þysses syn-
God's angel said to Furseus, 'Preach now to all men to repent and to make confession to priests, until the last hour of their lives.'	fullen mannes reaf æt his forðsiðe, ne mihte his wite þe derigen. Bode nu ealle mannen dædbote to donne, 7 andetnysse to sacerdan, oðð ende nextan tide heoras lifes; ac [fol. 129 b] swa þeh nis to underfonne nanes synfulles mannes æhte ne scrud on his geændunge, 30 ne his lic ne seo on haligre stowe bebyriged; ac beo him gesæd, ær þone he gewite, þa tearte wite, ꝥ his heorte mid þære biternysse beo gerepod, ꝥ he eft muge æt sume sæle beon geclænsod, gyf he his unrihtwisnysse hure on his forðsiðe bereowseð, 7 genihtsumlice ælmessen dælð. Ne underfo se sacerd swa þeh nan þing þæs 35 synfulles mannes æhte, ac me heo dæle þearfen æt his byrigene.' Æfter þyssere spæce comen þa ængles mid þære sawle, 7 gesæten uppen þære cirice hrofe, þær ꝥ lic læig mid mannen besett; 7 þa ængles heten hine oncnawen his agene lichame, 7 hine eft underfon.

THE VISION OF ST. FURSEUS

Furseus þa beseh to his lichame swylce to uncuðen reafe, 7 nolde him genealæcen. Se halge ængel cwæð, 'Hwy onscunest þu to underfonne þinne lichame, þone þe þu miht buten lehtre gewinne heonanforð habben? Soðlice þu oferswyððest on þyssere [fol. 130 a] gedrefednysse þa unalefedlice lustes, þ heo heonenforð ongean þe naht ne mugen.' Þa geseh he geopenigen his lichame under þan breoste, 7 se ængel him cwæð to, 'þonne þu geedcucod byst, ofergeot þinne lichame mid fantwætere, 7 þu ne gefelst nane sarnysse bute þa bærnete þe þu on þan fyre gelæhtest. Do wel on eallen þine life, 7 we syððen æfter þinen weldæden bliðne þe eft genymeð to us.' Se halge were Furseus aras þa of deaðe oðre siðe, 7 geseh him abuten mycele menige læwedra mannen 7 gehadedra, 7 mid mycelre geomerunge heora mænnissce angin 7 dysig bemænde. He gesæt þa, 7 sæde beo ændebyrdnysse ealle his gesihðe, þe him þurh Godes ængles on þære hwile geswutelod wæs. *'Do well all thy life, and after thy good deeds we shall take thee happy to us again.'*

He wearð begoten mid fantwætere, swa swa se ængel het; wæs þeh þ bærnet, þe he gelæhte æt þan unrihtwisen were, on his sculdre 7 on ansene æfre gesegen. Mycel wunder þ hit wearð gesene on þan lichame, þ þ seo sawle [fol. 130 b] ane underfeng. He ferde þa geond eall Irland, bodigende þa þing þe he geseh 7 geherde, 7 wæs mid Godes gyfe wunderlice afylled, nanes eorðlices þinges wilnigende næs. Eallen goden mannen he wæs lufigendlic, unrihtwisen 7 synfullen egeslic. On godcunden wundren he scan, 7 aflegde deoflen fram ofsette mannen, 7 þearfen geherte. Ferde þa twelf gear bodigende betwux Iren 7 Scotten, 7 syððen ofer eall Ænglecynn, 7 eac sum mynster on þyssen eglande arærde; wænde syððen suð ofer sæ to Francene rice, 7 þære mid mycelre arwurðnysse underfangen wæs, 7 mynsterlif arærde. Þa æfter lyttlen fyrsten wearð he geuntrumed, 7 gewat to heofone rice, to þære ecen myrhðe, þe he ær geseh, on þære he leofeð gesælig simle mid Gode. Amen. His lic wearð bebyrod mid mycelre arwurðnysse, 7 eft embe feower gear ansund, buten gewæmmedlicre brosnunge, on oðre stowe bebyriged; þær byð ætywde his geearnunge þurh wundre, þan Ælmihtigen to lofe, se þe is ealre leode Wealdend. *Furseus journeyed over all Ireland, preaching the things which he had seen and heard, and afterwards among all the English nation, then he went south over the sea to the kingdom of the Franks.*

2 genealæcen] *the æ is altered from* e.
4 *MS.* 7 heonanforð.
20 eall Irland] *Camb. MS.* eal Yrrland and Scotland.
30 **Amen**] *Camb. MS.* and.

XXXVIII

[Fol. 131 a]   **OF DRIHTELME.**

Bede wrote concerning a certain man's resurrection in this island.

Beda, ure larðeaw, awrat on þære bech þe is gehaten '*Historia Anglorum*,' be sumes mannes æriste on þyssen eglande, þyssen worden reccende. On þan time wæs sum þegn Drihtelm gehaten, on Norðhumberlande, bilewite on andgite, gemetegod on þeawen, 5

A thegn called Drihthelm in Northumberland died in the evening, but he arose from death early in the morning.

æwfest on life, 7 his heowrædden to þan gewissode. Þa wearð he geuntrumed, 7 to ænde gebroht. He þa gewat on æfnunge, 7 his lic læg ealle þa niht inne besett, ac he aras of deaðe on ærnemorgen. Þa licmæn þa ealle mid fyrhte fornumene, flugen aweig, bute þan wife ane, þe hine swyðest lufede, heo belaf þære afyrht. 10 He þa heo gefrefrede, 7 cwæð, 'Ne beo þu afæred, for þan þe ic aras of deaðe; me is alefd eft to libbene mid mannen, na swa þeh swylce life swa ic ær leofede.' He aras þærrihte, 7 eode to cirice, 7 þurhwunede on gebeden eallne þone morgen. Dælde syððen his æhte on þreo, ænne dæl his wife, oðerne his cilden, þridde þearfen. 15

He forsook all worldly things, and entered the monastery which is called Melrose. He related his vision, 'A shining angel came to me and led me in silence to the East.'

Forlet syððen ealle wurld[fol. 131 b]þing, 7 beah to þan mynstre þe is Magilros gehaten, 7 wearð bescoren, 7 þan abbode Æðelwolde underðeodd, 7 beo his lare his lif adreah, on summere digolnysse, on mycelre forhæfdnysse modes 7 lichamen, oð his lifes ænde. He sæde his gesihðe þære leode kinge, Ælfrede, 7 æighwylcen æwfeste 20 manne, þuss reccende, 'Me com to an scinende ængel, on þan æfne þe ic gewat, 7 gelædde me to eastdæle swigende. Þa become wyt to anre dene, seo wæs ormætlice deop 7 wid, 7 forneah on længe ungeændod; ˎseo wæs weallende mid anðrecen legen on anre side, on oðre side mid hagele 7 grimlice cele, blawende buten forlæte- 25 nysse. Seo dene wæs afyllod mid manna sawlen, þa scuton hwiltiden of þan wellinde fyre into þan andræcen cele, 7 eft of þan cele into þan fyre, buten ælcere forlætenysse. Þa þohte ic þ þ wære seo helle, þe ic oft on life embesecgen geherde; ac min ladðeaw andswerede þærrihte minen geðanca, 7 cwæð, 'Nis þeos 30

'The angel led me further to a dark place.'

wite seo helle þe þu [fol. 132 a] wenst.' Se ængel me lædde þa furðere to anre þeosterfullre stowe, seo wæs to þan swyðe mid þiccan þeostren oferðeht, þ ic nan þing geseon ne mihte bute mines

---

13 leofede] *a letter has been erased before the* l.
27 *MS.* wel l linde.

CONCERNING DRIHTHELM

latðeawes scinende heow 7 gewæden. Efne þa færlice æteowden
gelomlæcende leges sweartes fyres up astigende, 7 min ladðeaw me
þær ane forlet on þan þeostre midden. Ic þa beheold þone ormæten
lege þe of þære neowelnysse asteah. Se lege wæs mid manna
5 sawlen afylled, 7 heo asprungan up mid þan fyre, swa swa spearcan,
7 eft ongean into þære neowelnysse; 7 sloh ut of þære nywelnysse
ormæte stænc mid þan eðmen, 7 se afyllede ealle þa þeosterfulle
stowe. Þa þa ic þær lange stod, ormod 7 ungewiss mines færeldes,
þa geherde ic þ þa deofle gelædden fif manna sawlen, hreowlice
10 gnornigende 7 grimetende, ** into þan swearte fyre. Sum þære
wæs preost, sum * læwedmann, sum wimman; 7 þa deoflen
sæigden, hlude hlehhende, þ heo þa sawlen for heora syn[fol.
132 b]nen habben mosten. Betwux þan ascuten þa awergode
gastes sume of þære nywelnysse wið min, mid beornendan egan, 7
15 of heora muðen 7 nosðyrlen stod stincande steam, 7 wolden me
gelæccen mid heora beornenden tangen, ac heo ne mihten þurh
Godes gescyldnysse me reppen. Efne þa færlice æteowde min
latðeaw swa swa scinende steorra, feorren fleogende, 7 wið min
onette. Þa toscuten þa deoflen sone þe me mid heora tangen
20 gelæccen wolden. Se ængel me lædde þærrihte to eastdæle, on
myceles lihtes smyltnysse, into anre byrig, þær binnen wæs swyðe
smeðe feld 7 brad, mid blowenda wyrten 7 grennysse eall afylled,
7 mid brihtere lihte þone ænig sunne scinende; binnen þan wealle
wæren ungerime menige hwittre manna, on mycelre blisse. Ic þa,
25 betwix þan werodan þan ængle folgede, 7 þohte þ hit wære
heofonerice, ** ac min latðeaw cwæð þ hit ** swa nære. He lædde
me þagyt furðer, 7 ic geseh þær ætforen us mycele mare liht, 7 ic
þære wynsume stæmne ormæ[fol. 133 a]tes dreames geherde, 7
wunderlices bræðes swæc of þære stowe ut fleow. Hwæt þa min
30 latðeaw lædde me ongean to þære blostmbære stowe, 7 me befran,
hweðer ic wyste hwæt þa þing wæren þe ic gesegen hæfde? Ic
cwæð þ ic nyste. He andswerede, 7 cwæð, 'Seo mycele beornende
dene, þe þu ærest gesege, is witnungstowe, on þære byð þære
manna sawlen gewitnode 7 geclænsode, þe nolden heora synnen
35 þurh andetnysse 7 dædbote gerihtlæcen on gehalen þingen, hæfden
swa þeh bereowsunge æt heora ændenexte dæge, 7 swa gewiten
mid þære bereowsunge of wurlde, 7 becumeð on domes dæge ealle

'I then
beheld the
immense
flame which
ascended
from the
abyss, the
flame was
filled with
the souls of
men.'

'The angel
led me into
a city,
wherein was
a very
smooth,
broad field,
shining with
light
brighter
than any
sun; within
the walls
was a count-
less multi-
tude of men
in white, in
great joy.

10-26 * denotes erasures.
17 MS. fereppen.

to heofone rice. Eac heo sume, þurh freonda fultum, 7 ælmesse dæde, 7 swyðest þurh halige mæssen byð alesde of þan witen ær þan mycele dome. Witodlice seo swearte nywelnysse þe þu gesege mid þan ormæten þeostren 7 fulen stæncen, se is helle muð, 7 se þe æne þær inn befealð, ne wurð he næfre on ecnesse þanon alesed. 5 Þeos wynsume 7 þeos blostmbære stowe is þære [fol. 133 b] sawle wununge þe on gode weorcan geændoden, 7 swa þeh næren swa fullfremede Þ heo þærrihte mosten into heofone rice, ac swa þeh heo ealle becumeð to Cristes gesihðe 7 myrehðe æfter þan mycele dome. Witodlice þa þe fullfremede byð on geðohte, on 10 worde, 7 on weorca, swa raðe swa heo of wurlde gewiteð, swa becumeð heo to heofona rice; of þan þu gesege Þ mycele liht mid þan wynsume bræðe, 7 þanen þe þu geherdest þone fægerne dream. Þu soðlice, nu þu to lichame gecerst, gyf þu wylt þine dæden 7 þeawes gerihtlæcen, þonne underfohst þu æfter forðsiðe þas 15 wynsume wununge, þe þu nu gesihst. Þa þa ic ane þe forlet on þan þeostren, þeo ic dyde swa, Þ ic wolde wyten embe þin fær, hwu se Ælmihtige ymb þe wolde. Þa þa se ængel þuss gereht hæfde, þa mislicode me þearle Þ ic eft to þan lichame scolde fram þære stowe wynsumnysse 7 þære halgen geferrædden, ne dorste ic 20 swa þeh nan þing wiðcweðen. Þa æfter þy[fol. 134 a]sen ic wearð gebroht 7 geedcucod betwux mannen.' Drihtelm wunede þa on þæs mynstres digolnysse oð his lifes ænde, stiðlice drohtnigende. He eode gelomen on winterlice cele to þære ea, 7 stod on his gebeden on þan wætere hwilen to his gyrdle, hwilen to his sweora. 25 Eoda him syððen mid þan ilcan claðen, oð Þ heo on his lichame gewearmeden, 7 adrugedan. Þa þa mænn him axedan hwu he mihte þone mycelne cele adrigen, he andswerede, 'Mycele mare cele ic geseh, 7 wyrse.' Eft þa þa heo axoden hwu he mihte swa stearca forhæfdnysse forberen, he andswerede, 'Stiðre 7 wyrse ic 30 geseh.' Swa he hit macode on his life, 7 manege oðre gerihtlæcede mid worden 7 mid gebisnunge. We rædeð æighware on bocan, Þ oft 7 gelomen mæn wurden of þysse life gelædde, 7 eft to life arærde, 7 heo feola witnungstowe 7 eac halgena wununge gesegen, swa swa Gregorius, se halge pape, awrat on þære boc þe is gehaten 35 'Dialogum,' [fol. 134 b] beo ane mænn, Þ his sawle wearð gelædd of þyssen life, 7 feala þing geseh. Þa betwux þan oðren, geseh he hwar man bytlode ane gebytle, eall mid smæte golde, 7 þa worhten

27 ax|xedan.

CONCERNING DRIHTHELM

heo þa gebytle on þan Sæterdæige, 7 wæs þa forneah geændod.
He befran þa hwan þa gebytle gemynte wæron, swa mærlice *He asked for whom the*
getimbrode. Him wæs gesæd þ heo wæron gemynt anen sutere on *building so magni-*
Romane byrig, 7 hine eac næmde. Æfter þyssen aras se deade, 7 *ficently built, was*
5 axode geornlice embe þone sutere, hwu he geworht wære on *intended.*
wurldlicre drohtnunge, 7 mann afunde þa þ his gewune wæs, þ he
worhte his weorc to seofen nihten, 7 sealde on þone Sæterdæig;
nam þa of his cræfte him bigleofe, 7 dælde þone ofereca þearfen
mid estfulle mode; 7 wæron for þy on þan dæige þa gebytle
10 swyðest geworhte, þe he þa ælmesse gewunelice dælde. Mycel is
Godes mildheortnysse ofer mancynn, þan þe wel wylleð. We on
þyssen life mugen helpen þan forðfarene þe on witnunge byð, 7
we mugen us sylfe betwux us on life ælc [fol. 135 a] oðren
fultumigen to þan uplicen life, gyf we þæs cepeð; 7 þa þa fullfre-
15 mede wæron, 7 to Godes rice becomen, mugen fultumigen ægðer
gea us gea þan forðfarene þe on witnunge synd, gyf heo mid eallen
forscyldigede ne byð. We rædeð æghwar on halgen gewriten þ se *We read in holy writ-*
halige mæsse mycel freomige ægðer gea þan libbendan gea þan *ings that the holy mass*
forðfarena, swa swa Beda, se snotere larðeaw, awrat on *Historia* *benefits both the living*
20 *Anglo*rum beo sumen þeigne þyssen andgite reccende. On þære *and the dead.*
tide þe Ælfred, Norðhumre king, 7 Æðelred, Myrcene king, wunnen
heom betweonan, þa æt sumen gefihte wearð an þeign Æðelredes
kinges mid oðren cæmpen afelled, se wæs Ymme gehaten. Se *The thegn Ymma lay senseless*
læig dæig 7 niht geswogen onmang þan ofslagenan. He wearð þa *among the*
25 gehert, 7 his wunde gewrað, 7 wolde him sum gener secen. Hine *slain, and the Northern people*
gelæhten þa sume þæs Norðerne folcas, 7 to heora ealdermænn *seized him and bound him, but his*
gebrohten. He þa het hine læcnigen, 7 þa þa he hal wæs, het hine *bonds burst as quickly*
binden, þe læst he fleames cepte, ac his bændes tobursten swa *as he was bound.*
[fol. 135 b] hraðe swa he gebunden wæs. He hæfde ænne broðer,
30 Tuna gehaten, mæssepreost 7 abbod, 7 þa þa he his broþer slege
ofaxede, þa ferde he to þan wæle his lic secende, 7 gemette ænne
oðerne mann him swyðe gelicne, 7 ferode þone to his mynstre mid
arwurðnysse, 7 gelomlice for his sawle alesednysse sang mæssen, 7
þurh þa halge mæssen tobursten þæs broðer bændes. Þa axode se *The alder-*
35 ealdormann þone hæftling, hweðer he þurh drycræft oððe þurh *man asked the captive*
rynstafes his bændes tobræce. He andswerede, 7 cwæð þ he þæs *whether he burst the*
cræftes nan þing ne cuðe, 'Ac ic habbe ænne mæssepreost to *bonds through witchcraft or through runes.*

8 bigleofe] the i is written on another letter.
14 MS. he þæs cepð.
21 Ælfred] Camb. MS. Ehfrid.

broðer on minen æðele, 7 ic wat þ he wenð þ ic ofslagen sy, 7 gelomen for minre sawle mæssen singð. Witodlice gyf ic nu on oðre wurlde wære, þær wurde min sawle of wite alesed þurh þa halge mæssen.' Æfter þyssen sealde se ealdermann hine sume Frisan of Lundene. Se Frise hine gewrað oft (7) oft 7 gelomen, ac 5 hine ne mihte nanes cynnes hæftung gehealden. Emben undertide, þa þa se broðer wæs gewunod to mæssigen, [fol. 136 a] tobursten þa bændes oftest. Se Frise þa þa he hine gehæften ne mihte, let hine faren on his treowðan æfter þan feo þe he for him gesealde, 7 he swa dyde. He þa com to his broðer, 7 his sið beo ændebyrd- 10 nysse sæde. Þa gecneowen heo þ his bændes tobursten on þære tide þe se broðer mid estfulle mode, for his sawle alesednysse, þan Ælmihtigen Gode þa liflice lac geofrede. Eac se halge pape Gregorius awrat on þære bec *Dialogorum* hwu mycele seo halige mæsse manegan freomede. Seo boc is on Ænglisc awend, on þan 15 mæig æighwar beo þyssen genihtsumlice geheren, se þe heo oferræden wyle, gyf he þ andgit understanden cann.

The alderman sold him to a Frisian of London.

They knew then that his bonds burst at the hour when his brother offered the living sacrifice for his soul's redemption.

XXXIX

[FRAGMENT.]

GOD spæc to anen witege, he wæs Jonas gehaten, 'Far to þære byrig Niniuen, 7 bode þære þas word þe ic þe secge.' Þa wearð 20 se witega afyrht, 7 wolde befleon Godes gesihðe, ac he ne mihte. Ferde þa to sæ, 7 steah on scip. Þa þa þa scipmænn comen ut on sæ, þa sænde heom God to mycelne wind 7 hreohnysse, swa þ heo wæren orwene heoras lifes. Heo þa wurpen heora [fol. 136 b] ware ofer-bord, 7 se witega læig [7] slep. Heo wurpen þa tan 25 betwux heom, 7 bæden þ God scolde geswuteligen hwanen him þ ungelimp become. Þa com þæs witegan ta up. Heo axoden hine, hwæt he wære, oððe hwu he faren wolde. He cwæð, þ he wære Godes þeow, se þe gescop sæ 7 land, 7 þ he fleon wolde of Godes gesihðe. Heo cwæden, 'Hwu do we embe þe?' He andswarede, 30 'Wurpeð me ofer-bord, þonne geswicð þeos drecednysse.' Heo þa swa dyden, 7 seo hreohnysse wearð gestillod, 7 heo ofredan Gode heora lac, 7 ferde(n) forð. God þa gearcode ænne hwæl, 7 he forswealh þone witega, 7 abær hine to þan lande, þe he to scolde, 7 hine þære ut aspeaw. Þa com eft Godes word to þan witegan, 7 35

God spake to a prophet called Jonah, 'Go to the city of Nineveh, and announce there these words which I will say to thee.'

A whale swallowed the prophet, and carried him to the land to which he had to go.

---

5 *MS.* lundend] *on the final* d *an* e *written.*
25 7] *supplied from Camb. MS.*

cwæð, 'Aris nu, 7 ga to þære mycele byrig Niniue, 7 bode swa swa
ic þe ær sæde.' He ferde, 7 bodede þær, þ heom wæs Godes grame *He went and*
onsigende, gyf heo to Gode bugen nolden. Þa aras se king of his *preached*
that God's
kynesetle, 7 awearp his cynewurðe reaf him of, 7 dyde hæren to *anger was*
coming upon
5 his lice, 7 axon uppen his heafod, 7 bead þ ælc man swa don *them if they*
would not
scolde; and æigðer gea þa mæn gea þa sucende cild, 7 eac *turn to Him.*
[fol. 137 a] þa nytene fæsten, 7 ne onbyrigden nanes metes binnen
þreom dagen. Þa, þurh þa gecerrednysse, þ heo yfeles geswican,
7 þurh þ strange fæsten, heom gemiltsode God, 7 nolde heo fordon,
10 swa swa he ær þa twa burhware Sodomam 7 Gomorram, for heora
lehtren, mid heofonlice fyre forbærnde, swa swa we eow gereccen
mugen.

XL
[THE FESTIVAL OF ST. PAUL.]

SOÐ is to secgene, þa þa wyreceð on Godes wille, þa becumeð on *It is true to*
say that
15 myrhðe. Ðæt godspell cweðð, 'Ælc þære þe forlæt, for mine *those who*
do the will
name, fæder oððe moder, gebroðre oððe gesustre, wif oððe bearn, *of God*
land oððe gebytle, beo hundfealden him byð forgolden, 7 he hæfð *shall come*
to joy.
þær toecan þ ece lif.' Hundfeald getel is fullfremed, 7 se þe forlætt
þa ateorigendlice þing for Godes name, he underfohð þa gastlice
20 mede beo hundfealden æt Gode. Þes cwide belimpð swyðe to
munuchades mannen, þa þa for heofone rices myrehðen forlæteð
fæder, 7 moder, 7 flæsclice siblinges. Heo underfoð manega
gastlice fæderes 7 gastlice gebroðren, for þan þe ealle þæs hades
mænn, þe regollice libbeð, byð him to fæderen [fol. 137 b] 7 to
25 gebroðren getealde, 7 þær toecan he byð mid edleane þæs ecan lifes
gewelegode. Þa þa ealle wurldþing beo Godes hæse forseoð, 7 on *Those who at*
God's com-
gemæne þingen bigwiste habbeð, heo byð fullfremede, 7 to þan *mand des-*
pise all
apostlen geendebyrde. Þa oðre þe þas geðincðe nabbeð, þ heo *earthly*
things will
ealle heora æhte samod forlæten ne mugen, heo don þonne þone *be reckoned*
with the
30 dæl for Godes name, þe him to onhagige, 7 him byð beo hundfeald- *Apostles.*
en ecelice geleaued, swa hwæt swa heo beo anfealden hwilwendlice
dæleð. Mycel gedal is betwux þan gecerrede mannen. Sume heo
geefenlæceð þan apostlen, sume heo geefenlæcigeð Judan, Cristes *Some imitate*
Judas, some
belæwen, sume, Ananian 7 Saphiram, sume, Giezi. Þa þa ealle *Ananias and*
Sapphira,
35 gewitendlice þing to þære apostlene efenlæcunge forseoð, for *and some*
Gehazi.
intingen þæs ecen lifes, heo habbeð lof 7 þa ece edlean mid Cristes

31 *An erasure after* beo.

apostlen. Se þe betwux munecan drohtnigende, (for) mynstres æhten mid facne swicað, he byð Judan gefere, þe Crist belæwde, 7 his wite mid helwaren underfohð. Se þe mid twifealden geðanca to [fol. 138 a] mynsterlicre drohtnunge gecerð, 7 sumne dæl his æhte dælð, sumne him sylfen healt, 7 næfð nænne truwen to þan 5 Ælmihtigen, þ he him foresceawige bigleofe 7 gewæden, 7 oðre neode, he underfohð þone aweregode cwide mid Ananian 7 Saphiram, þe swicodan on heora agena æhte, 7 mid færlicen deaðe ætforen þan apostelan steorfiode feollen. Se þe on muneclicre drohtnunge earfoðhealde byð, 7 gernð þære þingen þe he on 10 wurldlicre drohtnunge næfde, oððe begiten ne mihte, bute twyn him genelæceð se hreofle Giezi, þæs witega cnape, 7 þ þ he on lichame geðrowede, þæt þroweð þes on his sawle. Se cnape folgode þan mæren witege Eliseum. Þa com him to sum mære mann of þan leodscipe þe is Syria gehaten, his nama wæs Naaman, 15 7 he wæs hreoflig. Þa becom he to þan Godes witege Eliseum, on Judea lande, 7 he þurh Godes mihte fram þære coðe hine gehælde. Þa bead he þan Godes mæn for his hælðe, deorewurðe sceattes. Se witege him andswerede, [fol. 138 b] 'Godes mihte þe gehælde, na ic. Ne underfo ic þin feo, þance Gode þinre gesundfullnysse, 7 20 bruc þinre æhte.' Naaman þa gecerde mid eallre his fare to his agenre leode. Þa wæs þæs witega cnape Giezi, mid gitsunge undergripen, 7 forarn, þone þeign Naaman þuss mid worden liccetende, 'Nu færlice comen twegre witega bearn to minen larðeawe, asænd him twa scrud 7 sum pund.' Se þeign him 25 andswerede, 'Waclic byð him swa lytel to sændene, ac genym feower scrud 7 twa pund.' He þa gewænde ongean mid þan sceatte, 7 bedigelode his fær wið þan witega. Se witege hine befran, 'Hwanen come þu, Giezi?' He andswerede, 'Leof, næs ic on nanre fare.' Se witege cwæð, 'Ic geseh þurh Godes Gast, þa 30 se þeign alihte of his cræte, 7 eode togeanes þe, 7 þu name his sceattes on feo 7 on reafe. Hafe þe eac forð mid þan sceatte his hreoflen, þu 7 eall þin ofspryng aa ecnysse.' 7 he gewende of his gesihðen mid snawhwite reoflen beslagen. Is nu for þy munechades mannen mid mycelre geornfulnysse to forbugene þas yfele 35 gebisnunge, [fol. 139 a] 7 geefenlæcen þan apostlen, þ we mid heom and mid Gode þ ece lif habben moten. Amen.

1 for is written by the scribe, above an erasure. Camb. MS. has on.
33 aa is written on an erasure.

XLI

FORBISNE OF JOB.

MINE gebroðre, we rædeð nu æt Godes þenunge beo þan eadigen were Job. Nu wylle we eow hwæt lytles beo him gereccen, for þan þe seo deopnysse þære race oferstihð ure andgit, 7 eac swyðer þære læwedre. Man sceal læwede mannen secgen beo heora andgittes mæðe, swa þ heo ne beon þurh þa deopnysse æmode, ne þurh þa langsumnysse geæðrytte. 'Sum were wæs geseten on þan lande þe is gehaten Hus, his name wæs Job. Se were wæs swyðe bilewit 7 rihtwis, 7 ondrædende God, 7 forbugende yfel. Him wæren acænnede seofon sunen 7 þreo dohtren. He hæfde seofen þusend scepen, 7 þreo þusend olfendan, fif hund getemen oxena 7 fif hund assen, 7 ormæte mycel hird. Se were wæs swyðe mære betwux eallen Easternen, 7 his bearn ferden 7 þenede ælc oðren mid his goden on embhwyrfte æt his huse, 7 þær to heora sustre gelaðeden. Job soðlice aras on þan ehteðen dæige [fol. 139 b] on ærnemorgen, 7 ofrode Gode seofefealde lac for his seofen sunen, þe læst heo wið God on heora gaðanca agylten. Þuss dyde Job ealle dagen for his sunen, 7 heo swa gehalgode. Hit gelamp on sume dæge, þa þa Godes ængles comen, 7 on his gesihðe stoden, þa wæs eac swylce se scucce heom betwux, to þan cwæð Drihten, "Hwanen come þu?" Se scucca andswerode, "Ic ferde geond þas eorðe, 7 heo beeode." Drihten cwæð, "Ne beheolde þu la minne þeowwe Job, þ nan mann nis his gelica on eorðe, bilewit mann 7 rihtwis, 7 ondrædende God, 7 yfel forbugende?"' Swa stod se deofol on Godes gesihðe, swa swa deð se blinde on sunne. Seo sunne embscinð þone blinde, 7 se blinde ne gesihð þære sunne leome. God geseh þone deofel, 7 se deofel swa þeh wæs bedæled Godes gesihðe 7 his wuldres. Eorðe is gecweðen Godes fotscamol, 7 seo heofon is his þrymsetle. Nu stod se scucce, swylce æt Godes fotscamele, uppen þære eorðe, þa þa se Ælmihtige hine axode hwanen he come. [fol. 140 a] He cwæð þ he ferde geond þas eorðe, for þan þe he færð, swa swa Petrus se apostel cwæð, 'Byð syfre 7 wacole, for þan þe se deofol, eower wiðerwinne, færð onbuten swa swa grymetende leo, secende hwæne he abite; wið-

5 MS. læwedre mann] mann *is added in the margin by another hand.*

standeð þan strange on geleafe.' Mycele wæren þysses mannes geearnungen, þa se Ælmihte beo him cwæð, þ his gelica nære on eorðe. Ge magen geheren sume his þeawes, swa swa he beo him sylfen awrat. Job cwæð, 'Ic alesde hremende þearfen, 7 þan steopbearne, þe buten fultume wæs, ic geheolp, 7 weodewen heortan ic gefrefrede. Ic wæs ge[e]mbscryd mid rihtwisnysse, ic wæs blinde mæn ege, 7 healten fot, 7 þearfene fæder. Of fleosen minen scepen wæren gehleowde þearfena siden, 7 ic þearfen ne forwernde þæs þe heo gernden; ne ic ne æt ane minne hlaf buten steopbearnen, ne ic ne blissode on minen manigfealden welen. Ne fægenode ic on mines feondes hryre, ne læig ælðeodig man wiðuten minen hegen, ac min dure geopenede symle weg[fol. 140 b]ferendan. Ne behydde ic mine synnen, ne ic on minen bosme ne bedigelode mine unrihtwisnysse.' Ne sæde Job þiss for gelpe, ac for þan þe he wæs ealle mannen to bisne gesett. Þus mærne mann wolde se manfulle deofol, þurh þa mycele costnunge þe he him to dyde, fram gode gewæmmen, 7 'cwæð to Drihtene, "Ne ondrætt Job on idel God; þu embtrymedest hine 7 eall his æhte, 7 his handgeweorc þu bletsodest, 7 his æhten weoxen on eorðen. Ac astrece hwon þine hand, 7 getill ealle þa þing þe he ah, 7 he þe on ansene wereget." Drihten cwæð to þan scuccan, "Efne nu ealla þa þing þe he ah, synden on þinre hande, bute þan anen, þ þu on him sylfen þine hande ne astrece."' Ne derede Jobe naht þæs deofles costnung, ac fremede for þan þe he wæs fullfremedre on geðincðen, 7 Gode near æfter þæs scuccan ehtnysse. Se deofol gewænde þa fram Godes gesihðe, 7 acwealde his æhte eall anes dæges. 'Sum ærendraca com to Jobe, 7 cwæð, "Þine sylh eoden, 7 þa assen wið heo læsedan, þa færlice comen Sabei, 7 heo ealle us benamen, [fol. 141 a] 7 þine eorðlinges ofslogen, 7 ic ane ætbærst, þ ic þe þiss cydde." Mid þan þe se eorðling þiss sæde, þa com sum oðer, 7 cwæð, "Fyr com færlice of heofone, 7 forbærnde ealle þine scep, 7 þa herdes samod, 7 ic ane ætwand, þ ic þe þiss cydde." Þa com se þridde ærendraca, 7 cwæð, "Þa Caldeisce comen on þreom floccan, 7 ure olfenden ealle gelæhten, 7 þa herdes mid swurde ofslogen, ic ane ætfleah þ ic þe þiss cydde." Efne þagyt com se feorðe ærendrace in, 7 cwæð, "Þine sunen 7 þine dohtren æten 7 druncan mid heora eldeste broðer, 7 efne þa færlice swegde swyðlic wind of þan

---

13 *MS*. behrydde.

THE EXAMPLE OF JOB

westene, 7 tosloh þ hus æt þan feower hwæmmen, þ hit hreosinde ⟨'A strong
þine bearn ofðryhte 7 acwealde, ic ane æbærst þ ic þe þiss cydde." wind struck the house,
Hwæt þa Job aras 7 totær his tunece, 7 his loccas forcearf, 7 feoll so that in falling it
to eorðen, 7 cwæð, "Hnacod ic com of minre moder innoðe, 7 nacod killed thy children.'
5 ic sceal heonen gewændan. Drihten me forgeaf þa æhte, 7 Drihten Job said,
heo eft genam ; swa swa him gelicode, swa hit is gedon ; beo his gave me the
name gebletsod." On eallen þyssen þin[fol. 141 b]gen, ne synegode possessions, and the Lord
Job on his weleren, ne nan þing dyselices ongean God ne spæc.' hath taken them again,
Eall þiss dyde se ealde feond to gegremigenne þone godne mann, blessed be His Name.'
10 7 symle he læfde ænne cwicne, him to cyðenne his æhte lyre, þ his
mod wurðe fram Gode awend, þa þa he þa ungelimp geaxod hæfde.
þ fyr com ufen þe þa scep forbærnde, ac hit ne com na of heofone,
þeh hit swa gehywod wære, for þan þe se deofol næs on heofene
næfre syððen he þanen þurh modignysse afeoll mid his geferen.
15 Eall swa deð Antecrist, þone he cumð; he asænt fyr ufen, swylce
of heofone, to bepæcenne þ earme mancynn þe him on belefð. Ac
wyte æighwa, þ se ne mæig na of heofone fyr asænden, se þe on
heofone him sylf cumen ne mot. 'On eallen þyssen þingen ne syneg- ⟨'In all these
ode Job on his weleren.' On twam wisen mæn synegieð on heora things Job sinned not
20 weleren ; þ is, gyf heo unriht specað, oððe riht forswigeð ; ac Job with his lips.'
ne synegode on his weleren, for þan þe he dyselice ongean God ne
spæc, ne eac Godes herunge ne forswigode. He cydde þ he buten
git[fol. 142 a]sunge swa mycele æhte hæfde, þa þa he swa eðelice
buten unrotnysse heo forlet. 'Eft syððen, on sume dæige, þa þa Again the devil
25 Godes ængles stoden on his gesihðe, þa wæs eac se scucca heom appeared in
betweonen, 7 Drihten him cwæð to, "Hwæt la, ne beheolde þu minne God's sight and said,
þeowe Job, þ his gelica nis on eorðe, 7 get he healt his un- 'Stretch forth now
scæððignysse ? Þu astyredest me ongeanes him, þ ic þearfleas hine Thy hand and touch
geswæncte." Se scucca andswerode, "Fell sceal for felle, 7 swa hwæt his bone and his flesh and
30 swa man hæfð, he sylð for his life. Astrece nu þine hand, 7 hrepe he will curse Thee to Thy
his ban 7 his flæsc, þonne gesihst þu þ he þe on ansene weregeð." face.'
Drihten cwæð to þan scuccan, "Efne he is nu on þinre hand, swa
þehhweðere heald his sawle."' Ne geðafede God þiss to forwyrde
þan eadigen were, ac þ he wære to bisne eallen geleaffullen mannen,
35 7 wurðe swyðer gemærsod þurh his mycele geðyld 7 earfoðnysse.

'Þa gewende se deofol of Drihtenes gesihðe, 7 sloh Job mid þære
wyrsto wunde, fram his hnolle ufewearden oððe his iles neoðe-

8 *MS*. weḷerenen.

Job sat there painfully in one great wound, and his wife said, 'Yet thou continuest in thy meekness, curse God, and die.'

wearden. Job sæt þa sarlice, eall on [fol. 142 b] anre wunde, uppen his mixene, 7 ascrop þa weormes of his lice mid anen crocscearde. His wif him cwæð to, "Get þu þurhwunest on þinre bilewitnysse; werege God 7 swelt." Job hire andswerede, "Þu spæce swa swa an stunt wif. Gyf we god underfengen of Godes hande, hwy ne scule we eac yfel underfon?" On eallen þyssen þingen ne synegode Job on his weleren.' Se swicola feond genam þ wif him to fylste, þ he þone halge were þurh heo beswica, swa swa he ær Adam þurh Eue beswac; ac se ilca God þe geðafede þ he swa gecostnod wære, heold hine wið þæs deofles syrwungen, 7 wið his sawle lyre. 'Witodlice þa geaxoden þreo kinges, þe him

The three kings Eliphaz, Bildad, and Zophar visited him.

gesibbe wæron, eall his ungelimp, 7 comen him to of heora rice, þ heo hine geneosoden. Heora naman wæron þuss gecegde, Eliphat, Baldad, Sophar. Heo cwæðen, þ heo samod cumende hine geneoseden 7 gefrefredan. Heo þa comen 7 hine ne oncneowen for þære ormæte untrumnysse, 7 hremden þærrihte wepende. Heo totæren heora reaf, 7 mid duste heora heafod streowedan, 7 him mid sæton manege dages.' Hit wæs [fol. 143 a] swa gewunelic on ealden dagen, þ gyf hwam sum færlic sar become, þ he his reaf totære, swa swa Job dyde, 7 eac þas þreo kinges. Heo comen hine to frefrigen, þa awenden heo heora frofre to edwite, 7 hine mid heora worden tregedon, swylce he for his synnen swa getucod wære, '7 cwæden, " Wite com ofer þe, 7 þu ateoredest; sarnysse þe hrepode, 7 þu eart geunrotsod. Hwar is nu þin Godes ege 7 þin strengðe? Hwar is þin geðyld 7 þinra dæden fullfremednysse?"' 7 mid manegan þrafungan hine geswænctan. 'Job cwæð, " Eala gyf mine synnen 7 mine eremðen, þe ic þolige, wæron gewegen on anre wæge, þone wæron heo swærere geseowene þone sandcorn on sæ. To þreagienne ge logigeð eower spæce, 7 ge þænceð to awænden eowerne freond. Mannes lif is campdom ofer eorðen, 7 swa swa medgeldan dages, swa synd his dages."' He cwæð þ mannes lif wære campdom ofer eorðen, for þan þe ælc þære þe Gode geðihð, byð on gewinne wið þone ungeseowenlicne deofol, 7 ongean

As the hireling awaits his reward, so awaits the spiritual soldier his award from God.

his [fol. 143 b] agenen lusten, þahwile þe he on life byð; 7 swa swa se hyringman his edleanes anbideð, swa geanbideð se gastlice cæmpe his edleanes æt þan Ælmihtigen Gode. Godes gecorene synd on gewinne on þyssen wurlde, 7 þa arlease on hire blissigeð; ac þære wisra manna gewinn gewænt to blisse, 7 þære arleasre

16 *MS.* (7) wepende.

THE EXAMPLE OF JOB

blisse to bitere sarnysse on þære ecan wurlde, þe gewelegað þa
þolemode. Ealle þas deofles costnunge, 7 þære æhte lyre, his
bearne deað, 7 his agen untrumnysse, his wifes gewittleaste, 7 his
freondan edwit, ne mihten awændan Job of his modes anrædnysse,
5 ne fram his mycelen geleafen, þe he to þan Ælmihtigen Gode
symle hæfde; ac se scucca wearð gescend, þe hine beswican wolde.
Job cwæð eft, 'Min flæsc is embscrydd mid forrotednysse 7 mid
dustes horewen, min hyd is forsearod 7 is forscruncan.' Eft he
cwæð, 'Me habbeð geswæncednysse dages, 7 on niht mine ban byð
10 mid sarnysse þurhðydd; 7 þa þa me eteð ne slæpeð.' Ic eam
lamen wiðmeten, 7 yselan 7 axen geanlicod.' Eft he cwæð, 'Are
me, Drihten; ne synd mine dages nahte.' Eft [fol. 144 a] he
cwæð, 'Ic wat soðlice þ min Alesend leofeð, 7 ic on þan endenextan
dæige of eorðen arise, 7 ic beo eft mid mine felle befangen, 7 ic on
15 mine flæ[s]ce God geseo, ic sylf 7 nan oðer; þes hyht is on m[i]nen
bosme gelegd.' We sæigden eow, 7 get secgeð, þ we ne mugen
eall þas raca eow beo ændebyrdnysse secgen, for þan þe seo boc is
swyðe mycel, 7 hire digele andgit is ofer ure mæðe to smeagenne.
Þas þreo kinges þe hæfden langsume spæce wið þone gedrehten
20 Job, gewænden heom ham syððen, ac God heo gespæc þa, 7 cwæð,
þ he heo[m] eallen þreom gram wære, for þan þe heo swa rihtlice
ætforen him ne spæcan, swa swa Job his þeign. God cwæð heom
to, 'Neomeð eow nu seofen hrammes, 7 fareð eow eft ongean to
minen þeowe Job, 7 geofrieð þas lac for eow; Job soðlic[e,] min
25 þeowe, gebitt for eow, 7 ic his ansene underfo, þ eow ne beo to
dysige geteald, þ ge swa rihtlice to me ne spæcon swa swa min
þeowe Job.' Hit wæs gewunelic on ealden dagen, þ ma[n] Gode
þyllice lac ofrode on cwican orfe, 7 þa acw[eal]de; ac seo ofrung
is nu unalefedlic æfter Criste[s] [fol. 144 b] þrowunge. Elifaz þa,
30 7 Baldað, 7 Sophar ferden ongean to heora mæige Jobe, 7 dyden
swa swa heom God bebead, 7 Drihten underfeng Jobes ansyne, 7
heora synnen þurh his þingrædden forgeaf, þeh Jobes ansene wære
atelice toswollen, 7 his lic eall maðen weolle, swa þeh is awriten, þ
se Ælmihtige underfeng his ansyne, þa þa he for his freonden
35 gebæd. Drihten eac þa gecerde to Jobes bereowsunge, þa þa he
for his magen gebæd, 7 hine gehælde fram eallen his untrumnysse,

All these temptations of the devil could not turn Job from his steadfastness of mind, nor from his great faith, which he ever had in the Almighty God.

These three kings had a long speech with the afflicted Job and afterwards went home.

The Lord pitied Job and healed him, and

---

12 nahte] *the* a *is altered from* i.
12 *Folio* 144 *has been cut; there is no margin, and some of the letters at the end of the lines are missing.*

7 his æhte him eall forgeald beo twifealden. Beo þysen is to
understandene, þ se þe for oðren gebitt, freomeð him sylfen mycel,
swa swa þ halige gewrit sæigð, þ þa þa Job for his freonden
gebæd, þa gecerde God to his bereowsunge, 7 swa eðelice hine eft
gehælde, swa he hine ær geuntrumede. Job hæfde ær his untrum- 5
nysse seofen þusend scepen, 7 þreo þusend olfenten, fif hund
getemen oxen, 7 fif hund assen ; him wæron eft forgoldene feower-
tene þusend scepen, 7 six þusend olfendan (7 þusend getemen
oxen) 7 þusend assen; 7 Drihten hine gebletsode swyðer on
ænde þone on anginne. [fol. 145 a] He hæfde seofen sunen 7 10
þreo dohtren ær, 7 syððen eft eall swa feale. Hwi nolde God him
forgeldan his bearn beo twifealden, swa swa he dyde his æhte ?
He nolde for þy þe his bearn næren forlorene, swa swa his æhte
wæron ; his æhte wæron ealle amerrede, 7 his ten bearn acwealde,
ac þa bearn wæron swa þeh gehealdene on þan digelen life, betwux 15
halge sawlen, 7 he for þy underfeng þære bearn getel beo
anfealden, for þan þe þa oðre him wæron gehealdene, þe þurh þæs
deofles ehtnysse acwealde wæron. Hwæt þa Jobes gebroðre,
7 gesustren, ealle þa þe hine ær cuðen, comen him to, 7 hine gefre-
frodan, 7 his mycel wundredan, 7 him geofe geafen. Næren gemette 20
on eallre eorðe swa wlitige wifmæn swa wæron Jobes dohtren.
He soðlice leofode æfter his swingle an hund gearen 7 feowertig
gearen, 7 geseh his bearne bearn oð þa feorðe mæigðe. On eallen
his life heo leofode twa hund gearen 7 ehte 7 feowertig gearen.
He wæs se fifte mann æfter Abrahame þan hehfædere. On þan 25
time wæs swyðe langsum lif on mancynne. Gyf hwylc ge[fol.
145 b]læred mann þas raca oferræde, oððe ræden gehere, þonne
bidde ic þ he þas scyrtinge ne tæle. Him mæig his agen andgitt
siggen fullice beo þysen; 7 eow læwedan mannen is þiss genoh,
þeh ge þa deope digelnysse þær on ne cunnen. Hit gelamp þuss 30
soðlice beo Jobe swa swa he sylf awrat, ac swa þeh seo gastlice
getacnung þære gereccednysse belimpð to Cristes mænniscnysse 7
to his gelaðunge, swa swa larðeawes trahtnodan. Gyf ure ænigen
sum ungelimp becume, þonne scule we beon gemyndige þysses
mæren weres, 7 geðyldige beon on þan þwyrnyssen þe us se 35
Ælmihtige on besænt, 7 habben mare care ure sawle þone þære
scortan gesælðe þe we sculen forlæten. Seo wuldor 7 wurðmynt

27 *MS*. oferræðe.

þan welwillendan Scyppende eallra his wundra 7 his weldæden, se þe ana is God a on ecnysse. Amen.

XLII

OF SEINTE NEOTE.

MÆN þa leofeste, we wylleð eow cyðen beo sumen dæle emb
þyssen halgen, þe we todæig wurðigeð, þ eower geleafe þe
trumre seo; for þan mancynn behofeð godcundre lare, þ heo [fol.
146 a] þurh þa mugen to lifes wege becumen. Hit sægð on þan halgen godspelle, þ þ liht on Godes gelaðun[ge] na behydd beon ne sceal, ac up asett ofer þan candelstafe, þ þa þe þær in gað, mugen þone leome geseon 7 on lihte beon. Swa eac ne mihte Sanctus Neotus behydd beon ne bedigelod, þa þa God hine geupped habben wolde. He wæs on jugeðe, þæs þe bec secgeð, to boclicre lare gesett, 7 to godcunden þeawen becom, 7 georne smeade þa he andgitfull wæs emb þ ece lif, 7 hwu he stiðlucest her on life for Gode libben mihte; swa hit awriten is, þ se weig is sticol 7 neare, þe to þan ecen life belimpð, 7 nan mann þær to ne becumð, bute þurh mycel geswync 7 forhæfednysse. Swa dyde Sanctus Neotus, forhæfde hine sylfne fram gelustfullunge þysses lifes. He wæs manðwære 7 milde ealle mannen 7 he dæighwamlice to his Drihtene clypode æfter Dauides sange þuss cweðende, 'Drihten, þine weges ic lufige, 7 þine æ ic folgigen þence. Do beo me æfter þinre mildheortnysse 7 tæc me þine rihtwisnysse.' Soðlice þ ilca gebed us is alefd, gyf we [fol. 146 b] wylleð inweardlice to Gode clypigen 7 his mildheortnysse biddan. Hit sæigð on gewritan, þ þes halge were to Glæstingebyrig gecerred wære on Sanctes Ælfeges dagen þæs halgen biscopes, 7 æt him underfeng þone halge sacerdhad, 7 hine wel geheold, 7 þær under wel geðeah, 7 wæs eallen mannen eadmod 7 lufigendlic, 7 his salmes 7 oðre gebedan he geornlice beeode dæiges 7 nihtes; 7 his gewune wæs, þ he wolde on dæig gelomen his cneowe gebegen, 7 eac swylce on niht to þan Ælmihtigen Gode, swa se halge apostel Sanctus Bartholomeus dyde, hund siðen (on niht 7 eall swa oft on dæg). He gemunde

It is said that the light of God's church must not be hidden; so also St. Neot could not be hidden when God would have him revealed.

It is written that this holy man went to Glastonbury in the days of St. Ælfeah, and received holy orders.

8 *MS.* gelaðun. *After* gelaðun, *which ends the line, there is a stroke which is used systematically throughout the MS. to denote a hyphen.* na *is written on an erasure.*
22 *MS.* Sodlice.   27 *MS.* gedeah.

symle his synnen, þe he on his iugeðe gefremede, 7 þa geornlice
beweop 7 bereowsede, 7 oðre gode forbisnen æteowde. He geneos-
ode Romeburh seofe siðen Criste to lofe 7 Seinte Petre, 7 þære
his synnen forgyfenysse underfeng. He wæs on eallen Godes
He sought a beboden swyðe fullfremed. Sohte þa weste stowe geond eall þiss 5
waste place
to live in, land on to wunigene, 7 þa gemette he þurh Godes foresceawunge;
and through
God's pro- seo is wæstdæles þysses landes, ten milen fram Petrocesstowe
vidence he
found it in [fol. 147 a] þa me hatt 'Neotes stoca'; 7 he him þær wununge
the western
part of this getimbrode on swyðe fægeren stowe, 7 myrige wæterseaðes þær
land.
abuten standeð, 7 þa synden swyðe wynsume of to þycgene. Þær 10
se Godes þeowe Sanctus Neotus his lif adreah on mycelre forhæfed-
nysse, ofer mæn oðre modes 7 mæignes þeowwigende þan, þe hine to
þeowe geceas, þ wæs Gode sylfen. Ne mæig nan mann fullice
gecyðen, hwu stiðlice he his lif adreah ær his mæssepreosthade ne
æfter. Ne glæingde he his lichame mid deorewurðen scrude, ne 15
he mid estmeten his innað ne gefyllde. Mid þan þe he þuss lange
gedrohtned hæfde on þære stowe, þe we won ær fore sæden, þa
ongann se ungeseowenlice feond him togeanes andigen, swa him ælc
The invisible god ofðincð. Ongann þa sænden his ættrige wæpnen, þ synd
enemy sent
his poison- costnungen, togeanes þan halgen were. Ac he þone feond oferswað 20
ous weapons,
which are mid rihten geleafen þurh Godes gescyldnysse. Him comen gelomen
temptations,
against the to halige Godes ængles and hine gefrefreden 7 wel geherten, 7 hine
holy man.
manoden, þ he ne geswice [fol. 147 b] Godes word to bodigenne
ealle mannen oðð his lifes ænde, 7 beheten him gewiss þ ece lif, þe
he nu mid myrhðe onwuneð. He dyde swa se ængel bebead. 25
Bodede ealle mannen rihtne geleafe; þan synfullen 7 þan þe heora
synnen andetten wolden 7 æfre geswican, he behet Godes godnysse
7 his mildheortnysse, 7 þær toecan þ ece lif; þa gode he manode, þ
It happened heo on heora godnysse þurhwunedan. Hit gelamp sume dæige,
one day that
the holy þ se halge were on ærnemorgen digellice ferde to his wæterseaðe, 7 30
man went
to his pond þær his drohtnunge 7 his salmsanges on þan wætere hnacodan
and lost one
of his shoes. leomen adreah, swa his gewune wæs. Þa geherde he færinge
ridenda menige. He þa hrædlice mid mycelen ofste fram þære
welle onette, nolde þ his drohtnung ænigen eorðlice mæn cuð
wurde on his life bute þan anen, þe ofer eallen rixeð. Forleas þa 35

6 he *has been inked over.*
13 *A large hole before* geceas
29 *A large hole after* on.
35 MS. wurðe] *the bar is added in different ink and partly erased.*

on þan færelde his ænne scoh, 7 oðerne mid him to his gebedhuse
ham gebrohte. Mid þan þe he his salmes 7 his gebeden 7 rædingan
embhydiglice smeade, þa becom him to gemynde [fol. 148 a] his
oðer scoh, þ he hine on þan færelde forleas. Clypode þa him to
5 his þeign, 7 bebead him þ he him his sco gefeccen scolde. He þa
wæs his fæder bebodan gehersum, 7 hrædlice ferde to þære welle,
7 þære on þan wegge wunderlice wise gemette; þ is þ an fox, þe A fox, the
is geapest ealra deora, þær arn geond dunen 7 denen wunderlice most cun-
                                                                ning of all
                                                                animals,
beseonde mid egen hider 7 þider, 7 færinge becom to þære stowe, came to the
10 þære se halge were his fet geðwoh, 7 þone scoh gelæhte, 7 ætfaren place where
                                                                    the holy
þohte. Þa beseh þær, to se arfæste Drihten 7 nolde, þ his þeowe man washed
                                                                his feet,
on swa medemlice þingen geunrotsed wære. Gesænde þa slæp on and seized
                                                            the shoe.
þone fox, swa þ he his lif alet, habbende þa þwanges of þan sco on
his fracede muðe. Se þeign þa þær to geteignde 7 þone sco genam
15 7 þan halge gebrohte, 7 him cydde eall hwæt þær gelumpen wæs.
He þa, se halge, þæs mycele wundrode, 7 bebead þan þeigne on þæs
Hælendes name, þ he hit nanen ne cydde ær his lifes ænde. On At that
                                                              time Ælfred
þan time wæs Ælfred king, 7 to þan halgen gelomen com emb his was king, and
                                                               often came
sawle þearfe. He hine [fol. 148 b] eac þreade manega worden to the saint
                                                            concerning
20 7 him to cwæð mid forewitegunge, 'Eala, þu king, mycel scealt þu the needs of
                                                                   his soul.
þoligen on þyssen life, on þan towearden time; swa mycele angsum-
nysse þu gebiden scealt, þ nan mænnisc tunge hit eall asecgen ne
mæig. Nu, leof bearn, geher me, gyf þu wylt, 7 þine heorte to
mine ræde gecerre. Gewit eallinge fram þinre unrihtwisnysse, 7
25 þine synnen mid ælmessen ales, 7 mid tearen adigole, 7 gebring
þine lac to Romeburh, Martinum þan pape, þe nu wealt Engliscre
scole.' Se king Ælfred dyde þa swa se halge hine bebead, 7 his
beboden georne hlyste, 7 he him feala foresæde mid forewitegunge,
swa him syððen aneode. Se halge eft cwæð oðre wordan, 'Ic
30 nylle þe bedigeligen, gode king, þ me toweard is forneh se dæig 'I say
                                                                    further that
mines forðsiðes, þone ic gernde simble mid ealre heorte. Ac ic
secge get, þ æfter minen forðsiðe þu feale þoligen scealt, 7 fram after my
                                                                  death thou
Deniscre þeode þu aflemed byst of þinen cynerice, 7 þine cæmpen 7 shalt suffer
                                                                   much and be
heretogen þe fram gewiteð 7 tostæncte byð; swa hit on Drihtenes driven from
                                                                 thy king-
35 þrowunge awriten is þæt, [fol. 149 a] "þone se herde aflemed 7 dom by the
                                                                  Danish
ofslagen byð, þonne byð þa scep ealle tostæncte." Ac þonne þe people.'
ealre angsumest byð on þine mode, geðænc þu min, 7 ic þe

17 MS. ænd e] There is a small hole between the d and the e, not ændue
as in Wülker (Anglia III, p. 104 ff.).

gescilde on Drihtenes name.' Þa se king þas word geherde, þa
forhtode he þearle swyðe, 7 his bletsunge abæd, 7 aweig gewende.
Him aneode syððen swa Sanctus Neotus him foresæde. Ðæs
halgen untrumnysse weox þa fram dæge to dæige, 7 þa on þan
ytemesten dæige his handbreden up to heofone astrehte, 7 mid
blisse his gast asende, 7 to reste gewende. Soðlice engles togeanes
his sawle comen, 7 heo gelædden mid mycelen gefean to heofo[n]rices
myrhðe. His leorningcnihtes þa bebyrigden his lic mid mycelen
wurðmynte innen þære cirice, þe he sylf on ær gesette. Þær
becom þa on þære hwile mycel swetnysse stænc, swylc hit eall
gestreawod wære on þære stowe mid wynsume blostmen 7 wyrt-
gemangum; þær wurden eac feale untrume gehælde fram mistlicen
brocen þurh Godes mihten 7 þæs halgen geearnunge. 7 eft binnen
seofen gearen his ban up ge[fol. 149 b]numen wurðen 7 on oðre
stowe mid wurdmynte aleigd, neh þan altere, 7 þær eft wearð mycel
swotnysse stænc geworden on þære styrunge. Hwæt! þa word
ealle gefyllede beon scolden, þe se halge foresæde beo þan kinge.
Com þa Guðrum, se hæðene king, mid his wælreowen here ærest on
eastdæle Sexlandes, 7 þær feala manne ofsloh. Sume eac fleames
cepten, 7 sume on hand eodan. Þa Ælfred king, þe we ær embe
spæcon, þ ofaxode, þ se here swa stiðlic wæs, 7 swa neh Engle-
lande, he sone forfyrht fleames cepte, 7 his cæmpen ealle forlet, 7
his hertogen, 7 eall his þeode, madmes 7 madmfaten, 7 his life
gebearh. Ferde þa lutigende geond heges 7 weges, geond wudes
7 feldes, swa þ he þurh Godes wissunge gesund becom to Æðeling-
ege, 7 on sumes swanes huse his hleow gernde, 7 eac swylce him 7
his yfele wife georne herde. Hit gelamp sume dæige, þ þæs swanes
wif hætte hire ofen, 7 se king þær-big sæt hleowwinde hine beo þan
fyre, þan heowen nyten[fol. 150 a]de, þ he king wære. Þa wearð
þ yfele wif færinge astyrod, 7 cwæð to þan kinge eorre mode,
'Wænd þu þa hlafes, þ heo ne forbeornen, for þan ic geseo dæig-
hwamlice, þ þu mycel æte eart.' He wæs sone gehersum þan
yfele wife, for þan þe he nede scolde. He þa, se gode king, mid
mycelre angsumnysse 7 siccetunge to his Drihtene clypode, his
mildse biddende. Hwæt! þa abuten him aneode ealswa se halge
him foresæde on ær, 7 mare earfoðe he adreah, þone we nu areccen

35 *MS.* bute] abuten *is Wülker's emendation.*

CONCERNING ST. NEOT

mugen, ac he wearð eft forraðe gefrefrod þurh þone halgen *The king was comforted by the holy Neot.*
Neoten. He com to him anes nihtes on swefne swyðe brihte
scinende, 7 him to cwæð, 'Eala, þu king, hwæt wylt þu to mede
gesyllen þan þe þe fram þyssen uneðnyssen alyseð.' He wearð
5 afyrht on swefne færlice swyðe, 7 þeh þan halgen geandswerode,
'Eala, leof,' he cwæð, 'hwæt mæig ic syllen? Ic eam ealles godes
benæmed 7 mines kynerices.' Se halge him andswerode, 'Ic eam
Neotus, þin freond, 7 ic nu blissige mid heofene Kinge. Gehyht
nu on his mihte, þonne [fol. 150 b] becumst þu æfter Eastern to
10 þinen æðele, 7 þe togeanes cumð þin todræfed here, 7 þines cymes
þearle fægenigeð. Ic þe toforen fare, þu me æfter folge, 7 þin folc
samod. Ic soðlice todræfe ealle þine wiðerwinnen, 7 þone king, þe
þe togeanes winð, to geleafen gebege.' Hit gelamp þa eall swa, 7
Guðrum se hæðene king com to Ælfrede þan cristene kinge, mid *Guthrum, the heathen king, came to Alfred and asked for peace and received baptism.*
15 þreottene cæmpen, 7 friðes wilnode, 7 to fulhte feng, 7 he twelf
dages æfter þan her on lande wunede mid mycelre blisse, 7 syððen
gesund gewende mid his herelafe to his agenen earde mid ealre
sibbe. Þa weox Ælfredes cynerice, 7 his word wide sprang, þ he
on godcunden gewriten wel gelæred wæs, swa þ he oferðeah
20 biscopes 7 mæssepreostes 7 hehdiacones, 7 cristendom wel þeah on
þan gode time. Eac is to wytene, þ se king Ælfred manega bec
þurh Godes gast gedyhte; 7 binnen twam 7 twentig gearen his
cynerices þiss eorðlice lif forlet, 7 to þan ecen gewende, swa him
God geuðe for his rihtwisnysse. Eala, mæn þa leofe, þa wæron *Those were good days, on account of the merits of a Christian people and righteous leaders.*
25 gode dages on þan [fol. 151 a] gode time for cristenes folcas
geearnunge, 7 rihtwisra heafodmanna. Nu is æighwanen heof 7
wop, 7 orefcwealm mycel for folces synnen, 7 wæstmes, æigðer gea
on wude gea on felde, ne synd swa gode, swa heo iu wæron, ac
yfeleð swyðe eall eorðe wæstme, 7 unrihtwisnysse mycele wexeð
30 wide geond wurlde, 7 sibbe tolysnysse 7 tælnysse, 7 se þincð nu
wærrest 7 geapest, þe oðerne mæig beswican, 7 his æhte him of
anymen. Eac man swereð man mare þone he scolde, þy hit is
þe wyrse wide on eorðe, 7 beo þan we mugen understanden, þ hit is
neh domesdæge. Ne spareð nu se fæder þan sune, ne nan mann
35 oðren, ac ælc man winð ongean oðren, 7 Godes lage ne gemeð, swa
swa me scolde. Beo þan we mugen ongyten, þ þiss wurld is
aweigweard 7 swyðe neh þan ænde þysser wurlde. Eale! gesælig
byð se þe hine sylfen on time gebyregeð. Uten nu bidden georne

23 MS. 7 þiss e. l.

Seinte Neoten 7 oðre halgen, þ heo ure þingeres beon to þan Heofon-kinge, þ we næfre ealles to yfelne time ne gebiden on þyssen earmen life, 7 þ we moten æfter forðsiðe to ecere reste becumen.

XLIII

SERMO IN FESTIS SANCTE MARIE VIRGINIS.

[Fol. 151 b]

The evangelist Luke says that the Saviour came into a certain stronghold, and a woman whose name was Martha received Him into her house. She had a sister called Mary.

SE godspellere Lucas sæigð on þyssen godspelle, þ se Hælend com into sumen cæstele, 7 sum wif hine underfeng into hire huse, þære wæs to name Martha. Seo hæfde ane suster þe wæs genæmd Maria. Seo wæs sittende æt ures Drihtenes foten, 7 hlyste his worden. Ac Martha beswanc 7 bestuddede þa lichamlice behefðen. Seo stod 7 cwæð to þan Hælende, ' La, Drihten, nis þe na gemynde, þ min suster lætt me anen þenigen? Sæge hire, þ heo me fylste.' Se Hælend hire andswerede 7 cwæð, 'Martha, Martha, þu eart bisig 7 gedrefd on feale þingan, ac anlypig þing is behefe. Maria hæfð gecoren þ betste dæl, þ hire næfre ne byð wiðtogan.' Sume ungelærede mænn wundrigeð, hwæt þiss godspell belimpe to þære eadigen Marien Cristes moder, 7 hwi man æt hire þenunge geræde þiss godspell, ac us þincð, þ hit rihtlice to hire gebyreð, beo þan þe [fol. 152 a] ure larðeawes us doð to understandene. Ðes cæstel, þære ure Drihten in com, betacneð rihtlice þ synderlice unwæmme mæden Maria Cristes moder. For cæstel is geclypod sum heh stepel, þe byð mid wealle betrymed, swa þ æigðer oðre bewereð wið unwinen gewinne. Ðyssen cæstele is rihtlice wiðmeten þ synderlice mæden Marie Cristes moder, for heo wæs fæstlice betrymed mid mægne unwæmmes mægeðhades on lichame 7 on geðanca, swa swa mid strangen cæstelwealle, swa þ hire næfre ne mihte genelæcen nan lichamlic galnysse, ne forðen to hire geðanca nan ungelefed hæmeðe, 7 for þan þe mægeðhad stranglice mæig wiðstanden þære galnysse, þ hit ne byð þurh þ oferswiðen, modignysse gelomen gewinð þa infare, for þan wæs eadmodnysse stepel on hire, 7 wal þe aferseð ealle modignysse fram þan mægeðhade, 7 for þan þe eadmodnysse wiðstant modignysse, þ heo ne byð þurh þ oferswiðen, galnysse gelomen gewinð þa infare, for þan þæs mægeðhades weall

This stronghold into which Our Lord came, rightly betokens the specially pure Virgin Mary, the mother of Christ.

---

31 wal *is written on an erasure and is indistinct.*

on hire, þe stranglice [fol. 152 b] aferrseð ealle galnysse fram
eadmodnyssen steple; 7 swa is mægeðhades weall, 7 eadmodnysse
stepel 7 æigðer mid oðren gestrangod, þ on hire mægeðhade næfre
ne mihte gefæstnigen modignysse, ne on hire eadmodnysse nan
5 besmitenysse. Ac æfre hire wæs on eadmede mægeðhad, 7 clæne
eadmodnysse. Genyme we us þ godspell to gewittnysse hire *Let us take the gospel as*
mægeðhades 7 hire eadmodnysse. Ða þa se ængel hire cydde, þ *a witness of her purity*
heo cænnen scolde Godes Sune, heo andswerede 7 acsode, 'Hwu *and humi-*
sceal þiss gewurðen, for ic ne cann naht of weres gemane?' Gyf *lity.*
10 ænige mædene, þe hæfde gemynt were to underfone, wære gesæd
þ heo scolde sune geberen, ne þuhte hit hire sellic, ne heo axigen
nolde, 'Hwu sceal hit gewurðen, þ ic sune gebide?' Ac eaðe
þeos mihte axigen, 'Hwu sceal þiss gewurðen, þ ic sune habbe?'
For þeh heo Josepe gehandfæst wære, þehhweðere he hæfde
15 anrædlice on hire gemynte, þ heo næfre weres gemænnysse nolde
cunnen. Emb hire eadmodnysse we mugen eac secgen. Ða þa se *The angel*
ængel hire brohte gretinge fram heofone rice, [fol. 153 a] 7 *greetings*
gewiterede heo, hwu heo wæs þan (Hælende) to moder gecoren, *from the heavenly*
7 þehhweðere gehealdene mægeðhade and gebletsod ofer ealle *kingdom*
20 wifen, heo andswerede mid eadmodnysse, 'Ic eam Drihtenes þenen.' *how she had been chosen*
On oðre stowe heo cwæð, 'Drihten, beseh to minre eadmodnysse, *as the Saviour's*
7 þurh þæt me sculen ealle mægðen eadige tellen.' Eale hwu heh *mother.*
mæden Godes moder! Hwæt mihte beon herre? Eala hwu
eadmode moder Godes þinen! Hwu mihte heo eadmodlucor
25 andswerigen? Sume næmmeð þone cæstel Magdalum, þe Maria
wæs of Magdalenisc geclypod, 7 þ becumð wel to þyssere trahtnunge.
For Magdalus is 'stepel' geclypod, 7 betacneð eadmodnysse. Here
he nis beo name gecyðed, ac is gesæd 'sum' cæstel, 7 þ nis na on
idel gedon. For 'sum' cæstel, þ is 'sunderlic' cæstel, þ wæs þ
30 mæden Maria. For þeh manege oðre habben mægeðhades weall,
7 eadmodnyssen stepel, swa þ heo mædene beon 7 eac eadmode,
þehhweðere ne mugen heo gehealde ne mægeðhade 7 modres beon,
ne bearn geberen, swa þeos synderlice dyde, 7 for þan heo is [fol.
153 b] rihtlice geclypod 'sum' cæstel, þ is 'synderlic' cæstel.
35 For heo wæs synderlice moder 7 mæden, swa nan oðer ne mihte.
ne næfre ma ne mæig, 7 þeh hit eall gelumpe, þ ænig hæfde þa
geðincðe, þ hoo mihte mæden beon 7 eac cildes moder. Þehhweðere

---

1 *An erasure before* aferrseð.
10 *MS.* 7 wære] 7 *is in the margin.*

ne fullcumð næfre nan to þære mærðe, þ heo þone ilca sune
gebere, oððeægne his gelica. For þan rihtlice heo is synderlice

The gate through which Our Lord came is her faith.

se ilca cæstel, þær ure Drihten in com. þ geat, þær he inn com,
þ is hire geleafe. For þurh þ, þ heo þæs ængles worden gelefde,
hit wearð fullfremod on hire þ þ se ængel hire sæde. Ne for þæs 5
Hælendes infare, næs se cæstel hire mægeðhades ne hire eadmod-
nyssen gewæmmed. For he is Hælend 7 na awerdend. Þa awerde
þing he gehælð, 7 þa gehale he gefæstneð on strencðe. His weorc
synden, swa swa his name sweigð. Sum wif hine underfeng on
hire hus, þære wæs Martha to name. Seo hæfde ane suster þe 10

These two sisters betoken the two lives ; Martha the life of toil which we all live, Mary the eternal life which we long for.

wæs geclypod Maria. Ðas twa gesustre, beo þan þe ure larðeawes
us [fol. 154 a] cyðeð, betacnigeð þa twa lif, þe man lætt on riht-
wisnysse. Martha þ geswyncfulle lif þe we one drohtnigeð, Maria
þ ece lif þe we to willnig[en]. Martha swanc 7 becarcade to
geforðigene þan Hælende 7 his þeowen þa lichamlice behefðen. 15
Maria fæstlice wunede abuten þan Hælende 7 hlyste his worden.
Seo studdede emb þa uterlice þing, þeos oðer þa inweardlice þing
gemyndelice besceawode. Swa swa ure hlæfdige is synderlice þæs
Hælendes moder, swa byð eac synderlice on hire gehealdene, þa
weorc þære twegre lifen, þe þas twa gesustre betacnigeð. On 20
nanre oðre næs Marthe studdinge on nanen time swa fullice
geforðed toweard Gode, 7 toweard his leomen, swa on ures
Drihtenes moder. Ne Marien besceawunge, ne hire hlystinge to
Godes worden, næs næfre on nanre oðre swa fullice geforðed swa

Let us now consider Martha's work, and then Mary's contemplation.

on ure Drihtenes moder. Uten nu getrehtnigen Marthen weorc, 25
7 syððen Marien sceawunge, 7 swa þ we hit þæs [fol. 154 b] þe
openlucor mugen understanden, trahtnigen we hwæt oðre halgen
wyrceð on Marthen wisen, 7 hwæt þeos, 7 hwæt oðre halgen
behealdeð 7 hercnigeð on Marie wisen, 7 hwæt þeos. Oðre under-
foð sumne cume leoflice for þæs Hælendes lufe, ac þeos nænne 30
oðerne cume bute þone Hælend sylf, na synderlice on oðren
herbyrge, bute on hire agene innoðe. Oðre bescrydeð sumne
hnacodne mid ateorigendlicen reafe, ac þeos gelichamede Godes
ungeseowenlicne Sune mid clænen 7 unbesmitenen lichame, þe
næfre on ecnysse ne seareð, ne ne forroteð, ac on unwæmme 35
þurhwuneð. Oðre fedeð sumne hungrigne oððe þurstigne mid

---

14 *MS.* to willnig *is added in the margin in different ink, and, probably owing to the lack of space, the* en *has been omitted by the scribe.*

uterlicen mete oðð̄e drænce, ac þeos na feorlucor bute of hire
agene breostes meolca fedde, 7 fostrode þone þe is God 7 mann, þa
þa he wæs on mænniscen gecynde hungrig 7 þurstig. And swa
swa we hit mugen scortlice belucan, ealla þa six mildheortnysse
5 weorcas, þe God geopeneð on domesdæige loc [fol. 155 a] hwænne
he cweðð, 'Eall ꝥ ꝥ ge dyden anen minre læsten, ꝥ ge dyden me 'All that ye
sylfen,' ealla þa ilca heo dyde synderlice 7 furðerlucor þone ænig did to one
                                                                   of the least
oðer, na on ænigen oðren lytlen, ac on þan sylfen Godes Sunen. of Mine, ye
                                                                   did unto
Swa swa leofne gyst heo hine husede 7 innlice herebyregode.   Me.'
10 Đonne he hnacod wæs, heo hine bewreah mid lichame 7 mid reafe.
Đonne he wæs hungrig 7 þurstig, heo hine estlice gefylde mid hire
meolca. On his cildlicen unfernysse, heo hine baðede, 7 beðede,
7 smerede, 7 bær, 7 frefrede, 7 swaðede, 7 roccode, swa ꝥ man mæig
rihtlice beo hire secgen, 'Martha wæs bisig 7 cearig emb þa
15 þenunge.' Đa þa he wæs genumen 7 on rode gefestned, swa swa
on cwarterne gedon, þær heo com, swa swa hit awriten is, 'Big
þæs Hælendes rode stod Maria his moder.' Onmang þyssen Concerning
þingen heo wæs bisig 7 gedrefd. Gedrefd heo wæs, þa þa heo these things
                                                            Mary was
fleah into Egypte for Herode kinge, þe hire Cild wolde fordon. anxious and
                                                                troubled.
20 Gedrefd heo wæs, þa þa heo understod ꝥ ꝥ [fol. 155 b] Judeisce
folc wiðsette hire Sune to deaðe. Æt þan ænde heo wæs inlice
gedrefod, 7 swa swa Symeon hire hwilen ær gewitegode, his slege
þurheode hire sawle, þa þa heo geseh hire swylcne Sune nymen,
binden 7 swingan, 7 bespæten his ansene, cynehelmigen hine mid
25 þornen, earplættigen, 7 on rode fæstnigen, sweltan 7 bebyrigen.
Beo hire man mæg rihtlice secgen, 'Martha, Martha, þu eart bisig
7 gedrefed on feala þingan.' Ne tweonige nane mæn, ꝥ seo No man
gedrefde moder nolde beon gescild wið þære (ge)drefednysse, 7 ꝥ doubts
                                                                 that the
hire Sune, gyf him gewill wære, hire gehulpe mid þære godcunden troubled
                                                                 mother
30 strængðe þe heo on him wyste, þe betacneð Marie Magdalene. would be
                                                              protected
Đæt betacneð ꝥ Martha bemænde to þan Hælende, ꝥ heo næfde from the
                                                           sorrow, and
fultum of hire suster to þan lichamlicen geswynce, þiss is Marthe that her Son
                                                                   would help
dæl. Ac hwa mæig, swa wurðlice swa hit gebyrede, gereccen her with
                                                           divine
hwu herigendlice is on þære eadigen Cristes moder Marien dæl, strength.
35 [fol. 156 a] ꝥ ꝥ se Hælend herede? Syððen hit is swa swa we
sæden, 7 betere þone we sæden on þæs Hælendes moder, Marthan
geswyncfulle wica, þe se Hælend naht ne herode, ac þehhweðere he

---

12 beðede] *Kluge unnecessarily alters to* beddede *(A. S. Lesebuch, S. 71 ff.).*
28 gedrefednysse] *the* ge *is written in different ink.*

hit na ne tælde. Hwylc wæs on hire þ dæl þe Maria geceas, þe
ure Drihten herede 7 cwæð þ hit selest wære, 7 heo eac eadig, for
hit næfre hire ne wurde benumen. Eala hwu mycel swotnysse
wæs mid þære eadige cwen, þa þa se Halge Gast on hire becom,
7 þæs hecsten mihte heo bescadewode, swa þ heo of þan ilcan 5
Halgen Gaste wearð bearneacninde. Hwæt wanode hire of Godes
wisedome, þa þa inne hire lutede eall Godes wisedom, 7 God sylf
on hire innoðe timbrede him sylfen mænnisc lichame. Se apostel
Paulus cwæð, 'On Criste synd beclysede Godes mihten 7 his
wisedom, 7 ealle þa hord wittes 7 wisedomes,' 7 Crist on Marien, 10
7 swa is Godes mihte 7 his wisedom 7 ealle þa hord wittes 7 wise-
domes on Marien. Ðeos sæt wel þan Hælende æt [fol. 156 b] foten
7 æt heafde hlystinde his worden. Heo understod ealle þa word
þære ænglen, 7 þære herdan, 7 þære tungelwitegan, 7 eac forðen
þæs sylfen Hælendes, 7 heold gemyndelice on hire heorte. Næfre 15
ær ne æfter, nan oðer swa forðlice ne gesmæhte, hwu swote is ure
Drihten. Heo wæs wel beo þæs witegan cwide þurhdrænct mid
þære welle Godes huse, 7 of þan streamen his esten hire wæs wel
gescænct, þ næs nan wunder, for innen hire wæs se rihte spryng
þære lifes welle, þær of flowð eall seo fullfremednysse þære twegre 20
lifen þe we embe specað. Emb feala þing heo wæs swa swa
Martha bisig 7 cearig. Anlypig þing hire wæs este 7 gemynde
swa swa Marian, for an þing is beheflic, þa feala þing hire byð
wiðtogene, þ an hire is belæfd, for þan we secgeð þ heo synderlice
fullforðede Marthen geswyncfulle wica, 7 synderlice heo gehealt 25
þ seleste Marien dæl. Ac hire is Marthe dæl benumen, for heo nis
na [fol. 157 a] læng bisig to fostrigen hire Sune swa swa cilde, nu
him þenigeð ænglena werod swa swa Hlaforde. Nu ne carcað heo
to befleon Herodes ehtnysse into Egypte mid hire Cilde, for he is
gestogan into heofone, 7 Herodes is beflogen his ansyne into helle 30
þeostre. Nu nis heo namare gedrefd for þære Judean ehtnysse
toweard hire Sune, for ealle þing him synd underðeodde. Ne
sculen namare þa Judees hire Sune swingan ne cwellen, for he is
arisen of deaðe, 7 ne swelt næfre ma. Heonenforð næfð se deað
nænne styde on him. Ðuss hire is Marthen geswyncfulle lif eall 35
ætbroigden, 7 to hire freome hire is Marie dæl belæfd, þ hire næfre
ne byð benumen, for heo is up ahafen ofer ænglene werod, 7 eall
hire wille hire is geforðed on godnysse, for heo gesihð hire Sune
eall ealswa he is, neb wið nebb, 7 wuneð on ecere blisse mid him.

Ðiss is þ seleste dæl þ hit næfre ne byð hir[e] wiðtogen, þæs *God grant*
dæles us geunne God þurh hire þingunge þ we beon dælnymende *that through her inter-*
þurh his mildheortnysse. [fol. 157 b] We wylleð eow nu (bi) *cession we may be par-*
sum dæl gereccen emben hyre neamagen þe hire besibbe wæron. *takers of the best part.*
5 Anna 7 Emeria wæron gesustre. Of Emeria wæs geboren Elisabeth, Johannes moder þæs fulhteres. Of Anna wæs geboren Maria Cristes moder, 7 þa þa hire were Joachim wæs forðfaren, þa genam Anna æfter Moyses æ oðerne were, þe wæs genæmd Cleophas. Of þan heo hæfde an oðre dohter, seo wæs eac genæmd
10 Maria æfter þære ærre dohter, þas man cleopeð Maria Cleophe, for heo wæs his dohter. Ða beweddede Cleophas Josephe his broðre *Then*
Marian þæs Hælendes moder, þe wæs his steopdohter, 7 his agene *Cleophas betrothed*
dohter Mariæn he geaf Alpheon, of þære wæs geboren Jacob se *Mary the mother of*
læsse, 7 se oðer Joseph. Ðes Jacob wæs geclypod Jacobus *the Saviour to his*
15 Alphei, for he wæs Alphees sune. Ðaget æfter Cleophas deaðe, *brother Joseph.*
Anna æfter þære lage genam þone þridde were, þan wæs to name Salomas, of him [fol. 158 a] heo hæfde þa þridde dohter, 7 þa heo genæmden eac Marien, for þære deorewurðnysse of þære forme dohter, 7 for þan þe se ængel brohte þone name. Seo wæs
20 bewedded Zebedeo, of þære wæron geborene Jacob se mycele, 7 Johannes se godspellere. Maria þæs læsse Jacobes moder, 7 Maria þæs mare Jacobes moder, 7 Johannes þæs godspelleres. 7 Maria seo Magdalenissce sohten urne Drihten mid smerigeles inne his þruge, þa þa he bebyriged wæs.

XLIV

25 ## [FRANGMENT.]

WE rædeð on bocan þ Nabugodonosor geheregode Jerusalem, *We read*
7 genam þ Judeisce folc þe he þær fand, 7 lædde heo to his *that Nebuchadnezzar*
burh Babilone, 7 dyde heo þære on þeowte hundseofentig wintre, *plundered Jerusalem*
7 þahwile þe heo þær wunedan, heo geswican heora lofsangen 7 *and led the people to*
30 heora blissen. Ac þa þa, þa sixtig wintre agane wæren, þa com *Babylon, and enslaved*
Darius king, and gewann þa ceastre Babilonie, 7 freode þ Judeissce *them for seventy*
folc swa swa God wolde, 7 ofsloh þonne kyng þe he þære fand. *years.*
Sum[e] [fol. 158 b] þæs folcas þa gecerden to heora earde Jerusalem,

1 hir *is written in the margin with insertion sign between* byð *and* wiðtogen.
5 MS. Of Eme|meria.
26 geheregode] *The* ge *is written in smaller letters and in different ink.*
31 Darius *is written in different ink on an erasure.*
33 MS. sum] *out of place in the line above the last on the folio.*

After seventy years another king, called Cyrus, let the Jewish people return to Jerusalem.

7 sume þaget þær bæften belæfden, þa blissodan þa þa to heora earde comen, ac seo blisse næs na fullfremod for heora wifen 7 cilden 7 siblingan þe þaget wæron on Babilonie belæfde. Ac þa þa hundseofontig geare wæron fullice agane, þa com sum oðer king Cyrus genæmned, 7 let faren ham to Jerusalem þ Judeisce folc, þe 5 þær belæfd wæron, 7 þa þa heo togædere comen, þa wæs heora blisse fullfremod. Þas hundseofentig gearen betacnigeð þa seofon elden þysses lifes, fram þan time þe Adam of Paradis ascofen wæs, oðð þa geendunge þysses middeneardes, 7 swa swa Darius king on þan sixtugeðen wintre alesde þ folc, 7 sænde to heora earde 10 ænne dæl þæs folcas, swa ure Drihten on þær sixten elde heregode helle, 7 alesde mancynn, 7 gebrohte sume to heofone-rices blisse, 7 sume get here anbideð oððet seo seofoðe elde agan beo. For þonne we cumeð to fullfremedre [fol. 159 a] blisse mid sawlen 7 mid lichamen, seo elde þe we nu lytle ær embe spæcon, is geteald 15 beo seofon þusende (gearen), þe agane scule beon ær þes middeneard geændige, swa swa hit awriten is. Mann sægð þ fram þan time þe ærest Adam gescapen wæs, oððe Cristes tocyme, wæron agane fif þusend 7 fif hundred 7 fif 7 twentig geare, swa swa writen segges.

XLV

[THE OLD ENGLISH HONORIUS.] 20

It is said that sin is nothing: if that is true, it is strange that God condemns men for a thing which is naught.

SUM mann sæigð þ synne nis nan þing, 7 gyf þ soð is, þonne is hit wunder, þ God fordemð þa mænn for þa þinge þe naht nis, 7 gyf synne is ænig þing, þonne geworhte God hit, for he geworhte ealle þing, 7 gyf þ soð is, þonne fordemð he eft mid unrihte þa mænn þe doð þ þ he sylf gescop. Of Gode synden ealle þing, 25 7 ealle he geworhte heo gode, 7 for þan we understandeð þ synne nis nan þing on antimbre, for ælc antimber is god, ac yfel næfð nan antimber, 7 for þan hit nis naht. Hwa is wyrhte þære synne?

Man is the author of sin, and the devil is the instigator.

Mann is wyrhte þere synne, 7 deofol tyhtere. [fol. 159 b] Is hit hefigteme þing þ man synegige? An lytel synne, þone man heo 30 hæfð gedon, beo his gewittscipe, heo is mare þone eall middeneard, 7 eall þ æfre ænig man deð to synne, eall hit gewænt ure Drihtene to wurðmynte, 7 for þan ne mæig nan mann betellen, þ on eallen Godes gesceaften beo aht, bute God. Hwu? Nis manslege 7 for-

19 swa swa writen segges *is written in red ink in capitals.*

leger yfel? Sume siðe byð manslege god, swa hit wæs þa þa *Sometimes*
Dauid sloh Goliam, 7 Judith Holofernem. Ac þonne byð manslæge *homicide is right, as it was when David slew*
yfel, þonne man hine deð beo his agene gewille unscellice, 7 *Goliath, and*
forleger is on ælcen time synne, for hit nis næfre Gode gewill, ne *Judith Holo-*
5 beo his hæse gedon. Syððen God geworhte þa gode 7 þa yfele, *fernes.*
7 hit is gewriten þ God ne hateð nan þære þingen þe he geworhte,
hwu sculen we understanden þ God lufeð þa gode 7 hatað þa
yfele? God lufeð ealle þa þing þe he geworhte, ac he ne gebringð
heo na ealla on anre wununga. Swa swa se litigere þe lu[fol.
10 160 a]feð ælces heowes lit, ac naht ealla gelice, 7 ælc lit he fæstneð
on swylcen styde swa þær to berist, swa deð ure Drihten beo þan
mannen of þyssen middenearde, 7 for þan man sæigð þ he lufeð þa
þa he bringð into his rice, 7 hatað þa þa he bescufð into helle.
Hwæt is agen cyre? Hwæt is frigdom to geceosan god oððe yfel? *What is free*
15 Þone frigdom hæfde mann on neorxenewange, ac nu is se fridom *will?*
geðeowtod, for se mann ne cann nan god, bute God þurh his geofe
him tæce. Ne þaget ne mæig he hit geforðigen, bute God him
fylste þærto. Hwæt is beo þan mannen þe forwurpeð þ wurld,
7 gewændeð heora lif to drohtnunga for heora synnen, 7 þærto
20 nymeð heow 7 gewæden, 7 binnen lyttlen fyrste leggeð þa adun,
7 gewurðeð eft wyrse þone heo ær wæron? Manega synden þe
beginneð god to donne, 7 eft hit forlæteð, 7 gecerreð to þan yfele.
Of swylce mannen is gewriten þ heo græmigeð God. On swylcen
[fol. 160 b] wisen (þegneð) se deofol ure Drihtene. Hwu þegneð
25 he him? For he nolde beon mid uren Drihtene on wuldre mid
wele 7 mid blisse buten geswynce, þa geaf God him ane wica
þ he næfre ne byð (ge)swyncleas, for he is smið, 7 his heorð is seo
gedrefodnysse, 7 seo tyntrega. Þa hameres 7 þa beliges synden þa
costninga, þa tangen synden ehteres, þa fielen 7 þa sagen synd
30 þæra manna tungen, þe wyrceð hatunge betweonen heora emcristene,
7 bliðelice specað yfel. Þurh swylcne smið 7 þurh swylce tol,
geclænsað ure Drihten þære halgena sawlen, ac of þan yfela
mannen God sylf nymð þa wræce. Hwy synden (þa) lyðere mæn *Why are*
swa welige on wurlde, 7 habbeð of heore wille genoh, 7 þa gode *evil men so prosperous*
35 mænn habbeð swa feola ermðen 7 byrstes ælces godes? Eall þ is *in the world, and why*
for þan gode mannen, þ heo (a)scunigen 7 lytel tellen 7 unwurð of *do good*
þan wele þe þa yfela mæn byð of swa swyðe asadede, 7 þa gode *men have so many miseries?*
mænn synden byrstige 7 gedrefde 7 unfere, þe læste heo toswyðe
blissoden on heora lichames hæle, 7 [fol. 161 a] on heora wuld-

welen, 7 gyf heo hwæt lytles habbeð gegylt, 7 gedon ongean Godes
wille, þ beo geclænsod 7 forgeofen þurh þære drohtnunge, 7 heo
byð gewulderbegede for heora þolemodnysse. Hwy is eft þ sum

Again, why is it that one good man has wealth and a wicked man misery and sickness?

god mann hæfð on wurlde genoge welen 7 æhte, 7 lichames hæle,
7 sum yfel mann hæfð ermðe 7 næfte 7 unhælðe? For þan hætð 5
ure Drihten getyðed þan gode mannen wele 7 æhte, þ heo mugen
on nytt beteon þ God þe heom is leof, 7 God heom sceaweð beo
þan, þ syððen þa ateorigendlice þing byð swa behefe 7 leofe to
brucane, wel swyðe mycele betere 7 fremfullre byð þa heofonlice
welen, þe næfre ne forealdigeð, ac æfre þurhwunigeð on godnysse, 10
7 for þan God gyfð þan gode mannen mihte, þ heo geforðigen þ god
þ heo beginneð, ærest for heom sylfen, 7 syððen for oðren Godes
þeowen, þ heo heom helpen, swa wel swa heo mugen, 7 eft for þan
þ heo geletten þa lyðere mænn, þ heom ne onhagige ofer þan goden
to yfeligen [fol. 161 b] eall þ heo wolden, 7 heo habbeð heora hæle, 15
þe læste oðre gode mænn beon unrote for heora unfernysse, ac þ
heo beon bliðe for heora hæle. 7 eft þære byð sume yfele mænn,
þe byð swyðe byrstige 7 unfere, for þan þ heo understanden beo
þan, þ bitere byð þa saregan þe heo sculen on helle on ecnysse

Why is it that many a bad man lives a long time and many a good man soon dies?

geðrowigen, for heora unmihte. Hwu is þ þ manig yfel mann 20
leofeð lange, 7 manig god mann sone swelt, 7 eft sum god mann
leofeð lange, 7 sum lyðer mann lytle hwile? God lætt libben þa
yfele mænn for þan þ þa gode beon þurh heom gefandode, oððe þ
heo beo beðæncen 7 gecerren of heora hindernysse, 7 bute heo
gecerren, heora pine wurð þa mare. 7 þa gode mænn swelteð 25
raðe, for þan þe God nele þ heo læng drohtnigen on þan swicolan
middenearde, ac habben þa reste, 7 þa blisse þe heo habbeð geearnod.
7 eft sume þa gode habbeð lang lif, for þan þe heora earninga ehð
ælce dæige mid [fol. 162 a] godnyssen, 7 for þan þ þa yfela mænn
scolden nymen forbisne æt heom of goden þeawen, 7 gecerren fram 30
heora unðeawen. 7 eft sume arlease mænn sone swelteð, þ heo sone
habben þ þ heo æfter eodan, 7 eac for þan þ sume þa gecorene þe
sume dæle dweligeð, beon þurh heora deað afyrhte 7 gemanede to

Are the men happy who have no adversities in this world?

Godes þenunga þe heo forelcodan. Synden þa mænn gesælige þe
nabbeð on þyssen wurlde nane ermðe? Ac þa syndon eremingas 35
7 ungesælige, þe on eallra ednysse libbeð heora lif, 7 habbeð eall
heora gewill, for heo byð swa swotlice gefostrede to beornen
stranglice on helle fyre. Ac eadige byð þa þa habbeð on þyssen
wurlde mycelne wane 7 ermðe, 7 is mycel æfter of heore wille, for

þurh swylcere swingle heo byð gelaðede to Godes rice, swa swa
hit is gewriten, 'God swingð ælcne sune þe he gemð 7 lufeð.' Þa
arlease mænn þeh heo hab[fol. 162 b]ben on þysser wurlde sum *The wicked in this world are powerless and are never free from suffering, but the chosen have much help from God.*
dæl heora gewilles, þehhweðere heo byð unmihtige, 7 ne byð heo
5 næfre teonlease. 7 þa gecorene þeh heo habben æt sumen sæle
earfoðnysse on þan middenearde, þehhweðere heo habbeð mycele
mihte of Gode, 7 heom getitt mycel geðingðe. Do me þ to under-
standene. Yfele mænn nabbeð nane mihte, for þan þe God is
heom gram, heo ne mugen willnigen nanes godes, ac yfel heo
10 gewillnigeð, 7 þ heo mugen don, 7 we habbeð beteald þ yfel nis
nan þing, 7 for þan heo ne mugen nan þing, for heo ne mugen
buten yfel. Heo ne byð næfre teonlease, for heo byð geteontregeð
mid hindre geðanca, 7 heo byð æfre on mycelan ege, þ mann heo
nyme oððe slea, oððe heora æhte heom benyme, ac gode mænn
15 habbeð mycele mihte of Gode, for heo habbeð þa geofe æt Gode, þ
heo wylleð god don, 7 wel mugen, 7 nelleð nan yfel don. Þa habbeð
mycele mede [fol. 163 a] for heo habbeð blisse for þære sicornysse
Godes rice. Get ic þe wylle an oðer seggen, þ næfre ne sceal yfele
mannen na god getidan, ne gode mannen nan yfel. Hwy sægst þu
20 swa? Ne byð yfele mænn welige on middenearde, 7 fægere, 7
spedige of æhte, 7 of fægere gebytlen, 7 of fægere wifen, 7 of
deorewurðe reafen? 7 þa gode mænn byð bereafode, 7 geswungene,
7 acwelmode on hungre 7 on cele. Ðeh hit þynce mannen, þ *Although it appears to men that the wicked are prosperous in this world, nevertheless they are like the fishes who rejoice when they take the bait and are unaware of the hook therein.*
arlease mænn habben wele on þyssen wurlde, heo byð þehhweðere
25 swa swa þa fissces þe habbeð mycele blisse, þonne heo gegripeð
þ æs, 7 ne byð na þaget gewærre þæs angles þe þær inne sticað,
7 heo beswicð to deaðe. Eall swa þa rice mænn for þan estlice
meten 7 for þa gode dræncen, heo sculen beon gefyllde mid
biternyssen, swa swa wæs se rice mann on helle þe þ godspell
30 gemunð, 7 for þære fægere wifmanna lufen heo sculen drigen
brynstanes stænc on helle, 7 for þære [fol. 163 b] scrude fæger-
nysse, heo byð bewæfde mid tale 7 mid scande, 7 for þan orfe, 7 for
þan gebytlen, heo habbeð weoremes 7 hellepinen. Ac þa gode
mænn þe habbeð pine on þyssen middenearde, for þan cwarterne, 7
35 for þa hæftungan, heo sculen habben þa heofenlice selen, 7 for þa
swinglen, heo gebideð frofre 7 blisse.

26 na *is written in the margin.*

XLVI
[THE OLD ENGLISH HONORIUS.]

Why did Our Lord rise from the dead on the first day of the week?

HWY aras ure Drihten (of deaðe) þæs formeste dæʒes þære wuca? For he wolde þone forwordene middeneard eft aræren on þan ylcan dæiʒe, þe he ærst ʒetimbrod wæs. Hware wicode he (þa) feowertiʒ daʒes æfter his æriste? Swa swa we ʒelefeð, he 5 wunede on þære eorðlicen neorxenewanʒe mid Helian 7 Enoche, 7 þa þa mid him arisen of deaðe. Hwylce wlite hæfde he æfter þan æriste? Beo seofenfealden brihtere þonne sunne. On (h)wylcen heowe ʒeseʒen hine his leorningcnihtes æfter his æriste? On þan ylcan, þe heo ær wæren bewune hine to ʒeseone. Com [fol. 164 a] he 10 to heom ʒescrydd? He ʒenam reaf of þan leofte. Hwu oft æteo(w)de he hine his ʒingran? Twelf siðen; þæs formesten dæiʒes his æristes he wæs æteowod eahte siðen. Ǽrest he com to Josepe, þær þær he wæs on cwarterne for ures Drihtenes lichame, þe he hæfde bebyriʒed, swa swa þa ʒewriten us cyðeð, þe Nichodemus us 15 wrohte. Æt þan oðre siðe he com to seinte Marian, his moder, swa swa Sedulie us sæʒð. Æt þan þridden siðe, he com to seinte Marian Magdalene, swa swa Marcus us cuðð. Æt þan feorðan siðe, he com to þan twam Marian, þær þær hi ʒecerden fram þan þruwe, swa swa Matheus us sæiʒð. Æt þan fifte siðe, he com to 20 sancte Jacobe, swa swa sancte Paulus berð ʒewitnesse; for he hæfde forhaten, þæt he nolde metes abiten fram þan Fridæiʒe, þe he ʒepined wæs, ær þonne he of deaðe arisen wære, þ he hine ʒeseʒe on life. Æt þan sixten siðe, he com to sancte Petre, swa swa Lycas awrat on his godspelle; for he wæs unrot for þære forsacunge, þ 25 he hæfde Crist forsacan, 7 wæs toscyled fram þære apostlene ʒeferræddene [fol. 164 b] 7 þurhwunede on wope. Æt þan seofoðen siðe, he com to þan twam leorningcnihten, þe eoden to Emmaus, swa swa se sylfe Lycas eft sette on ʒewrite. Æt þan eahteðe siðe, he com to heom ealle belochene gate, þær þær heo 30 wæren togædere on æfen, swa swa Johannes us cyðð on his ʒewrite. Æt þan niʒeðen siðen, þa þa Thomas grapode his wunden. Æt þan teoðe siðe he com to heom æt þære sæ Tiberiadis. Æt þan ændeleofte siðe, on Galilea dune. Æt þan twelfte siðe, he com to

How often did He appear to His disciples? He appeared twelve times, eight times on the first day.

---

11 MS. æteode] *the* w *inserted above the line between the* e *and* o, *obviously a scribal error.*

25 awrat] *the* a *is written in the margin and has been inked over.*

þan ændeleofonan apostlen, þær þær heo sæten togædere, þa þa he
tælde heora unʒeleafsumnesse. Hwy sæiʒð se godspellere, þ he *Why does the evangelist say that He first appeared to Mary Magdalen?*
hine ærest æteowde Marien Magdalene? Ða godspelles wæren
mid swyðe mycelen wisdome ⁊ scele ʒewritene, ⁊ heo nolden þær
5 on writen nan þing, bute þ þ wæs heom eallen cuð. Steah he ane
into heofene? Ealle, þa þa of deaðe arærred wæren, astuʒen mid
him. On hwylcen heowe steah he up? On þan heowe, þe he
hæfde beforan his þrowunge, he steah up oð þa wolcnen, ⁊ þa þa
he com bufen þan wolcnen, þa ʒenam he swylc heow swylc he
10 [fol. 165 a] hæfde on þan munte Thabor. Hwy ne steah he to *Why did He not ascend to Heaven as soon as He rose from the dead?*
heofene, sone swa he arisan wæs of deaðe? For þrim þingan.
Ðæt æreste þing, for þan þe þa apostles scolden witen sicerlice, þ he
arisen wæs of deaðe; for heo ʒeseʒan hine etan ⁊ drincan mid
heom. Ðæt oðer þing wæs, for þan he wolde æfter feowertiʒ daʒen
15 stiʒen to heofene, þ he cydde mid þan, þ ealle, þa þe ʒefylleð þa
ten bebodan of þære æ, beo þære feower godspellere lare, þa sculen
æfter him to heofene. þ þridde is þ þ cristene folc sceal stiʒen to
heofene binnen feowertiʒ daʒen æfter þær pine, þe heo poliʒeð
under Antecriste.

XLVII

20 [ON THE LORD'S PRAYER.]

NE becymð nan mann to Godes rice, buten he sy afondod; for *No man shall come to the kingdom of God, unless he has been tried.*
þi ne sceole we na biddan þ God ure ne afandige, ac we sceole
biddan þ God us gescylde, þ we ne abreoðen on þære fandunge.
Deofol mot ælces mannes afandian, hweðer he aht sy, oððe naht;
25 hweðer he God mid inneweardre heorte lufiæ, þe he mid heowunge
fare. Swa swa mann afandað gold [fol. 165 b] on fyre, swa
afandað God þæs mannes mod on mistlice fandunʒe, hweðer he
anræde sy. ʒenoh wel wat God, hu hit ʒetimeð on þære fandunge;
ac þeah hweðere se man nafeð nane mycele ʒeþingðe, buten he
30 afandod sy. Þurh þa fandunge he sceall ʒeþeon, ʒif he þan *Through trial he shall flourish if he withstand the temptations.*
costnunʒen wiðstant. ʒif he fealle, he eft arise, þ is ʒif he agylte,
he hit ʒeorne ʒebete, ⁊ syððen ʒeswice; for þi ne byð nan bot naht,
buten þær beo ʒeswiconesse. Se man þe wyle ʒelomlice syngian,
⁊ ʒelomlice beten, he gremeð God; ⁊ swa he swyðer syngeð, swa
35 he deofle ʒeweldre byð, ⁊ hine þonne God forlæt, ⁊ he færð swa

---

28 anræde] *the æ is altered from* a.   30 þan] *the* n *is altered from* r.
33 syngian] *the* y *is altered from* u.

L

The good man, the more he is tried, the more cheerful he will be, and the nearer to God.

him deofel wisseð, swa swa tobrocen scip on sæ, þe swa færð swa hit se wind todrifð. Se gode man swa he swyðer afandod byð, swa he rottere byð, 7 near Gode, oððet he mid fulre ȝeðincðe fareð of þisse life to þan ecan life. 7 se yfele swa he ofter on þære fandunge abryð, swa he forcuðre byð, 7 deofle near, oððet he færð 5 of þysse life to þan ecen wite, ȝif he ær ȝeswicen nolde þa þa he mihte 7 moste. For þi anbideð God ofte þes yfeles [fol. 166 a] mannes, 7 læt him fyrst, þ he his mandæde ȝeswice, 7 his mod to Gode ȝecyrre ær his ænde, ȝif he wile. ȝif he nele, þæt he beo butan ælcere ladunge swiðe rihtlice to deofles hande asceofen. 10 For þi is nu selre cristene mannan, þæt heo mid earfoðnesse 7 mid ȝeswince ȝeearnian þ ece rice 7 þa ecan blisse mid ȝode 7 mid eallen his halȝen, þonne he mid softnesse 7 mid yfele lusten ȝeearnian þa ece tintreȝe mid deofle on helle wite aa.

XLVIII
[THE PHOENIX HOMILY.] 15

The angel took St. John and brought him to Paradise.

SANCTUS Johannes ȝeseh ofer garseg swylc hit an land wære. Þa ȝenam hine se ængel 7 ȝebrohte hine to neorxenewange. Neorxenewange nis naðer ne on heofene ne on eorðe. Seo boc sæȝð þ Noes flod wæs feowrtig fedmen heh ofer þa hegesta dunen 20 þe on middenearde synden, 7 neorxenewang is feowrtiȝ fedme herre þone Noes flod wæs, 7 hit hangeð betwonen heofone 7 eorðen wunderlice, swa hit se Eallwealdend ȝescop, 7 hit is eall [fol. 166 b] efenlang 7 efenbrad. Nis þære naðer ne dene ne dune. Ne þære

There is there neither frost, nor snow, nor hail, nor rain, but there is the well of life.

ne byð ne forst ne snaw ne hagel ne reign, ac þær is *fons uite*, þ is lifes welle. Þonne *Kalendas Januarii* inn gað, þonne flowð seo 25 welle swa fæȝere 7 swa smoltlice 7 na deoppere, þone mann mæiȝ ȝewæten his finger on forewarde, ofer eall þ land. '7 swa ȝelice ælce monðe ane siðe, þonne se monð inn cumð, seo welle onginð flowen; 7 þær is se fægere wudeholt þe is ȝenemmed Radion *saltus*; þær is ælc treow swa riht swa bolt 7 swa heh, þ nan eorðlic 30 mann ne ȝeseh swa heh, ne seggen ne cann hwilces cynnes heo synden. Ne fealleð þær næfre leaf of, ac heo byð singrene, wlitiȝ 7 wynsum, welena unrim. Neorxenewange is upprihte on easte-

Paradise is above in the East of this world, there it is never night, but perpetual day.

wearde þisse wurlde. Nis þær ne hete ne hunger; ne þær niht nefre ne byð, ac simble dæiȝ. Sunne þær scineð seofen siðe 35

5 MS. fandunde byð] *the reading* fandunge abryð *is from Camb. MS.*
19 sæȝð] *the æ is altered from* e.

THE PHOENIX HOMILY 147

brihtlycor þone on þissen earde. Þær wuneð on Godes ængles unrim mid þan halgen sawlen oðð do[fol. 167 a]mes dæiȝ. Þær wuneð on an fugel fæȝer Fenix gehaten, he is mycel 7 mære swa se Mihtiȝe hine ȝescop, he is hlaford ofer eall fugel cynn. Ælcere
5 wuca ane siðe se fæȝere fugel hine baðeð on þære life(s) welle; 7 þonne fliho se fugel 7 ȝesett uppe þ hegeste trow onȝean þære haten sunne. Þonne scinð he swa sunne leome 7 he gliteneð swilc he gyldene seo. His feðeren synden ængles feðeren gelice, his breost 7 bile brihte scineð, fæȝere 7 fage. Feawe synden swylce.
10 Hwat! his eagene twa æðele synden swa clæne swa cristal 7 swa scire swa suneleome. His fet synden blodreade beȝen, 7 se bile hwit. Hwæt! se fægre fugel fliho of his earde, se þe is fæȝere Fenix ȝehaten. Þonne wuneð he witodlice on Egiptelande fiftene wucan feste togædere. Þonne cumeð him to, swa swa to heora
15 kinge fageninde swyðe, eall þ fugel cinn 7 fæȝere ȝegreteð ealle Fenix, writiȝeð 7 singeð ealle abuten him, ælc [fol. 167 b] on his wisen, ealle hine heriȝeð. Þonne ferð þ folc feorrene swyðe, wafiȝeð 7 wundrigeð, wylcumiȝeð Fenix. Hal beo þu Fenix! fugele fæȝerest! feorren þu come. Þu glitenest swa read gold, ealra
20 fugela king, Fenix ȝehaten. Þonne wyreceð heo of wexe 7 writeð Fenix, 7 meteð hine fæȝere þær se madme staut. Þonne fagenegeð þære fugeles ealle fægere 7 fage, feale togædere fealleð to foten. Fenix greteð. His stemne is swa briht swa beme, 7 his sweora swylce smete gold, 7 his forebreost fæȝere ȝeheowed, swylce
25 marmelstan mære scinnes, 7 him on read heow rudeð on þan hrynge gold felle ȝelic gliteneð Fenix. Þonne færð eft se fugel fæȝere to his earde emb fiftene wucan, 7 fugeles maniȝe ealle him abuten efne ferden ufene 7 nyðene, 7 on ælce healfe, oððet heo nehiȝeð neorxenewange. Þær inn ȝefærð Fenix, fugele. fæȝerest,
30 7 eall oðer fugel cinn to heora earden ȝewændeð. Nu sæiȝð [fol. 168 a] her Sanctus Johannes soðen worden, swa se wyrhte cann, þ æfre binnen an þusend wintren þynceð Fenix, þ he forealdod seo; ȝegadered togædere ofer eall Paradis þa deorwurðe boges 7 heapeð tosamne, 7 þurh Godes mihte 7 þære sunne leome, se heap
35 byð onæled; 7 þonne fealleð Fenix on middan þ micele fyr, 7 wurð forbærned eall to duste. Þonne on þan þriddan dæȝe ariseð se fæȝere fugel Fenix of deaðe, 7 byð eft edȝung 7 færð to þære lifs

[side notes: Therein dwells a beautiful bird called Phoenix. Once a week he bathes himself in the well of life. Hail Phoenix, most beautiful of birds, thou art come from afar! Thou shinest like pure gold, king of all birds. Every thousand years the Phoenix feels that he has grown old, then he falls into the middle of a great fire and is burned to dust, but on the third day he rises from death.]

14 MS. swa owa to | ω.   29 MS. nehiȝet.
37 edȝung] *the final* e *has been erased.*

L 2

welle, 7 baðað hine þær inne, 7 him wexeð on feðeren swa fæʒere
swa heo æfre fæʒerest wæren. Þuss he deð æfre binne þusend
wintren. He hine forbærnð 7 eft edʒung upp ariseð, 7 næfð he
nænne ʒemaca, 7 nan mann ne wat, hweðer hit is þe karlfugel, þe
cwenefugel, bute God ane. Þes halge fugel is Fenix ʒehaten, wlitiʒ
7 wynsum, swa hine God ʒescop. 7 þuss he sceal drigen Drihtenes
wille, se þe is on heofone heh 7 haliʒ, ealra kinge King. Crist us
ʒeneriʒe þ we on wynne wuniʒen mote mid þan þe leofeð 7 rixeð
a bute ænde. Amen.

XLIX
[THE ANNUNCIATION OF ST. MARY.]
[Fol. 168 b]

There was a certain pious servant of God called Zacharias and his wife was called Elizabeth, and the blessed Mary came and greeted her kinswoman Elizabeth.

SUM æwfest Godes þeign wæs gehaten Zacharias, his gebedde
wæs gecegd Elizabeth. Þeos Elizabeth wæs on hyre ellde
bearn echnynde. To þyssere huse becom seo eadige Maria,
and grette hyre magan Elizabeth. Ða mid þam þe þæt wif
gehyrde þæs mædenes gretynge, þa blissode þæt cild Johannes
on his moder innoðe, 7 seo moder wearð afylled mid þan
Halegan Gaste, 7 heo clipede to Marian mid micelre stemne, 7
cwæð, 'Þu eart gebletsod betwux wifum, 7 gebletsod is se westm
þines innoðes. Hu ʒetimode me þæt mines Drihtenes modor com
to me? Efne mid þam þe seo stemn þinre gretinge swegde on
minum earum, þa blissode min cild on minum innoðe [7 hoppode]

The child could not yet greet his Saviour with words, but he greeted Him with a joyful mind.

ongean his Drihten, þe þu byrst on þinum innoðe.' Ac þæt cild ne
milite þa gyt [fol. 169 a] mid wordum his Helend gretan, ac he
gegrette hine mid blissegende mode. Heo cwæð, 'Eadig eart þu,
Maria, for þan þe þu gelyfdest þan wordum þe þe fram Gode
gebodade wæron, 7 hit byð gefremmed swa swa hit gecydd wæs.'
Ða sang Maria þærrihte þone lofsang þe we singað on Godes
cyrecan, æt ælcum æfensange. '*Magnificat anima mea* Dominum',
7 forð oð ende. Þ is, 'min sawl mærsað Drihten, and min gast
blissað on minum halwendan Gode. For þan þe he geseah þa
eadmodnisse his þinene. Efne nu for þy ealle mægða mancynnes

---

18 cwæð] *the* æ *is altered from* a.
21 7 hoppode] *In MS. Vesp. there is an erasure*, 7 hoppode *is from Camb. MS.*
22 Ac *is written below the line.*
25 þan] *the* n *is altered from* m.   27 *MS.* singat.

haتað me eadige, 7 gesælige, 7 Godes mildheortnys is fram mægðe
to mægðe ofer þa þe hine ondradað. He gefremode micele mihte
on his strengðe, 7 tostencte þa modigen.'

L

[Fol. 169 b]   [**SHROVE SUNDAY.**]

5 SE Hælend cwæð on his godspelle, 'Ic eam weig, 7 soðfæstnysse,
7 lif.' Se mann þe nan þing ne cann þæs ecen lihtes, he is *The man who knows nothing of the eternal light is blind, but if he believes in the Saviour, he sits by the way. If he will not pray for the eternal light he sits blind by the way, without prayer.*
blind; ac [gy]f he gelefð on þone Hælend, þonne sitt he wið þone
weig. Gyf he nele bidden þæs ecan lihtes, he sitt þonne blind beo
þan weige unbiddende. Se þe rihtlice gelefð on Crist, 7 geornlice
10 bitt his sawle onlihtinge, he sitt beo þan weige biddende. Swa hwa
swa gecnawð þa blindnysse his modes, clypige he mid inweardre
heorte, swa swa se blinde clypode, þe big sume weige sæt þær se
Hælend forðferde. He cwæð, 'Hælend Dauides Bearn, gemiltse
min.' Seo mænige þe eode beforen þan Hælende cidden þan blinde,
15 7 heten ꝥ he stille wære. Seo geferrædden getacneð unlustes 7
lehtres þe us hefegigeð, 7 ure heorte ofsitteð, ꝥ we ne mugen us swa
geornlice gebidden, swa us behofede. Hit gelimpð gelomlice, þone
se mann......

7 gyf] *the* f *only is visible, as an ink-blot has effaced the other letters.*

The manufacturer's authorised representative in the EU for product safety is Oxford University Press España S.A. of El Parque Empresarial San Fernando de Henares, Avenida de Castilla, 2 - 28830 Madrid (www.oup.es/en or product.safety@oup.com). OUP España S.A. also acts as importer into Spain of products made by the manufacturer.
Printed and bound by CPI Group (UK) Ltd, Croydon, CR0 4YY

20/03/2026

02075337-0019